GAODENG XUEXIAO ZHUANYE JIAOCAI

· 高等学校专业教材 ·

服务质量与顾客关系管理
理论与实务

Service Quality and Customer Relationship Management
Theory and Practice

郭德宾 著

中国轻工业出版社

图书在版编目（CIP）数据

服务质量与顾客关系管理：理论与实务 / 郭德宾著. — 北京：中国轻工业出版社，2019.12

ISBN 978-7-5184-2566-2

Ⅰ. ①服… Ⅱ. ①郭… Ⅲ. ①服务质量—质量管理—研究 Ⅳ. ①F719

中国版本图书馆CIP数据核字（2019）第145498号

责任编辑：方晓艳　　责任终审：唐是雯　　整体设计：锋尚设计
策划编辑：史祖福　　责任校对：吴大鹏　　责任监印：张　可

出版发行：中国轻工业出版社（北京东长安街6号，邮编：100740）
印　　刷：三河市国英印务有限公司
经　　销：各地新华书店
版　　次：2019年12月第1版第1次印刷
开　　本：787×1092　1/16　印张：14
字　　数：380千字
书　　号：ISBN 978-7-5184-2566-2　定价：45.00元
邮购电话：010-65241695
发行电话：010-85119835　传真：85113293
网　　址：http://www.chlip.com.cn
Email：club@chlip.com.cn
如发现图书残缺请与我社邮购联系调换
170417J1X101ZYW

序

笔者在二十几年的大学教学生涯中发现，中国台湾的大学教科书大多是翻译国外原文书，很少有以中国台湾产业进行实证研究之后撰写的本土性书籍，以致教科书内所引用的案例或数据都是国外数据，与中国台湾的产业状况有很大的差距。鉴于此，笔者将多年来发表有关顾客满意的学术论文，以及与业界进行产学合作所获得的实证数据，改写成《服务质量与顾客关系管理：理论与实务》一书，可谓笔者一生从事服务质量与顾客满意研究的心血结晶，希望能借由此书与同行共同分享。

本书分为理论基础、实务应用、研究发展、个案讨论四篇：第一篇理论基础，从顾客满意与服务质量基础理论的起源开始谈起，介绍两个不同理论的发展与演进过程，分析二者的差异性与共同性，让读者可以很清楚地了解，这两个极为相似却又各自迥异的理论精髓所在；第二篇实务应用，以第一篇所介绍的顾客满意与服务质量理论为基础，进行实证研究加以验证，让读者了解如何将书上的理论应用于实际。第三篇研究发展，介绍现代服务管理理论的发展，从服务剧场的观点来探讨顾客满意理论的演进，以及服务失误与服务补救议题的发展，并且探讨难缠顾客的类型与应对策略；第四篇个案讨论，列举顾客满意、员工自发行为、服务失误、服务补救与补救失误的实际案例，进行个案分析与讨论，让读者能够结合理论与实务，并且将所学知识加以实际应用。

郭德宾

2016年9月

目录 CONTENTS

第一篇

理论基础篇

提升服务质量以增加顾客满意度，是现代企业成功的不二法门。所以，第一篇理论基础篇，是读者在深入了解服务管理之前，必须先学习的基本功，内容包含：第一章服务管理概论、第二章顾客满意的定义与评估、第三章服务质量的定义与评估、第四章服务质量与顾客满意的比较、第五章服务质量属性与顾客满意度的关系，学会本篇的理论基础，将可以让学习者对服务质量与顾客满意有基本的概念。

第一章

服务管理概论

问题思考

什么是服务？服务与产品哪里不一样？

问题提示

产品是有形的，看得到摸得着。服务是无形的，看不到摸不着。

问题解答

服务是一个很抽象的概念，在购买之前，看不到也摸不着。它不像有形的产品，在购买之前，可以看得到，也可以摸得着。所以，对消费者而言，服务的购买充满了风险。

管理现场

海底捞服务　强劲登台！

发迹于四川，享誉中国大陆的最强川式火锅连锁店于2015年9月在台湾地区开业了！地址位于台北最热闹、交通便利的信义区内，主打服务至上的招牌，原汁原味将大陆独特的服务方式带进台湾地区，目前在全球包含美国、新加坡、日本和韩国等各地设有100多家分店。

顾客从一上门即享有尊荣礼遇：候位时，有点心、饮料、哈根达斯冰淇淋无限量供应，还提供免费的美甲沙龙、擦皮鞋与顶级按摩服务；用餐期间的餐桌服务更是多元，除了主动替顾客盛装酱料、拿取开胃菜及水果外，怕火锅弄脏衣服或头发、眼镜遇热气起雾，更是贴心地送上热毛巾、衣服防护套、围兜、发圈、发夹和眼镜擦拭纸，就连手机的USB充电插座，以及隔绝火锅油腻气味的防护套都准备得相当周全。

候位叫号系统、ipad 点餐、捞面秀及川剧变脸表演等创新服务体验也直接搬到台湾地区，就连厕所准备的备用品也非常多样，卫生棉、牙刷、刮胡刀、吸油面纸、卸妆乳、洗面奶、香水应有尽有。菜单部分除了增加大陆所没有的烫卤类食品，如卤牛筋、卤牛肚等，其余的餐点项目与大陆地区差异不大，四川麻辣等汤底均是由中国大陆原装来台，供应地道川味火锅。价格方面即使比台湾的一般火锅店贵，但生意一样兴隆，人潮一样络绎不绝！

一、服务的定义

Lovelock（1979）认为所谓“服务”，是将服务附加于产品之上，对消费者而言，将可因此而增加对该产品的效用与价值。Kotler（1980）将“服务”定义为：一方提供给另一方的任何活动或利益，它基本上是无形的，而且无法产生事物的所有权，服务的生产可能与某一项实体产品有关，也可能无关。

二、服务的特性

服务之所以不同于一般有形的商品，因为它具备了以下四种特性（图1-1）。

图1-1 服务的四大特性

（一）无形性（intangibility）

服务不具形体，在购买之前无法评估与测试。大部分的服务是无形的，消费者在购买一项服务之前，不易评估此项服务的内容与价值；换言之，服务在购买之前是看不见、摸不着、听不到、闻不出来的。因此，大部分的服务在销售之前不能被评估或测试，以证明其服务质量，而商家也不易去了解消费者是如何认知与评估他们所提供的服务质量。因此，商家应该尽量地让无形的服务有形化，以加强消费者在购买服务时的信心。例如：整形医院在做广告宣传时，会以整形前、整形后的照片来说明整形前后的效果；建设公司在预售房屋时，会以设计图、房屋模型、样板间等，来让消费者了解实际建成后的房屋。

（二）同时性（inseparability）

服务的制造与消费同时产生，二者不可分离。服务通常与服务的提供者密不可分，在提供服务的过程中，服务者与被服务者必须同时在场。因此，服务的质量无法像有形的产品一样，在工厂里被设计与制造，然后再交给顾客。在劳动力密集的服务业中，质量发生于服务传递的过程中，通常涉及顾客与服务接触人员之间的互动。所以，在消费者参与密集的服务业中，例如：理发、医疗服务等，商家对于服务的质量将会较难控制。因此，商家可以将服务扩大或复制，让更多的消费者在同一时间接受服务。例如：歌星张惠妹开演唱会，可以选择较大的场地，同时容纳更多的歌迷，或者通过电视实况转播，让更多的歌迷同时观赏。

（三）变异性（heterogeneity）

服务水平会因人、因时、因地而异。服务，特别是在某些涉及高度劳动力内容的服务业中，具有显著的变异性。服务人员所提供的服务水平，会因为顾客和时间的不同，而有显著的差异。因此，商家应该尽量地让服务标准化，以便控制服务质量。例如：麦当劳使用标准化的容器来煎蛋，使煎出来的每一颗蛋都一样大；曼都发廊加强对员工的教育训练，并施以标准化的作业流程，使每一位顾客都能感受到一样亲切的服务。

（四）易逝性（perishability）

服务无法储存，很容易消逝。服务并不像实体产品一样，可以加以储存。此外，服务的需求与供给往往配合不上，在高峰时间需求量很大，但供给量却无法同步增加；在低峰时间需求量很小，经常造成设备与人力的闲置浪费。因此，服务质量受需求波动的影响很大，商家不易控制服务质量。所以，商家可以采取“差别取价”的方式，在高峰时间以较高的价格来抑制需求，在低峰时间以较低的价格来刺激需求，以平衡服务的供给与需求。例如：电话公司在夜间或假日采取折扣方式计费，以便充分运用设备；旅馆在非假日采取折扣方式出租房间，以提高房间出租率。此外，商家也可以雇用兼职人员，来增加高峰时间的供给量，或者采取预约的方式，以充分掌握需求的波动。

问题思考

既然服务是无形的，看不到也摸不着？那么服务要怎么来分类？

问题提示

虽然服务是无形的，看不到也摸不着。但是，每一种服务都有其特殊的属性与特征。

问题解答

每一种服务，都可以依其属性与特征为坐标轴来加以区隔分类，使其更容易凸显该类型服务的特质。

三、服务的分类

由于服务业涵盖的范围甚广，不同服务业之间的差异性颇大。因此，Lovelock（1983）使用服务活动的本质（有形活动或无形活动）、何者直接接受服务（人或事）、服务传送的本质（连续传送或间断传送）、服务组织与其顾客之间的关系形态（会员关系或无正式关系）、服务人员可自行裁量的程度（高或低）、服务属性顾客化的程度（高或低）、供给受到限制的程度（高峰需求通常能配合而无拖延或高峰需求通常超出产能）、需求变动的程度（广泛或狭小）、顾客与服务组织间的互动本质（顾客抵达服务组织、服务组织抵达顾客、顾客与服务组织之交易于咫尺之外），以及服务输出的地点（单点或多点）等层面，来区分服务业的类型。

（一）服务活动的本质

服务活动的本质如表1-1所示。

表1-1　服务活动的本质

何者直接接受服务

服务活动的本质		人		事	
	有形活动	对人体提供服务		对有形资产提供服务	
		■ 医疗服务 ■ 乘客运输 ■ 美容沙龙	■ 餐饮服务 ■ 健康中心 ■ 理发美容	■ 货物运输 ■ 设备维修 ■ 守卫服务	■ 洗衣服务 ■ 草坪整修 ■ 动物兽医
	无形活动	对人心提供服务		对无形资产提供服务	
		■ 教育服务 ■ 广播服务 ■ 信息服务	■ 歌剧院 ■ 博物馆	■ 银行 ■ 法律顾问 ■ 会计服务	■ 保险服务 ■ 保全服务

数据来源：Lovelock (1983)，p.72.

（二）服务与顾客之间的关系

服务与顾客之间的关系如表1–2所示。

表1–2 服务与顾客之间的关系

服务与顾客之间的关系类型

服务传送的本质		有会员关系	无正式关系
	连续传送	■ 保险服务 ■ 学校教育 ■ 银行服务 ■ 电话用户 ■ 社团组织	■ 广播电台 ■ 警察局 ■ 灯塔 ■ 免费高速公路
	间断传送	■ 长途电话 ■ 戏院订座 ■ 电影院 ■ 储值卡 ■ 博物馆	■ 汽车出租 ■ 收费高速公路 ■ 邮寄服务 ■ 保险服务 ■ 餐厅 ■ 保全服务

数据来源：Lovelock (1983), p.74.

（三）服务传送的顾客化与自行裁量

服务传送的顾客化与自行裁量如表1–3所示。

表1–3 服务传送的顾客化与自行裁量

服务属性顾客化程度

服务人员可自行裁量的程度		高	低
	高	■ 法律服务 ■ 建筑设计 ■ 医疗服务 ■ 管理顾问 ■ 房屋中介 ■ 美容沙龙 ■ 出租车 ■ 水管装修	■ 教育（大班制） ■ 预防保健计划
	低	■ 电话服务 ■ 银行贷款 ■ 旅馆服务 ■ 高级餐厅	■ 大众运输 ■ 运动视线员 ■ 快餐餐厅 ■ 日常用品修理 ■ 电影院

数据来源：Lovelock (1983), p.75.

（四）服务需求与供给的本质

服务需求与供给的本质如表1–4所示。

表1–4 服务需求与供给的本质

需求随着时间波动的程度

供给受到限制的程度		高	低
	高峰需求通常能配合无拖延	■ 电力公司 ■ 电信公司 ■ 燃气 ■ 警察与消防队	■ 银行 ■ 保险 ■ 法律顾问 ■ 洗衣店

续表

供给受到限制的程度	高	低
高峰需求通常超出产能	■ 乘客运输 ■ 餐厅 ■ 戏院 ■ 会计与税务服务 ■ 旅馆与汽车旅馆	与上述的象限相似但其产能未能达到企业的基本水平

数据来源：Lovelock (1983)，p.78.

（五）服务传送的方法

服务传送的方法如表1-5所示。

表1-5　服务传送的方法

顾客与服务组织之间互动的本质 \ 服务输出的地方	单点	多点
顾客抵达服务组织	■ 戏院 ■ 理发厅	■ 汽车服务 ■ 连锁快餐店
服务组织抵达顾客	■ 草坪整修 ■ 出租车 ■ 虫害防治	■ 邮递传送
服务组织与顾客交易于咫尺之外	■ 信用卡 ■ 地方电视台	■ 广播网 ■ 电话公司

数据来源：Lovelock (1983)，p.79.

第二章

顾客满意的定义与评估

在服务管理中，如何提升服务质量，以增加顾客满意度，是非常重要的课题。但是，在服务管理文献中，服务质量与顾客满意是两个非常相近的观念，两者之间存在相当大的重叠性，导致两者在观念上的混淆。因此，想要了解何谓服务质量与顾客满意，就必须先了解何谓期望—不一致（expectation-disconfirmation）理论。

问题思考

什么是顾客满意？顾客满不满意要怎么看？

问题提示

顾客满意是一种抽象的概念，很难用肉眼看出来。顾客满意是个人主观的评估，很容易因个人特质的不同而有差异。

问题解答

顾客在购买一项产品之前，会对这项产品所能产生的绩效有所期望。顾客在购买一项产品之后，会比较这项产品所产生的绩效与购买前的期望两者是否一致。如果产品的绩效符合购买前的期望，顾客将会感到满意；反之，如果产品的绩效不符合购买前的期望，顾客将会感到不满意。

管理现场

以为捡到便宜餐券，无法退费只好自认倒霉

台湾地区经常举办许多大大小小的促销活动，各家旅行社、餐厅、饭店业者纷纷推出各种优惠券或商品组合，例如：住宿券、温泉券或是下午茶券，吸引了不少消费者抢购，消费者希望购买到物超所值的商品组合。不过人们也经常在报纸媒体或是网络上看到消费者抱怨的文章，表示购买上万元（新台币，全书同）的优惠券后，因商品内容与期望不符，感到不满意想退费，却被商家要求收取三成、超过2000元的手续费，消费者气到捶胸顿足；甚至还有民众买了2、3万元的餐券，用不完又不能退费，只好认赔。

根据相关部门的统计结果，台湾地区餐券的消费争议事件，自2013年到2016年，3年来竟达96件，争议内容包含特价商品买不到、订不到，或是无法订位、礼券损毁无法使用，以及无法退款或是退款方式困难等问题，其中又以餐券纠纷事件最多。购买上万元餐券后，发现餐点内容与想象不同，使用几次后，剩下的餐券要求退费，加上购买前未事先了解消费方式与内容，被商家要求付三成的手续费，愤而向消费者保护协会提出申诉。之前就发生过有消费者一口气买了二十几张五星级饭店的自助餐券，原本想带亲朋好友一同消费，但拿到餐券后才得知不仅有消费时间的限制，以及在特定时间消费必须额外加价的条件，加上使用期限只有6个月，最后用不完想退费时，遭受商家百般刁难，消费者只好自行吸收。

甚至有消费者买到没有履约保证的优惠券，还没使用，商家就因经营不善而倒闭，消费者

也只能认赔。根据消费者保护协会的规定："促销是经营者的营销策略，不得转移给消费者。"因此若消费者以1000元购买的优惠券，而该商品实际售价为1800元，中间的800元差额就是商家的促销方案。此外，有关礼券以及优惠券的使用方式，都必须向消费者说明清楚，礼券不得有使用期限的限制，但促销券可以，若该券的促销期限已过，消费者还是可持该券并以补差额方式使用。

一、顾客满意的定义

在1960—1970年间，学者们通过一连串的实验发现，当顾客耗费大量的心力来获得一项产品时，顾客对产品的期望值较高，但是当产品不能符合顾客的期望时，将会产生"期望—不一致"的现象，顾客对产品的满意程度较低。此外，当面对同样的产品质量时，有较高期望而且产生负向不一致的顾客，会比那些有较低期望的顾客产生较高的质量评估。

因此，消费者购买产品之前的态度，将会影响消费者的期望与购买倾向，而消费者购买产品之后，产品的绩效与期望是否一致，将会影响购买后的满意度，如果产品的绩效与期望不一致，会产生失验的现象。但是，产品的绩效并不直接影响满意，而是通过不一致间接影响满意，将满意视为期望与不一致的函数。

二、顾客满意的评估

在经过多位学者的研究之后，以"期望—不一致"理论为基础的顾客满意评估架构逐渐确立，主要包含下列四个基本概念（图2-1）。

顾客的期望	产品的绩效	不一致	顾客满意
• 购买前的消费经验与购买后实际感知的产品绩效比较。	• 评估与购买前的期望两者之间不一致的程度。	• 绩效与期望一致。 • 产生负向不一致。 • 产生正向不一致。	• 当产品的绩效大或等于事前期望时，会感到满意。 • 当产品的绩效小于事前的期望时，将会感到不满意。

图2-1　顾客满意评估的四个基本概念

（一）顾客的期望（customer expectation）

顾客的期望反映出消费者预期的产品绩效，消费者在购买之前的所有消费经验，将会建立一种比较的标准，在购买之后会以实际感知的产品绩效与上述的标准相比较，用以评估满意的程度。然而，当消费者形成有关产品的预期绩效时，可能使用理想的（ideal）、预期的（expected）、最低容忍限度的（minimum tolerable）以及渴望的（desirable）四种不同类型的期望。

（二）产品的绩效（product performance）

产品的绩效被视为一种比较的标准，用来评估与购买前的期望两者之间不一致的程度。

（三）不一致（disconfirmation）

不一致被视为一种主要的中介变量，一个人的期望将会：（1）被确认，当一项产品的绩效与他的预期一致；（2）产生负向的不一致，当一项产品的绩效比他预期的差；（3）产生正向的不一致，当一项产品的绩效比他预期的好。

（四）顾客满意（customer satisfaction）

顾客满意被视为一种购买后的产出，当产品的绩效大于或等于事前的期望时，消费者将会感到满意；当产品的绩效小于事前的期望时，消费者将会感到不满意。

问题思考

顾客满意是由顾客比较购买前的期望与购买后感知的绩效两者之间的差距之后产生的。因此，要如何有效提升顾客满意度？

问题提示

顾客满意＝感知的绩效（购买后）≥顾客的期望（购买前）。所以，降低顾客购买前的期望，或提高顾客购买后感知的绩效，都可以减少两者之间的差距，有效提升顾客满意度。

问题解答

由于许多经营者通过广告营销美化产品，诱使消费者对产品产生过高的期望，而实际产品未能符合购买前的期望，以致顾客感到不满意。所以，有人主张降低顾客购买前的期望，以免顾客在购买后产生落差，期望能提升顾客满意度。但是，从实务层面来看，此种做法并不可行，因为降低顾客购买前的期望，会降低顾客购买的欲望。所以，想要有效提升服务质量，必须提高商家的服务水平，增加顾客购买后感知的绩效，而且顾客在购买产品之后，会因为使用经验而改变对产品的期望，一旦拉高了对产品的期望，顾客会排斥其他的产品，对商家产生忠诚度，形成顾客专属权。

第三章

服务质量的定义与评估

问题思考

什么是服务质量？如何评估服务质量？

问题提示

服务具有无形性，看不到、摸不着，很难加以客观的评估。因此，Parasuraman、Zeithamal与Berry（1988）提出五个差距的服务质量评估模式，由消费者主观地来评估一个企业的服务质量，有效解决了服务具有无形性，商家的服务绩效不易评估的问题，被誉为现代服务业管理的里程碑。

问题解答

一般人所认知的服务质量，与学术界对于服务质量的定义有很大的不同。所谓“服务质量”，是指顾客在购买服务之后，对商家服务绩效的感知与购买前的期望二者之间的落差。换言之，服务质量=感知的绩效（购买后）—顾客的期望（购买前）。

管理现场

时尚百货VIP服务：型男提重物、女厕补妆、乐享咖啡、有香味的百货公司

微风信义位于台北百货一级战区的信义商圈，占据地利之便，是人潮汇集之地。以独家品牌作为诉求，微风信义独家品牌高达六成，精品占比高过五成，餐饮占比二成五，成功创造市

场区隔，所以在2015年11月一开幕就造成轰动，立即成为热门的逛街据点。

微风信义除了塑造时尚感、设计感、年轻化的整体风格特色，也将百货服务提升得更为精致化。除了提供雨天购物防雨袋、型男帮忙提重物、娃娃车椅租借、移动电源租借、午后奉茶等服务之外，为了增加提袋率，微风信义在女性顾客需求设计上别出心裁，独创女厕补妆兼喝咖啡服务，只要加入微风APP会员，即可使用点数兑换胶囊咖啡，并于2楼仕女休憩区边补妆边享用咖啡，购物之余也可享受手作的乐趣。

在环境气氛营造上，考虑女性顾客逛百货时所注重的室内香氛舒适感，特别与CYRA NO+（席哈诺）品牌合作，调制出微风信义的专属空间香氛，通过先进的扩散技术，让顾客一进入馆内就能感受到微风专属的气息，营造出第一个"有香味的百货公司"，以广阔的森林香气为主轴，交织着紫色优雅的薰衣草与清新柑橘的味道，让顾客拥有更享受且放松的购物空间。此外，首创拥有8国语言的移动服务台，由佩戴各国徽章的专职服务人员手持平板电脑于馆内移动，提供馆内与品牌各项信息服务，甚至包含百货周围的商圈、交通与住宿等相关信息，均能实时替顾客进行解说。

微风信义整体设计上，除了结合视觉、听觉、触觉、味觉与嗅觉五感概念外，也展现了艺术以及生活美学的深度魅力，通过各式摆设陈列、装饰物等，让购物空间更显得轻松、愉快，就连大门口爱神丘比特的雕像设计也具有特别意义，它是由日本雕刻家山田朝彦特别为微风信义所雕塑的吉祥物，据说单身的人用手指轻轻触丘比特背上的金箭，就能找到相爱一生的灵魂伴侣；相爱的恋人牵着手，一起站在箭所指的方向，轻轻碰触他的箭，两人的爱情将永恒不渝。

一、服务质量的定义

传统的顾客满意评估模式主要应用在有形产品上，由消费者比较购买前的期望与购买后的产品绩效二者之间不一致的程度，来评估对产品的满意度。但是，在服务业兴起之后，由于服务业具有无形性、生产与消费同时性、顾客与商家互动性等不同于有形产品的特性，商家的服务绩效不易客观的评估。因此，Parasuraman、Zeithamal 与Berry（1985）以"期望—不一致"理论为基础加以修正，由消费者主观地比较购买后实际感知的商家服务绩效与购买前的期望二者之间的差距，提出服务质量"绩效与期望差距模型"来评估服务业的顾客满意度，以解决顾客满意评估模式评估主体不一致的问题。

Parasuraman、Zeithamal 与Berry（1985）认为顾客感知的服务质量乃是由事前的期望与感知的服务二者之间差距的方向与大小所决定，因此提出五个差距的"服务质量差距模型"来说明服务质量的形成，并且将服务质量定义为：SQ = P – E。

Service Quality（服务质量）= Performance（感知的绩效）— Expectation（顾客的期望）

因此，当P – E = 0 时，服务质量是令人满意的；当P – E < 0 时，服务质量低于令人满意的水平，而随着差距的加大，会趋向令人完全无法接受的质量；当P – E>0时，服务质量超过令人满意的水平，而随着差距的加大，会趋向理想的质量。

（一）差距一（期望的服务—管理者对顾客期望的认知差距）

服务业经营者通常不了解顾客心中真正想要的服务所造成的差距。

（二）差距二（管理者对顾客期望的认知—服务质量规格差距）

管理者欲将对顾客期望的认知转化为服务质量规格时，可能因为资源的限制、市场状况的不确定性或管理者的疏忽所造成的差距。

（三）差距三（服务质量规格—服务的传送差距）

服务质量的规格与实际传送的服务之间的差距，这是因为在服务的过程中涉及服务人员的因素，使得服务质量难以量化所造成的差距。

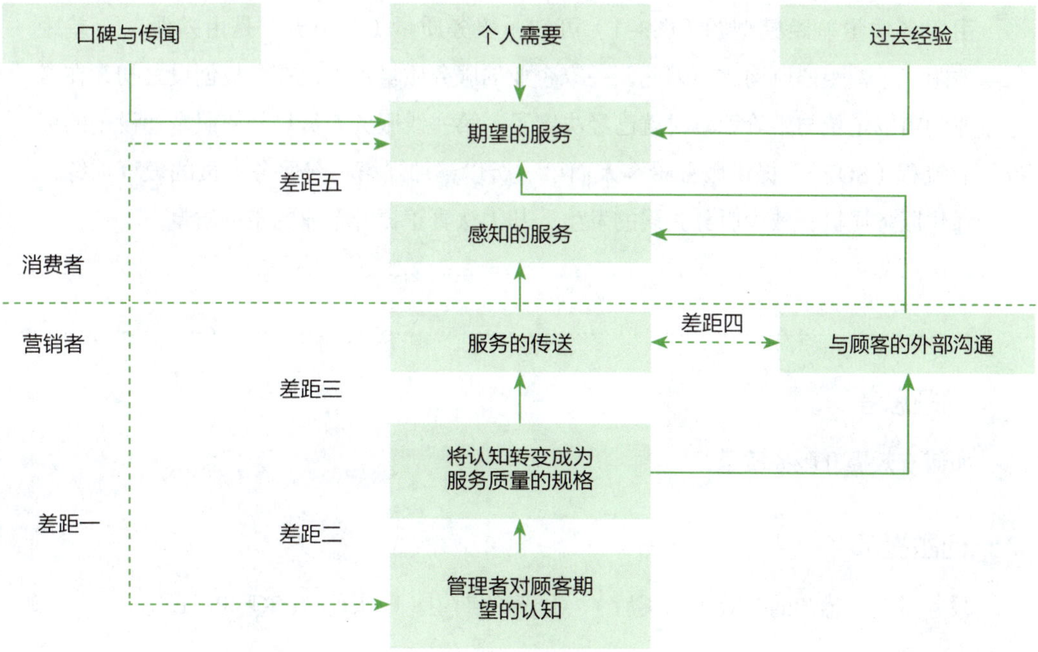

图3-1 服务质量差距模型图

数据来源：Parasuraman，Zeithamal & Berry (1985)，p.44.

（四）差距四（服务的传送—与顾客的外部沟通差距）

媒体广告或其他外部沟通会形成顾客的某种期待，而此种期待与实际的服务传送之间所造成的差距。

（五）差距五（期望的服务—感知的服务差距）

顾客期望的服务与实际感知到的服务之间所造成的差距，此差距为其他四项差距所造成，视其为其他四项差距的函数。

问题思考

服务质量是谁的责任？加强第一线服务人员的教育训练，就能提升企业的服务质量吗？

问题提示

服务质量（差距五）= 差距一 +差距二 + 差距三 + 差距四。

问题解答

由服务质量差距模型图（图3-1）可知，服务质量（差距五）是由差距一+差距二+差距三+差距四所构成。因此，一家企业的服务质量水平，在老板创设之初，在考虑企业的市场定位与定价策略时就已经决定了。第一线服务人员只是依照企业设定的标准作业流程（SOP），提供服务给客人而已。所以，加强第一线服务人员的教育训练，只能强化服务质量，减少服务失误的发生，却无法真正提升企业的服务质量。

问题思考

如何有效提升服务质量？

问题提示

服务质量=感知的绩效（购买后）—顾客的期望（购买前）（SQ= P−E）。

问题解答

服务质量是由顾客比较购买前的期望与购买后感知的绩效两者之间的差距之后产生。因此，从理论上而言，降低顾客购买前的期望，或提高顾客购买后感知的绩效，都可以减少两者之间的差距，有效提升服务质量。但是，从实务层面来看，降低顾客购买前的期望，会降低顾客购买的欲望，在实务上并不可行。所以，要想有效提升服务质量，必须提高商家的服务水平，增加顾客购买后感知的绩效。

二、服务质量的决定因素

问题思考

服务具有无形性，消费者在购买之前，既看不到也摸不着。那么，消费者是用什么标准来评估一个企业的服务质量的？

问题提示

由于服务质量具有无形性，所以消费者会用看得见的有形线索，来推论看不见的无形服务。

问题解答

Parasuraman、Zeithamal与Berry（1988）提出包含有形性、可靠性、响应性、保障性与移情性五大层面22个项目的服务质量量表，为无形服务质量的评估发展出一套具体的评估工具，也为后续的服务质量研究奠定了良好的基础。

Parasuraman、Zeithamal与Berry（1985）以零售银行、信用卡公司、证券经纪商与产品维修进行实证研究，询问消费者认为一家优良的服务商家应该具备什么条件，并将影响服务质量的97个因素，归纳成下列10个维度。

（一）容易接近性：易于联系

（1）服务易于以电话联系（电话线不忙，顾客不必久候）。

（2）接受服务的等候时间不长。

（3）作业时间便利。

（4）服务设备设立在很方便的地点。

（二）沟通性：以顾客听得懂的语言来与顾客沟通，并且乐意倾听顾客的意见

（1）解说服务本身。
（2）解说服务的费用。
（3）解说服务与费用之间的兑换。
（4）保证处理消费者的问题。

（三）胜任性：具有执行服务所需的技能和知识

（1）接待人员的知识和技能。
（2）作业支持人员的知识和技能。
（3）组织的研究能力（例如：证券交易商）。

（四）礼貌性：接待人员（包含接待员、电话接线员）有礼貌、尊重、体贴和友善

（1）关心消费者的财产（例如：不以脏鞋踏入消费者家中的地毯）。
（2）接待人员清洁与整齐的仪表。

（五）信用性：包括信赖感、可信度与诚实，将消费者的利益牢记在心中

（1）公司名称。
（2）公司信誉。
（3）接待人员的个人特质。
（4）与顾客互动时积极销售的程度。

（六）可靠性：包括绩效的一致性和可依赖性，意指商家会信守承诺并且在第一次就能正确地服务

（1）账单正确。
（2）正确地保持记录。
（3）在指定的时间执行服务。

（七）反应性：包括员工提供服务的意愿与敏捷度

（1）立即寄送交易单。
（2）迅速回复顾客。
（3）提供快速服务。

（八）安全性：免于危险、风险与怀疑

（1）设备安全（例如：我会被自动取款机骗吗？）
（2）财务安全（例如：公司知道我的股票放在哪里吗？）
（3）信赖感（例如：我的交易有隐私性吗？）

（九）有形性：包括服务的实体设备

（1）实体设备。
（2）员工的外表。
（3）提供服务的工具或设备。
（4）提供服务的实体象征。
（5）在服务设施中的其他顾客。

（十）了解顾客：致力于了解顾客的需求

（1）探知顾客的特别需求。
（2）提供个别的注意。
（3）认识经常来往的顾客。

现将服务质量的决定因素归纳于图3-2中。

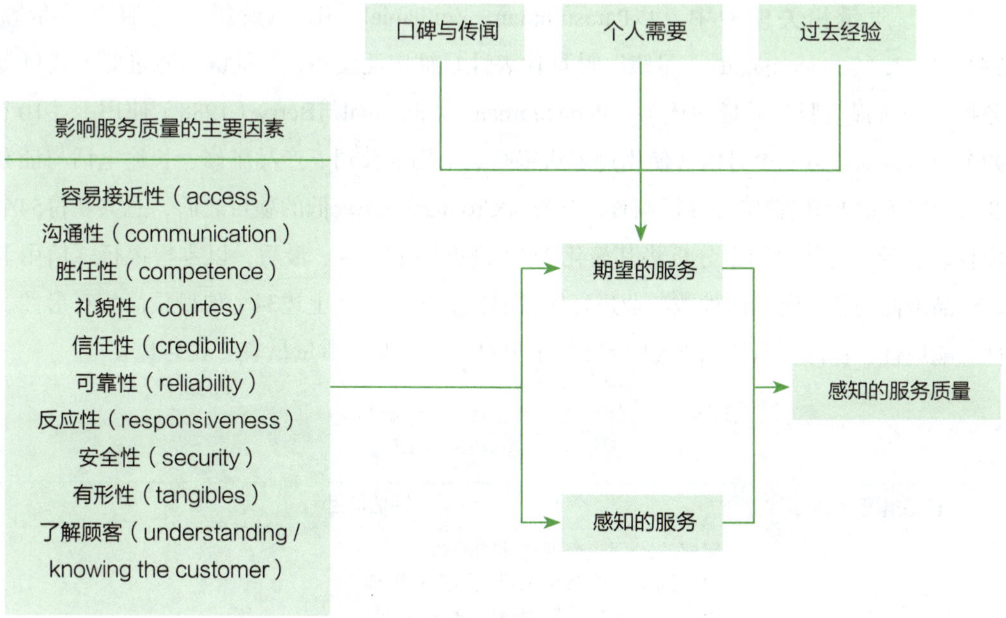

图3-2 服务质量的决定因素

数据来源：Parasuraman，Zeithamal & Berry (1985)，p.48.

三、服务质量的评估

问题思考

服务业涵盖的范围非常广泛，有没有一种放诸四海皆准，可以评估所有服务业的服务质量量表?

问题提示

虽然服务业的差异很大，但是如果只考虑服务的层面，而不考虑其他因素，还是可以归纳出服务共同的属性，建立一种放诸四海而皆准，可以评估所有服务业的服务质量量表。

问题解答

Parasuraman、Zeithamal与Berry（1988）所提出的服务质量SERVQUAL（service quality）量表，就是在此种观念思维下的产物，希望能够建立一套可以应用于所有服务业的标准化服务质量量表。

在服务质量相关模型中，以Parasuraman、Zeithamal 与Berry所提出的服务质量模式"SERVQUAL（service quality）量表"最具代表性且被广泛使用，并且认为通过此方式可衡量服务提供商所提供服务质量的优劣。Parasuraman、Zeithamal与Berry（1988）使用上述10个维度97个项目，对最近三个月内曾使用过零售银行、信用卡公司、产品维修、长途电话与证券经纪商五种服务的200位消费者进行调查，在删除Cronbach's α较低的项目之后，总共获得54个评估项目。然后，再使用因素分析将其简化为7大维度34个项目。最后，以零售银行、信用卡公司、产品维修与长途电话四种服务业进行实证研究，进一步将上述34个项目精简为有形性、可靠性、响应性、保障性与体贴性5大维度22个项目，建立服务质量量表（表3-1）。

表3-1 服务质量量表

评估维度	评估项目
有形性	1. 良好的XYZ应有现代化的设备 2. 良好的XYZ应有可见且吸引人的设施 3. 良好的XYZ员工应有整洁清爽的外表 4. 良好的XYZ应有一些沟通或指导标示（小手册）

续表

评估维度	评估项目
可靠性	5. 良好的XYZ应对顾客坚守承诺 6. 良好的XYZ应在顾客遭遇问题时尽力协助解决 7. 良好的XYZ应在第一次就把工作做对 8. 良好的XYZ应在其答应的有效时内为顾客服务 9. 良好的XYZ应保持正确的记录
响应性	10. 良好的XYZ服务人员应对顾客提供详尽的业务介绍 11. 良好的XYZ的员工应对顾客做立即性的服务 12. 良好的XYZ的员工应有服务顾客的意愿 13. 良好的XYZ的员工绝不会因太忙而疏于响应顾客
保障性	14. 良好的XYZ的员工行为会建立顾客的信心 15. 顾客在好的XYZ进行交易应有安全的感觉 16. 良好的XYZ的员工应保持对顾客的礼貌 17. 良好的XYZ的员工应有足够知识以响应顾客的问题
体贴性	18. 良好的XYZ应给予顾客个别性的注意 19. 良好的XYZ对顾客的购买行为应具有便利性 20. 良好的XYZ应有能给予顾客个别照顾的员工 21. 良好的XYZ应以顾客利益为先 22. 良好的XYZ的员工应能了解顾客的个别性需要

数据来源：Parasuraman，Zeithamal & Berry (1988)；*苏云华*（1996），P.253.

问题思考

Parasuraman、Zeithamal与Berry（1988）所提出的服务质量表，真的可以应用至所有的服务业吗?

问题提示

由于服务业涵盖的范围非常广泛，不同服务业之间的差异性很大，标准化的服务质量量表未必能够适用所有的服务业。

问题解答

依循第一章所提到的服务业分类方式，将服务业依照其属性予以分类，针对不同服务业，发展适合该行业的专用服务质量量表，是较为具体可行的方法。例如：Stevens、Knutson与Patton（1995）提出专为评估餐饮服务质量的DINESERV量表。

问题思考

在服务质量量表中，并没有包含任何有关价格的项目，是因为价格在服务质量的评估中并不重要吗？

问题提示

在影响服务质量的10个维度97个项目中，在沟通性维度中，包含解说服务的费用与解说服务与费用之间的兑换两个与价格有关的项目。

问题解答

由于Parasuraman、Zeithamal与Berry（1985）在发展服务质量量表时，使用一家优良的服务商家应该具备什么条件来询问消费者，消费者回答的是心中最高等级的渴望，并没有考虑必须付出多少代价，以致很少出现有关价格的题项。此外，仅有两个有关价格的项目，却因为在使用统计分析方法来简化维度项目时，未能达到量表信效度的要求而被删掉了。由此可知，并非价格因素在服务质量的评估中不重要，而是研究者所使用的访谈方式与统计分析方法误导了消费者。

第四章

服务质量与顾客满意的比较

问题思考

什么是服务质量？什么是顾客满意？二者有何不同？

问题提示

产品是有形的，看得到摸得着。服务是无形的，看不到摸不着。顾客满意被用来评估有形产品的满意度，服务质量则被用来评估无形服务的满意度。

问题解答

虽然，顾客满意与服务质量的基本概念，都源自期望—不一致理论，却是两个观念极为近似，但是定义不同的概念。

顾客满意被定义为顾客对某一次消费经验的感受，是一种短期形成的经验判断。服务质量则被定义为消费者对某一家服务商家有关服务优越性的整体判断，是一种长期形成的态度。

管理现场

不愉快的用餐经验：限时餐厅菜盘已空未补，餐点迟迟未上桌，没吃饱却气饱。

限时餐厅菜肴丰富且多样，不仅满足了消费者的视觉也满足了其口腹之欲，深受消费者喜爱。在一次家庭聚会中，笔者参考网络食记、爱评网选择了某知名连锁餐厅用餐，每人平均消费约800元左右，但是用餐体验与心情却是没吃饱却被气饱！

由于先前从未到该餐厅消费过，通过网络评价了解餐厅消费信息与评价，多数为正向评价，因此满怀期待去消费。该餐厅导入信息科技来创造全新的用餐体验，使用平板电脑让顾客自行点餐，但是一开始就发生系统无法点选数量，同一种类的餐点只能点选一次，点什么没什么，最后只好直接请服务人员来协助点餐，由于用餐时段人力有限，所以在点餐过程中不断被其他桌客人打断，以致服务人员分批多次才完成点餐作业。餐点陆续上桌后，发现虾迟迟未上桌，多次向服务人员反映，但一贯答复为："好的，真的不好意思，我再帮您跟厨房确认看看，马上帮您处理。"但又不知不觉过了半小时，餐点还是没有上桌。

虽然一开始入桌时，服务人员就告知用餐时间只有2个小时，但是时间到了1个半小时的时候，用餐一直被打扰，不断被提醒只剩半小时的用餐时间，并将桌面上的盘子清空，使得用餐心情大受影响！

服务质量与顾客满意的基本概念，都源自期望—不一致（expectation-disconfirmation）理论，二者之间存在相当大的重叠性，主要的差异在于以下几点。

一、评估主体的差异

早期的顾客满意评估模型，主要应用在有形的产品上，是以期望—不一致理论为基础，由消费者比较购买前对产品绩效的预期与购买后实际的产品绩效二者之间一致性的程度，来评估对商家所提供产品的满意度。但是，在服务业兴起之后，由于服务具有无形性，商家所提供的服务绩效缺乏客观的评估标准不易评估。因此，Parasuraman、Zeithamal与Berry（1985）主张由消费者主观地比较购买前的期望与购买后实际感知的绩效来评估对商家所提供服务的满意度，另外提出与顾客满意评估模型观念极为近似，但是定义不同的服务质量评估模型，以解决顾客满意评估主体不一致的问题。

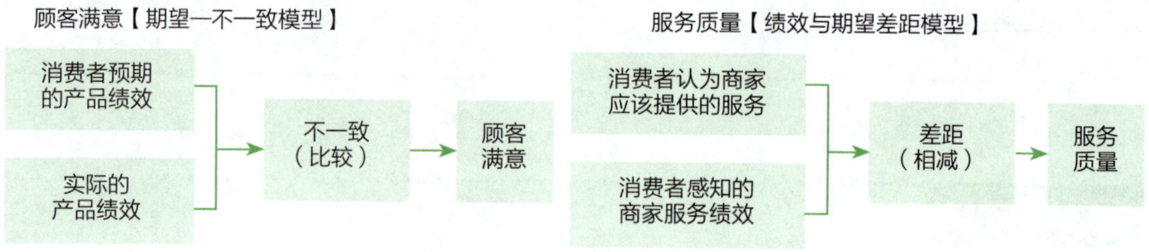

图4-1 顾客满意与服务质量评估模型的比较

二、时间定位的差异

顾客满意被定义为消费者对某一次特殊交易的评估，它反映出消费者的期望与商家所实际提供绩效的一致性程度。但是，服务质量被定义为有关服务优越性的整体判断，是一种长期形成的态度。LaTour 与Peat（1979）认为态度与满意的主要差别在于时间定位的长短，态度被定位为一个事前决定的概念，而满意被定位为一个事后决定的概念。消费者虽然可以在服务经验之前、中、后或多次经验之后，表达对该经验的评估。但是，在消费者未经验服务之前，其所表达的是对服务质量的评估，对于满意的评估则难以表达。

三、期望定义的差异

在顾客满意文献中，顾客的期望被视为消费者对商家将会（would）提供产品或服务的一种预测。但是，在服务质量文献中，顾客的期望被视为消费者的渴望（desires）或欲望（wants），是消费者认为商家应该（should）提供的服务。然而，由于Parasuraman、Zeithamal 与Berry（1988）使用一家优良的公司应该提供何种服务来发展服务质量量表，被许多学者认为容易误导消费者提出过度的期望而饱受批评。因此，Parasuraman、Zeithamal与Berry（1991）将描述消费者期望的字句由“应该”修改为“将会”，导致服务质量与顾客满意之间定义的混淆。

问题思考

Parasuraman、Zeithamal与Berry（1991）将描述消费者期望的字句，由应该（should）

修改为将会（would），你认同这样的观点吗？

问题提示

顾客满意与服务质量的主要差异，在于二者之间的定义。在顾客满意文献中，顾客的期望被视为消费者对商家将会（would）提供产品或服务的一种预测。在服务质量文献中，顾客的期望被视为消费者的渴望（desires）或欲望（wants），是消费者认为商家应该（should）提供的服务。

问题解答

Parasuraman、Zeithamal与Berry（1991）为了解决顾客满意与服务质量对于顾客期望定义的争议，提议将顾客的期望视为一条连续带，应该期望位于连续带的最上方，最低容忍限度期望位于连续带的最下方，将会期望则位于二者之间，共同构成一条期望的连续带。

四、评估维度的差异

在营销文献中，顾客满意是一个比服务质量更丰富的概念，它除了考虑消费者获得的效益之外，还必须同时考虑消费者付出的牺牲。然而，目前大部分学者所提出的服务质量评估模型，大多未将价格因素纳入考虑。Zeithamal与Binter（1996）认为价格未被重视的主要原因是因为消费者缺乏明确的参考价格，其主要的原因如下。

（1）由于服务的无形性，使商家可以有较大的弹性来构成服务，例如：人寿保险，由于每一位顾客的保障条款不同，保险公司所提供的服务与价格也不相同。

（2）由于缺乏充分的信息或明确的结果，使服务提供商无法在事前预估价格，例如：医生或律师在没有完成全部的服务之前，往往无法正确地告诉顾客全部的费用。

（3）由于顾客个别需要的差异性，例如：上美容院做头发，每人所要求的发型不同，所需费用必须视处理的情况而有所不同。

（4）由于服务的无形性，使得顾客不易收集相关信息，例如：消费者可以在零售出口看到各种不同形式的产品陈列，并且一一比较质量与价格，但服务却不能。

（5）某些服务是以交易标的物价格的百分比来收取费用，使顾客往往不清楚实际付出的费用，例如：证券交易商是以实际成交价的百分比来收取服务费。

问题思考

Zeithamal与Binter（1996）认为价格未被重视的主要原因是因为服务具有无形性，以致消费者缺乏明确的参考价格所致，你认同这样的观点吗？

问题提示

Zeithamal与Binter（1996）列举出导致消费者缺乏明确参考价格的5种主要原因。

问题解答

在消费者缺乏信息或经验的情况下，上述5种原因或许成立。但是，在网络发达、信息充足的时代，消费者即使缺乏实际消费经验，也可从网络数据库获得足够价格信息，上述说法已经不具说服力。

根据营销文献中的许多研究证实，价格是消费者在评估质量时的主要决定因素之一，特别是当其他信息无法获得时。此外，Ostrom与Iacobucci（1995）研究消费者对于顾客满意、价值与购买倾向三者之间的兑换，认为顾客满意与价值分享许多共同的特质，并且获得下列的结论。

（1）价格、质量水平、服务人员的亲切性以及服务顾客化的程度等四项服务属性，在特定的情况下对于消费者而言都是重要的。

（2）受试者对于服务属性的偏好将会不同，取决于消费者决策时的环境情。消费者在评估经验性服务时，会把价格摆在较重要的位置；在评估信任性服务时，会把质量摆在较重要的位置。

（3）消费者对于服务属性的偏好不同，取决于消费者决策时的重要性情境，在评估较不重要的服务时，会把价格摆在较重要的位置，而在评估较重要的服务时，会把质量摆在较重要的位置。

五、因果关系的推论

问题思考

服务质量与顾客满意之间的因果关系是什么？是先有服务质量，才有顾客满意呢？还是先有顾客满意，才有服务质量呢？

问题提示

这个问题就好像是问，是先有鸡才有蛋呢？还是先有蛋才有鸡呢？

问题解答

有些学者视服务质量为顾客满意的前因变量，提出由服务质量到顾客满意的因果关系。有些学者认为顾客满意发生于交易层次，而服务质量为总体面态度，提出由顾客满意到服务质量的因果关系。Parasuraman、Zeithamal与Berry（1994）整合不同学者的观点，认为对于某一项特殊的交易而言，消费者对服务质量、产品质量与价格的评估是影响交易满意的前因变量。但是，累积多次的交易满意，将会形成消费者对商家的整体印象。

服务质量与顾客满意之间的因果关系常因研究角度的不同而有所差异。Parasuraman 等人（1985）认为顾客满意发生于交易层次，而服务质量为总体面态度，提出由顾客满意到服务质量的因果关系。然而，Anderson 与Sullivan（1993）视服务质量为顾客满意的前因变量，提出由服务质量到顾客满意的因果关系。因此，Parasuraman、Zeithamal 与Berry（1994）整合不同学者的观点，认为对于某一项特殊的交易而言，消费者对服务质量、产品质量与价格的评估，是影响交易满意的前因变量；但是，累积多次的交易满意，将会形成消费者对商家的整体印象（图4–2）。

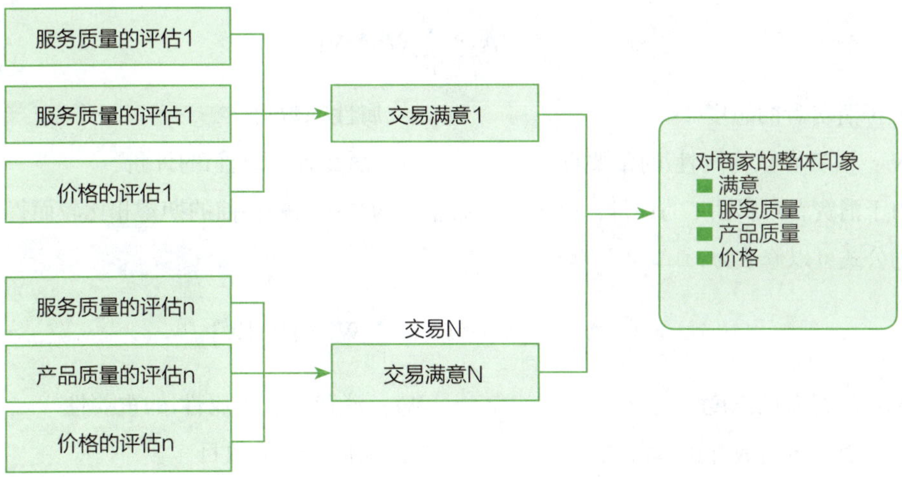

图4–2　消费者对商家整体印象的形成图

数据来源：Parasuraman，Zeithamal & Berry (1994)，p.122.

六、服务质量与顾客满意评估方法的比较

问题思考

顾客满意与服务质量学者，分别提出不同的评估方法，究竟哪一种评估方法比较好？

问题提示

何种方法的评估效果最佳，可以分别从信度、效度、模式解释能力来加以比较。

问题解答

苏云华（1996）以使用与不使用重要性加权的绩效与期望差距模型、直接绩效评估模型与直接差异评估模型六种评估方法进行实证研究，证实直接绩效评估模型不论在主要评断指标（信度、效度）或辅助评断指针（运用价值）上均优于其他二者，而未使用重要性加权者，要优于使用重要性加权者。但是，郭德宾、周泰华与黄俊英（2000）认为三者各有所长，评估效果难分伯仲。

在营销文献中，服务质量与顾客满意被视为一种近似态度的概念。Cohen、Fishbein 与 Ahtola（1972）以Fishbein（1963）所提出的多元属性态度评估模型为基础加以修正，提出重要性加权模型来评估人们对事物的态度：

$$A_0 = \sum_{i=1}^{n} Wi * Vi$$

A_0：消费者的态度　　n：属性的数目

Wi：消费者认为属性i的重要性　　Vi：消费者对属性i的评价

由于消费者对属性 i 的评价，是由购买后感知的绩效与购买前的期望相比较而得。因此，上述的公式可以修改为：

$$A_0 = \sum_{i=1}^{n} Wi * Ci = \sum_{i=1}^{n} Wi * [Pi\text{-}Ei]$$

A_0：消费者的态度　　Wi：消费者认为属性i的重要性

Ci：消费者对属性i的满意度　　n：评估属性的数目

Pi：消费者对属性i实际感知的绩效　　Ei：消费者对属性i的期望

因此，目前大部分学者所提出的服务质量与顾客满意评估模型，大多是上述公式的衍生或

变形，大致可以归纳为下列三类。

（1）绩效与期望差距模型：SQ(CS)=(Performance)–(Expectations)

（2）直接绩效评估模型：SQ(CS)=(Performance)

（3）直接差异评估模型：SQ(CS)=(Performance–Expectations)

然而，在上述三种评估模型中，何种方法的评估效果最佳，却引起学者们的激烈争论。Cronin 与Taylor（1992）分别以使用与未使用重要性加权的绩效与期望差距模型与直接绩效评估模型四种方法进行实证研究，经比较信度、效度及解释能力，证实未使用重要性加权的直接绩效评估模型最佳。此外，苏云华（1996）以使用与不使用重要性加权的绩效与期望差距模型、直接绩效评估模型与直接差异评估模型六种评估方法进行实证研究，证实直接绩效评估模型不论在主要评断指标（信度、效度）或辅助评断指标（运用价值）上均优于其他二者，而未使用重要性加权者，要优于使用重要性加权者。但是，Parasuraman、Zeithamal与Berry（1994）认为商家评估服务质量的主要目的，是要了解所提供的服务与顾客期望之间的差距，借以找出问题并且加以改善，使用绩效与期望差距模型将可获得更多的信息，以协助管理者改善经营绩效。然而，郭德宾、周泰华与黄俊英（2000）在八种不同类型服务业的实证研究中发现，在三种评估方法中，就模型配适度而言，以绩效与期望差距模型较佳；但是，就购买后行为的预测效果而言，以直接绩效评估模型较佳。因此，绩效与期望差距模型与直接绩效评估模型各有所长，二者的评估效果难分伯仲。

问题思考

使用服务质量的观念与量表，来评估服务业的顾客满意度是否适当？如果不适当，应该使用何种观念与量表来评估呢？

问题提示

服务质量只考虑消费者获得的收益，并未考虑消费者付出的成本。所以，使用服务质量的观念与量表，来评估服务业的顾客满意度，容易误导消费者提出过高的期望，误导商家盲目追求服务质量，其实消费者真正要的是价值，而非质量，因为要求质量是必须付出代价的。

问题解答

在营销文献中，顾客满意是一个比服务质量更丰富的概念，它除了考虑消费者获得的收益之外，还必须同时考虑消费者付出的成本，此种观点非常近似价值的定义。但是，服务质量只考虑消费者获得的收益，并未同时评估消费者付出的成本。所以，使用服务质量的观念与量表，来评估服务业的顾客满意度是不适当的。

七、服务质量、感知价值与顾客满意的整合

在营销文献中，质量、价格与价值经常被视为是影响消费者购买行为与产品选择的主要因素。Zeithamal（1988）认为价值是一个比质量具有更高层次的抽象性概念，而且价值涉及付出与获得之间的兑换，价值是因为付出而有所获得，而质量仅为此获得的一部分，因此提出价格、质量与价值的相关模型，来说明质量、价值与购买行为之间的关系（图4-3）。

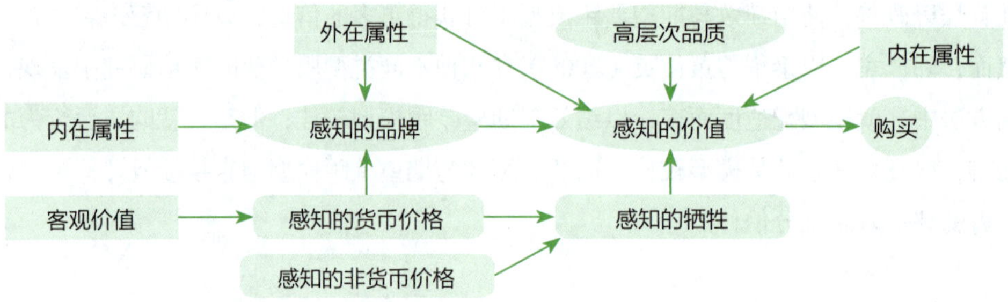

图4-3　价格、质量与价值的相关模型

数据来源：Zeithamal (1988)，p.4.

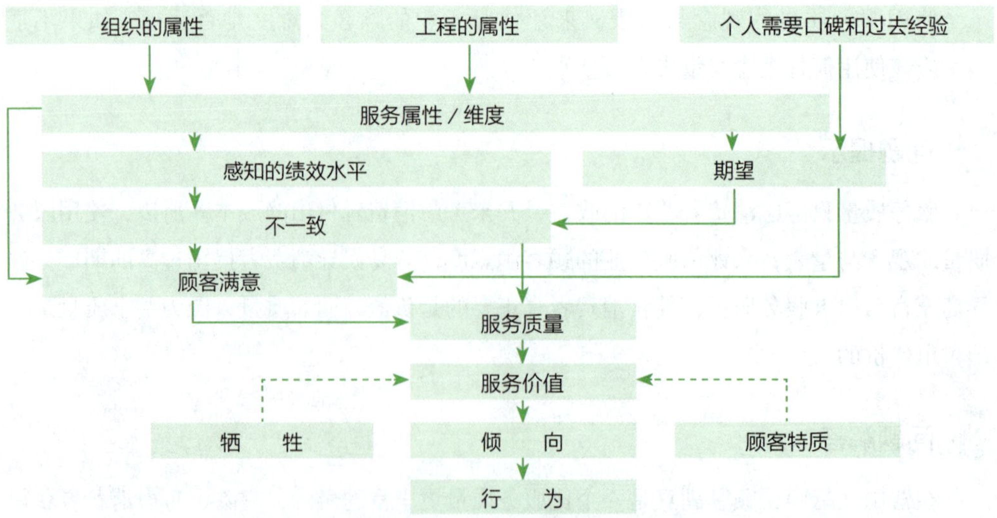

图4-4　顾客评估质量与价值的多阶段模型

数据来源：Bolton & Drew (1991)，p.376.

Bolton 与Drew（1991）认为大部分学者提出的服务质量评估模型所使用的观念太过简化，往往只注意到消费者所获得的服务质量，而忽略了消费者所付出的成本。因此，以Zeithamal（1988）的模型为基础加以扩充，提出评估质量与价值的多阶段模型（图4–4），认为期望与感知的绩效水平将会通过不一致，影响消费者对顾客满意与服务质量的评估，将服务质量视为顾客所获得的利益，再结合顾客的成本与特质形成服务价值，影响顾客的倾向与行为。

第五章

服务质量属性与顾客满意度的关系

问题思考

为什么在服务的过程中，有时候服务人员虽然很努力，但是顾客却无法满意，有时候服务人员只是一个不经意的小动作，却让顾客深深感动？

问题提示

服务质量属性对顾客满意的影响效果可能是不一样的，某些服务质量属性似乎具有关键性的影响力，某些服务质量属性似乎没有什么作用。就像兹博格所提出的“二因子理论”，某些服务质量属性属于保健因子，不论服务人员做得再好，顾客都觉得是应该的，不会感到满意，如果没有做好，顾客马上会感到不满意。然而，某些服务质量属性属于激励因子，只要服务人员做到了，顾客就会感到满意，但是即使服务人员没有做到，顾客也不会不满意。

问题解答

以往我们假设各项服务质量属性对顾客满意度的影响效果，会是线性而且对称的，如果服务提供越多顾客会越满意，反之，顾客会越不满意。但是，顾客对服务质量的敏感度可能会呈递减的现象，以致服务质量属性对顾客满意度的影响效果可能是非线性且不对称的。

在服务接触的过程中，有时候服务人员虽然很努力，顾客却无法满意，有时候只是一个不经意的小动作，却让顾客深深感动。由此可见，服务质量属性对顾客满意的影响效果可能是不一样的，某些服务质量属性似乎具有关键性影响力，某些服务质量属性似乎没有什么作用。以往在服务接触顾客满意的相关研究中，大多引用Parasuraman、Zeithamal与Berry（1994）所提出的服务质量绩效与期望差距模型来评估服务业的服务质量与顾客满意度，以回归分析的线性组合来探讨各项服务质量属性对顾客满意度的影响效果，基本上假设各项服务质量属性对顾客满意度的影响效果是线性且对称的。但是，顾客对服务质量的敏感度可能会呈递减的现象，以致服务质量属性对顾客满意度的影响效果可能是非线性且不对称的。所以，本研究以高度服务接触的完全服务西餐厅（Full Service Western Restaurant）进行研究，探讨服务质量属性与顾客满意度之间的关系。所谓完全服务西餐厅是指提供欧美餐食与饮料，正餐内容包含开胃菜（appetizer）、汤（soup）、主菜（entrée）、副菜（main course）、甜点（dessert）等项目，并且由服务人员提供完整的点餐、送餐与到菜服务之西式餐厅。由顾客满意相关文献的回顾可知，在服务接触的过程中，学者们对于服务质量属性与顾客满意度之间的关系有不同的看法。

一、一维质量观点

Aiello 与Rosenberg（1976）认为消费者的满意程度，可被视为是一种整体性的反映，代表消费者对产品不同属性主观的评估的总和。因此，Day（1977）认为满意是一个整体的概念，只要评估单一的整体满意度即可。但是，Handy 与Pfaff（1975）认为顾客满意涉及许多不同的维度与因素，不同意单一整体满意度评估的方法，认为此种方法将强迫消费者在面临一种复杂的情况下，做出一种立即而且粗糙的反映，最好由消费者先对产品的各个属性做评估，然后再予以加总、组合，而消费者对产品各项属性的满意度与整体满意度之间的关系，可以产品整体满意度为应变量，以消费者对产品各项属性的满意度为自变量建立线性回归模型，以了解各产品属性的相对重要性，以及对整体满意度的边际贡献，基本上假设所有的质量属性对顾客满意度影响效果都是线性（一维）的，而且正绩效与负绩效影响效果是相等（对称）的。

二、二维质量观点

Kano、Seraku、Takahashi 与Tsuji（1984）提出二维质量模型，以弥补一维质量模型的不足，通过质量要素观点与顾客满意度的概念结合成为两个维度，借此获得顾客需求与满意度的相关讯息。从质量观点获得客观的产品机能或功能，从顾客满意程度获得顾客主观感受，并以图形化的方式呈现（图5–1）。将影响顾客满意度的质量要素分为五大类。

（1）期望质量要素（one–dimensional quality element）：此质量要素如果具备，会让顾客满意。但是，如果未具备，会让顾客不满意。

（2）魅力质量要素（attractive quality element）：此质量要素如果具备，会让顾客满意。

但是，如果未具备，也不会让顾客不满意。

（3）必备质量要素（must–be quality element）：此质量要素如果具备，并不会让顾客满意。但是，如果未具备，会让顾客不满意。

（4）反向质量要素（reverse quality element）：此质量要素如果具备，会让顾客不满意。但是，如果未具备，反而会让顾客满意。

（5）无差异质量要素（indifferent quality element）：此质量要素不论是否具备，都不会引起顾客满意或不满意。

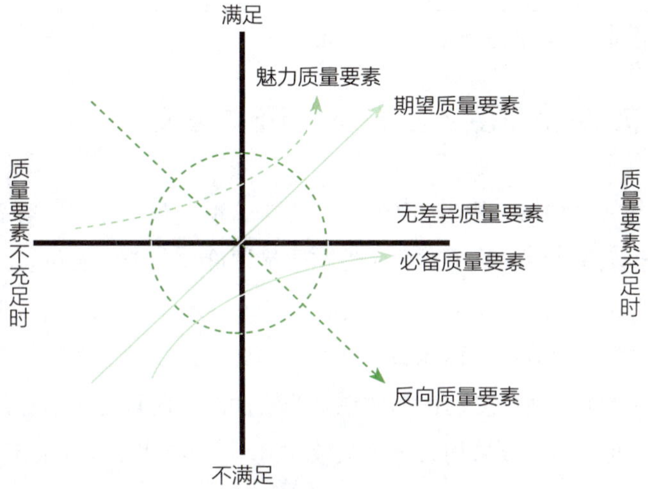

图5–1　二维质量评估模型与五种质量要素类型

数据来源：Kano，Seraku，Takahashi & Tsuji (1984)，p.41.

Kano等人（1984）以某项质量要素充足与不充足构成二维行列表，使用满意、理所当然、没感觉、无可奈何、不满意五点评估尺度，建构质量评价二元表，用以进行质量要素类型的判定。

在实际应用案例上，Tan与Pawitra（2001）使用质量评价二元表进行质量要素的判定，发现观光目的地的7项质量属性，可区分为期望、魅力、无差异三种质量要素类型。Yang（2003）研究发现企业的15项质量属性，可区分为期望、魅力、必备三种质量要素类型。陈彦名（2008）研究自行车骑士对于台南市自行车骑乘环境的重视程度，发现5项期望质量要素，1项必备质量要素，8项无差异质量要素。郑轩文（2008）研究垦丁游客对海滩标章认证的接受程度，发现在15项质量要素中，有10项为期望质量要素，4项为无差异质量要素，1项为必备质量要素。赖惠君（2009）研究发现在20个高雄地铁系统服务质量项目中，有9项为期望质量要素，10项为必备质量要素，仅有1项为魅力质量要素（表5–1）。

表5-1 质量评价二元表

		质量不充足				
		满意	理所当然	没感觉	无可奈何	不满意
质量充足	满意	无效	魅力品质要素	魅力品质要素	魅力品质要素	期望品质要素
	理所当然	反向质量要素	无差异质量要素	无差异质量要素	无差异质量要素	必备质量要素
	没感觉	反向质量要素	无差异质量要素	无差异质量要素	无差异质量要素	必备质量要素
	无可奈何	反向质量要素	无差异质量要素	无差异质量要素	无差异质量要素	必备质量要素
	不满意	反向质量要素	反向质量要素	反向质量要素	反向质量要素	无效

数据来源：Kano，Seraku，Takahashi & Tsuji (1984)，p.42.

三、质量属性与顾客满意度之间非线性与不对称关系

虽然，Kano 等人（1984）提出二维质量模型来说明质量属性对顾客满意度的非线性与不对称影响效果，但只是以检视某项质量属性在质量评价二元表中的位置，就主观地判定所属的质量要素类型，而未能客观地加以具体验证。因此，Mittal、Ross 与Baldasare（1998）使用对数回归来验证质量属性绩效与顾客满意度之间的关系，在健康医疗与汽车的研究中发现，质量属性绩效对整体顾客满意度的影响效果是非线性的，而且健康医疗的10项质量属性负绩效对整体顾客满意度的影响效果均大于正绩效，汽车的6项质量属性有5项负绩效的影响效果大于正绩效。Ting 与Chen（2002）引用Mittal 等人（1998）的方法，以量贩店进行研究发现，质量属性绩效与整体顾客满意度之间的关系为非线性且不对称的，43项服务质量属性可区分为魅力（17项）、期望（22项）、必备（1项）、无差异（3项）四种质量要素类型，但是未发现反向质量要素，而且在43项服务质量属性中，有23项服务质量属性正绩效对整体顾客满意度的影响效果大于负绩效。然而，由于Ting 与Chen（2002）使用正负各4点的李克特尺度（–4：极不同意，+4：极同意）来评估消费者对服务质量属性正绩效与负绩效表现的评价，在进行回归分析时，可能因为数值太小，不易显现出影响效果，连带影响模式的解释力（对数回归R^2=0.014～0.125；线性回归R^2= 0.014～0.121）。

四、目前面临的问题

经由前述的文献回顾可知，目前在质量属性与顾客满意度之间关系的研究上，还存在下列问题。

（1）Kano等人（1984）虽然提出二维质量模型来说明质量属性与顾客满意度之间非线性与不对称的关系，但只检视某项质量属性在质量评价二元表中的位置，就主观地判定所属的质量要素类型，未能客观地加以验证。

（2）以往学者使用质量评价二元表进行质量要素类型的判定，分别发现期望、魅力、必备、无差异等四种类型的质量要素，却一直未能发现反向质量要素，以致无法完全验证Kano所提出的五种质量要素类型。

（3）以往学者使用线性回归来分析质量属性对顾客满意度的影响效果，基本上假设服务质量属性对顾客满意度的影响效果是线性而且对称的，虽然方法简单易懂，却不符合常理。Mittal等人（1998）使用对数回归进行分析，虽然可以验证质量属性与顾客满意度之间的非线性与不对称关系，但是数学函数深奥难懂，在实务上不易理解运用。

（4）Mittal等人（1998）研究发现服务属性负绩效对整体顾客满意度的影响效果大于正绩效，但是Ting与Chen（2002）的研究发现正绩效对整体顾客满意度的影响效果大于负绩效的质量属性居多，二者的研究结论并不一致。

（5）Mittal等人（1998）首创使用对数回归，以量化分析的方法来验证质量属性绩效与顾客满意度之间的二维非线性关系，但是后来除了Ting与Chen（2002）之外，很少有学者引用此种分析方法，主要原因除了数学模型深涩难懂不易理解之外，模型解释力R^2偏低，容易招致学者的批评，认为模型缺乏解释能力。例如：Ting与Chen（2002）使用正负各4点的李克特尺度（–4：极不同意，+4：极同意），来评估消费者对服务质量属性正绩效与负绩效表现的评价，可能因为数值太小，在取对数之后不易显现出影响效果，对数回归模型R^2只有0.014～0.125，线性回归模型R^2只有0.014～0.121。

有鉴于此，引用 Kano 等人（1984）的二维质量观念。（1）使用Mittal等人（1998）所提出的对数回归分析来探讨服务质量属性与顾客满意度之间的不对称与非线性关系，以改善质量评价二元表无法客观量化验证的问题；（2）重新设计服务质量量表，除了一般学者常用的正向质量属性题项之外，增加负向质量属性题项来发展问卷，尝试找出反向质量要素，以期能完全验证 Kano 所提出的五种质量要素类型；（3）分别使用线性回归与对数回归进行分析，比较两种方法的优劣性，并且利用简易图标法进行质量要素类型判定，以改善对数回归模型数学函数深奥难懂的问题；（4）比较服务属性负绩效与正绩效对整体顾客满意度的影响效果何者较大，以厘清学者研究结论不一致之处；（5）加大评估尺度，使用正负各10点的李克特尺度（1：非常不满意，10：非常满意），来评估消费者对服务质量属性正绩效与负绩效表现的评价，改善因为数值太小，在取对数之后不易显现出影响效果，造成模型解释力偏低的问题。

五、实证研究方法

（一）研究假设

经由上述的文献回顾可知，Mittal等人（1998）研究发现，质量属性负绩效对整体顾客满意度的影响效果大于正绩效；Ting 与Chen（2002）研究发现，质量属性正绩效对整体顾客满意度的影响效果大于负绩效。所以，提出研究假设1（H1）：服务质量属性绩效对整体顾客满意度的影响效果是不对称的。

此外，Kano等人（1984）将质量属性分为魅力、期望、必备、无差异、反向五种质量要素类型，而且不同的质量要素类型对整体顾客满意度有不同的影响效果。所以，提出研究假设2（H2）：服务质量属性绩效与整体顾客满意度之间的关系为非线性。

（二）问卷设计

由于以往并没有学者针对完全服务西餐厅进行二维服务质量的研究，所以先使用关键事例技术法（Critical Incident Technique，CIT），找出影响完全服务西餐厅顾客满意度的服务质量属性，以作为发展顾客满意量表的基础。所谓关键事例技术法，系由 Flanagan（1954）所提出，以开放式的问卷纪录特定事件发生的过程。Nyquist、Bitner与Booms（1985）认为关键事例技术法对于服务接触互动过程中，顾客满意／不满意的形成能够提供更多的信息，是最适合使用于服务接触顾客满意的研究方式。

首先，由访员以立意抽样法，访问最近半年内曾到过完全服务西餐厅的100 位顾客，调查受访者至餐厅用餐时让其感到满意或不满意的事件，以便找出影响顾客满意度的服务质量属性。其次，将访谈内容予以编码，由两位具有基本分类知识，且有餐饮实务经验的研究人员，独立作业进行分类。十天之后，再由两位研究人员就原问卷再重新分类一次，将两人归类不同的项目提出讨论，由两人重新审视并且加以调整，得到30个导致顾客满意的服务质量属性，以及10个导致顾客不满意的服务质量属性。然后，依据前述访谈结果设计问卷初稿，邀请三位资深的餐饮业专家学者，就问卷内容进行检视与修正，建立正式问卷。

由于Ting 与Chen（2002）使用正负各4点的李克特尺度（–4：极不同意，+4：极同意）来评估消费者对服务质量属性正绩效与负绩效表现的评价，在进行回归分析时，可能因为数值太小，不易显现出影响效果，连带影响模型的解释力。所以，改用正负各10点的李克特尺度（1：非常不满意，10：非常满意），以改善模型解释力偏低的问题。问卷内容分为下列三大部分：

1. 服务质量属性

依据关键事例技术法所获得的访谈结果，以30个让顾客感到满意的优良服务质量属性（1 ~ 30题），以及10个让顾客感到不满意的不良服务质量属性（31 ~ 40题），请受访者评估餐厅在这40项服务质量属性具备或不具备时的绩效表现。例如：–10、–9、–8、……–3、–2、–1，代表这家餐厅在这一项服务质量属性不具备时的负绩效表现。+1、+2、+3、……+8、+9、+10，代表这家餐厅在这一项服务质量属性具备时的正绩效表现（表5–2）。

2. 整体顾客满意度

使用10点评价尺度（1：非常不满意，10：非常满意），调查受访者对餐厅的整体顾客满意度。

3. 个人基本资料

使用名目尺度，调查受访者性别、年龄、职业、收入、学历等基本资料。

表5-2　服务质量属性题项范例表

	服务质量属性	负绩效表现（负值） 该属性不具备时您会觉得 非常不满意 …… 非常满意	正绩效表现（正值） 该属性具备时您会觉得 非常不满意 …… 非常满意
优良服务	服务人员的态度亲切	10 9 8 7 6 5 4 3 2 1	1 2 3 4 5 6 7 8 9 10
不良服务	没保留已订位的位子	10 9 8 7 6 5 4 3 2 1	1 2 3 4 5 6 7 8 9 10

（三）分析方法

1. 成对样本T检定

使用成对样本T检定，比较服务质量属性正绩效与负绩效的顾客满意度平均数大小，以验证服务质量属性正绩效与负绩效在顾客满意度上的差异性。

2. 线性回归分析

将受访者对各项服务质量属性绩效表现的评价，以整体顾客满意度为因变量，以各项服务质量属性的负绩效与正绩效为自变量，进行线性回归，以验证服务质量属性对整体顾客满意度的线性影响效果。

$$\text{整体顾客满意度} = \text{截距（Intercept）} + \beta_1 \times N\_PER + \beta_2 \times P\_PER$$

β_1：服务质量属性负绩效的标准化回归系数

β_2：服务质量属性正绩效的标准化回归系数

N_PER：服务质量属性负绩效

P_PER：服务质量属性正绩效

3. 对数回归分析

先将受访者对各项服务质量属性绩效表现的评价转换成自然对数，然后以整体顾客满意度为因变量，以各项服务质量属性的负绩效与正绩效的自然对数值为自变量，进行对数回归，以验证服务质量属性对整体顾客满意度的非线性影响效果。

$$\text{整体顾客满意度} = \text{截距（Intercept）} + \beta_1 \times LN\_PER + \beta_2 \times LP\_PER$$

β_1：服务质量属性负绩效的标准化回归系数

β_2：服务质量属性正绩效的标准化回归系数

LN_PER：服务质量属性负绩效的自然对数

LP_PER：服务质量属性正绩效的自然对数

4. 研究假设检定

以整体顾客满意度为因变量，以各项服务质量属性的负绩效与正绩效为自变量，分别进行对数回归与线性回归分析，每一项服务质量属性将会得到两个标准化的回归系数（β_1与β_2）。经由此一标准化回归系数分析的结果可知：

（1）系数绝对值越大，代表此服务质量属性对整体顾客满意度的影响效果越大。

（2）由系数的正负值可以判断服务质量属性与整体顾客满意度之间的关系（正相关或负相关）。LN_PER的系数值应为负，而LP_PER的系数值应为正。

（3）如果服务质量属性正绩效与负绩效的系数不相等，则正绩效与负绩效对整体顾客满意度影响效果的不对称性即可获得支持，以验证研究假设H1。

（4）服务质量属性的绩效经过自然对数的转换，如果标准化回归系数不等于0，表示整体顾客满意度对服务质量属性增加的敏感性呈现递减的现象，服务质量属性与整体顾客满意度之间的非线性关系即可获得支持，以验证研究假设H2。

（5）分析各项服务质量属性的LN_PER 系数与LP_PER系数，依据下列评估标准与图示，即可判断属于何种质量要素。

a．期望质量要素（图5-2）：LN_PER系数为负且不等于0，LP_PER系数为正且不等于0。

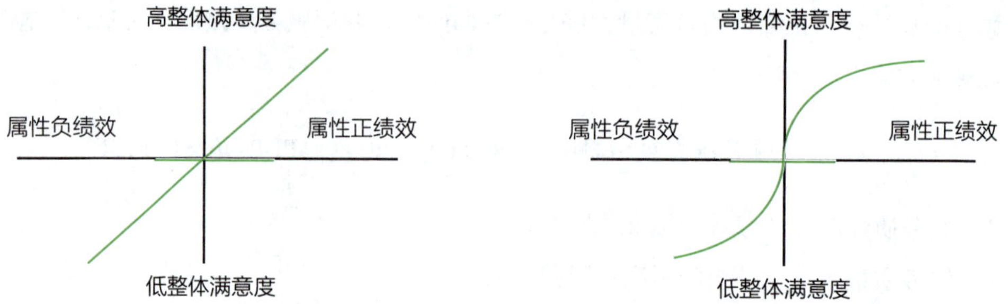

（a）线性的期望质量要素　　（b）非线性的期望质量要素

图5-2　期望质量要素

b．魅力质量要素（图5-3）：LN_PER系数等于0，LP_PER系数为正且不等于0。

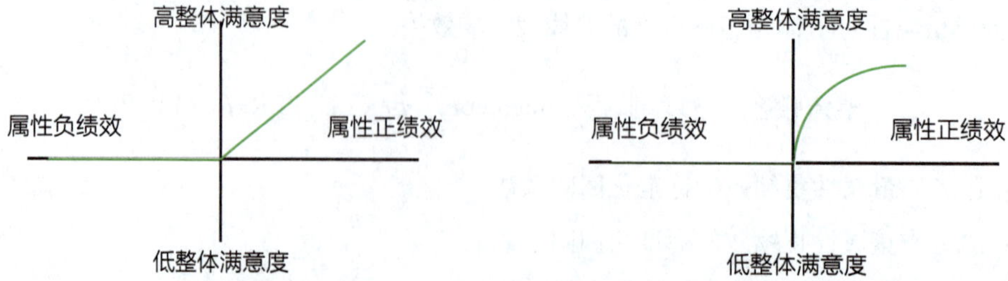

（a）线性的魅力质量要素　　（b）非线性的魅力质量要素

图5-3　魅力质量要素

c. 必备质量要素（图5-4）：LN_PER系数为负且不等于0，LP_PER系数等于0。

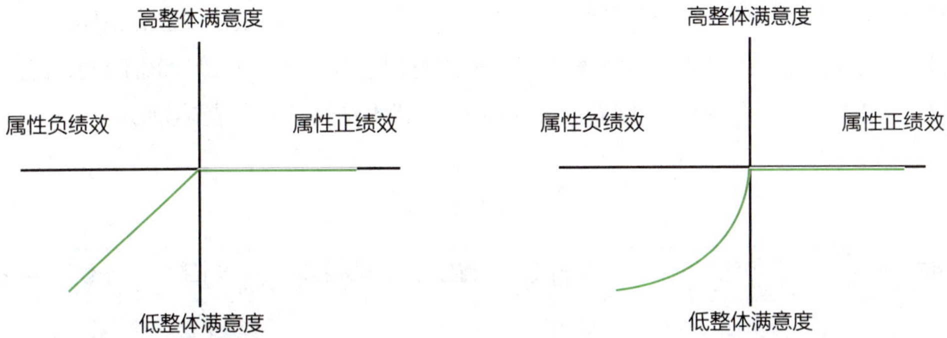

（a）线性的必备质量要素　（b）非线性的必备质量要素

图5-4　必备质量要素

d. 反向质量要素（图5-5）：LN_PER系数为正且不等于0，LP_PER系数为负且不等于0。

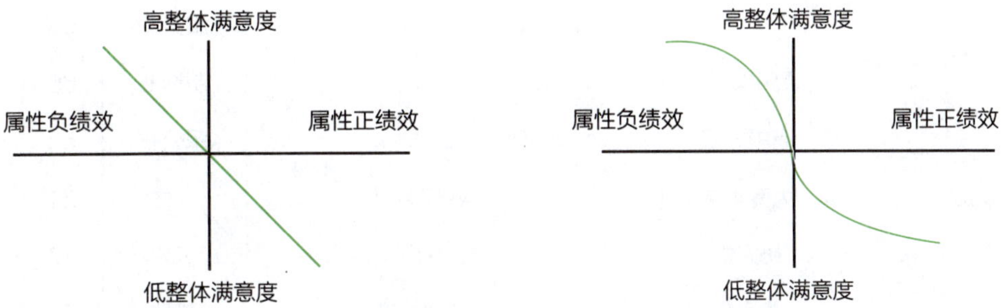

（a）线性的反向质量要素　（b）非线性的反向质量要素

图5-5　反向质量要素

e. 无差异质量要素（图5-6）：LN_PER系数等于0，LP_PER系数等于0。

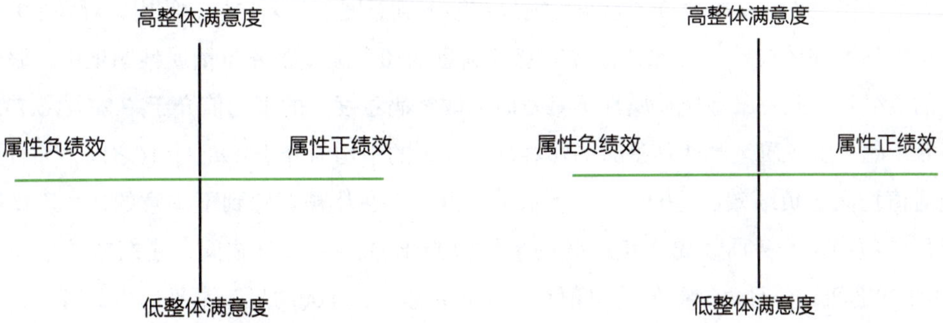

（a）线性的无差异质量要素　（b）非线性的无差异质量要素

图5-6　无差异质量要素

（四）资料收集

由于研究对象必须具有完全服务西餐厅的消费经验，因此由访员使用立意抽样法，对最近三个月内曾经到过完全服务西餐厅用餐的消费者进行问卷调查，共发出500份问卷，经剔除无效问卷后，回收有效问卷384份，问卷回收率76.8%。样本结构分析如表5-3所示。

表5-3 样本结构分析表

样本特征	项目	个数	百分比	样本特征	项目	个数	百分比
性别	男性	156	40.7%	年龄	19岁以下	42	10.9%
	女性	228	59.4%		20～29岁	109	28.4%
收入	20000元以下	133	34.6%		30～39岁	88	22.9%
	20001～50000元	194	50.5%		40～49岁	91	23.7%
	50001～100000元	43	11.2%		50岁以上	54	14.1%
	100001元以上	23	3.6%	职业	服务业	93	24.2%
学历	高中以下	29	7.6%		制造业	65	19.0%
	高中／职	149	38.8%		军公教	53	13.8%
	大专／学	191	49.7%		学生	81	21.1%
	研究生	11	2.9%		家政	37	7.6%
	遗漏值	4	1.0%		其他	55	14.3%

六、数据处理分析

（一）服务质量属性负绩效与正绩效的顾客满意度平均数差异分析

为了比较服务质量属性负绩效与正绩效在顾客满意度上的差异性，使用成对样本T 检定进行两个平均数差的检验，发现在让顾客感到满意的30个优良服务质量属性题项中，服务质量属性的负绩效（此一服务质量属性不具备时的顾客满意度）的平均值介于-7.83～-5.73之间，正绩效（此一服务质量属性具备时的顾客满意度）的平均值介于7.98～9.16之间，而且正绩效的绝对值均大于负绩效，达0.01的显著水平。但是，在让顾客感到不满意的10个不良服务质量属性题项中，服务质量属性负绩效的平均值介于-3.37～-2.36之间，正绩效的平均值介于1.73～2.78之间，而且负绩效的绝对值均大于正绩效，达0.00的显著水平。由此可见，当服务质量属性是优良时，正绩效的顾客满意度平均值要大于负绩效。但是，当服务质量属性是不良时，负绩效的顾客满意度平均值要大于正绩效。

（二）服务质量属性负绩效与正绩效对顾客满意度的影响效果分析

为了了解服务质量属性负绩效与正绩效对顾客满意度的影响效果，以整体顾客满意度为因变量，以服务质量属性负绩效与正绩效为自变量，分别进行对数回归与线性回归分析，发现使用对数回归时，30个优良服务质量属性中，除了5个（3、11、18、21、30）题项服务质量属性正绩效的标准化回归系数（β_2）小于负绩效（β_1）之外，其余25个题项服务质量属性正绩效的标准化回归系数均大于负绩效；在10个不良服务质量属性中，除了1个（31）题项服务质量属性正绩效的标准化回归系数小于负绩效之外，其余9个题项服务质量属性正绩效的标准化回归系数均大于负绩效。此外，使用线性回归时，也得到相同的结论。因此，研究假设 H1：服务质量属性绩效与整体顾客满意度之间的关系是不对称的，获得支持。

服务质量属性负绩效与正绩效的顾客满意度平均数差异分析如表5–4所示。

表5–4 服务质量属性负绩效与正绩效的顾客满意度平均数差异分析表

属性		负绩效		正绩效		平均数差检定	
		平均数	标准偏差	平均数	标准偏差	t值	p值
1.	餐厅有免费停车场，且有管理员及泊车人员	-6.26	2.82	8.51	1.60	13.25	0.00
2.	餐厅装潢精致、气氛优雅	-6.35	2.49	8.64	1.35	9.57	0.00
3.	等候座位时，提供茶水及桌椅	-6.29	2.50	8.53	1.42	17.20	0.00
4.	餐厅用餐区及座位舒适	-6.90	2.51	8.71	1.36	14.30	0.00
5.	餐厅有清楚的逃生路线及完善的消防设备	-7.26	2.81	8.84	1.33	11.38	0.00
6.	洗手间干净，且设有自动冲水设备	-6.52	2.65	8.66	1.45	15.85	0.00
7.	菜单质感与设计高雅	-6.08	2.30	8.07	1.46	16.36	0.00
8.	菜单经常配合时令推出创新菜色	-6.38	2.29	8.33	1.44	6.40	0.00
9.	餐点实际内容与菜单叙述或图片相符	-6.93	2.66	8.66	1.49	12.51	0.00
10.	食材新鲜且拥有产地证明	-6.65	2.51	8.50	1.46	15.29	0.00
11.	餐点定价合理	-7.35	2.78	8.80	1.57	10.28	0.00
12.	员工服装仪表整洁、相貌出众	-6.40	2.39	8.34	1.48	8.46	0.00
13.	员工服务态度亲切友善	-7.68	2.66	9.08	1.25	10.86	0.00
14.	员工熟记您的称谓、基本数据及用餐习惯	-5.73	2.29	8.08	1.68	18.83	0.00

续表

属性		负绩效		正绩效		平均数差检定	
		平均数	标准偏差	平均数	标准偏差	t值	p值
15.	每桌都有专属的服务人员为您服务	-5.80	2.30	7.98	1.67	17.46	0.00
16.	员工受过专业训练足以胜任工作	-6.71	2.30	8.50	1.48	15.16	0.00
17.	员工主动提供每日促销特价餐点	-6.29	2.31	8.34	1.54	16.79	0.00
18.	依顾客预算、喜好搭配餐点，给予适当建议	-6.45	2.31	8.43	1.45	16.88	0.00
19.	依顾客需求提供特殊餐点	-6.39	2.26	8.43	1.48	17.41	0.00
20.	员工不会强迫推销酒或饮料	-7.08	2.72	8.48	1.90	9.54	0.00
21.	不会让顾客久等或有被催促感	-7.31	2.54	8.81	1.49	11.20	0.00
22.	主管会主动且亲切询问用餐状况及意见	-6.03	2.21	8.10	1.47	3.28	0.01
23.	员工会主动帮您过生日或庆祝特殊节庆	-5.73	2.28	8.11	1.64	18.81	0.00
24.	员工预先考虑您的需求，并主动提供服务	-6.52	2.39	8.55	1.42	17.14	0.00
25.	员工乐于解答顾客问题	-7.16	2.60	8.89	1.29	12.92	0.00
26.	员工具备高度的爱心与耐心	-6.92	2.49	8.76	1.31	7.63	0.00
27.	员工会主动站在顾客立场，处理顾客的抱怨	-7.07	2.50	8.69	1.43	12.81	0.00
28.	服务出错时，主管会出面致歉并给予实质补偿	-7.03	2.63	8.80	1.32	13.86	0.00
29.	餐厅主动提供优惠信息、折价券、贵宾卡等	-6.45	2.59	8.62	1.43	16.22	0.00
30.	餐厅账单账目清楚且金额正确	-7.83	2.77	9.16	1.44	9.16	0.00
31.	餐厅没保留已订位的位子	-2.37	1.82	1.85	1.78	-4.71	0.00
32.	员工没有依照客人的先来后到顺序服务	-2.40	1.76	1.87	1.55	-5.36	0.00
33.	餐具破损不干净	-2.52	1.74	1.90	1.42	-6.55	0.00
34.	点错或漏掉顾客点的餐食	-2.62	1.66	2.15	1.45	-5.30	0.00

续表

属性		负绩效		正绩效		平均数差检定	
		平均数	标准偏差	平均数	标准偏差	t值	p值
35.	过度关心顾客用餐状况	-3.37	2.04	2.78	1.75	-5.83	0.00
36.	员工会打量客人的穿着，给予差别待遇	-2.46	1.77	1.78	1.39	-7.16	0.00
37.	员工会因情绪好坏，给予客人不一样的待遇	-2.36	1.51	1.73	1.22	-7.08	0.00
38.	服务出错时，员工没有迅速更正错误	-2.60	1.66	2.03	1.36	-5.78	0.00
39.	员工疏于注意您的需求，未能及时提供服务	-2.70	1.59	2.24	1.44	-5.18	0.00
40.	员工严守公司规定，不懂变通	-3.16	1.90	2.67	1.80	-6.48	0.00
整体满意度				7.79	1.40		

（三）服务质量属性与顾客满意度关系分析

由服务质量属性负绩效与正绩效对整体满意度对数回归分析所获得的结果可知，除了第20、21、29、31、32、33、35、36、38等9题，β_1与β_2均不显著，服务质量属性与整体顾客满意度之间呈线性关系之外，其余31个题项的β_1 与β_2，至少有一个显著不等于0，服务质量属性与整体顾客满意度之间呈曲线关系。因此，研究假设H2：服务质量属性绩效与整体顾客满意度之间的关系为非线性，获得部分支持。

（四）对数模型与线性模型的比较

由服务质量属性负绩效与正绩效对整体满意度回归分析（表5-5）所获得的结果可知，在40个服务质量属性回归分析模型中，除了3个（6、12、17）题项模型解释力（R^2）相等之外，有22个对数回归的模型解释力优于线性回归，只有5个（11、15、21、23、24）题项线性回归的模型解释力优于对数模型。此外，从系数的合理性来看，对数回归模式的标准化回归系数要比线性回归模式更能反映出实际的状况，例如：3. 等候座位时，提供茶水及桌椅，在线性模型中，$-\beta_1$与$+\beta_2$均显著，表示在等候座位时，如果不提供茶水及桌椅，顾客将会感到不满意；如果提供茶水及桌椅，顾客将会感到满意，属于线性期望质量要素。在对数模式中，$-\beta_1$显著$+\beta_2$不显著，表示在等候座位时，如果不提供茶水及桌椅，顾客将会感到不满意；如果提供茶水及桌椅，顾客认为是应该的，并不会感到满意，属于必备质量要素，比较符合常理。例如：9. 餐点实际内容与菜单叙述或图片相符，在对数模式中，$-\beta_1$与$+\beta_2$均显著，表示如果餐点实际内容与菜单叙述或图片不相符，顾客将会感到不满意；如果餐点实际内容与菜单叙述或图片相符，顾客将会感到满意，属于非线性的期望质量要素。在线性模式中，$-\beta_1$不显著、$+\beta_2$显著，表示如果餐点实际内容与菜单叙述或图片不相符，顾客不会感到不满意；如果餐点实际内容与菜单叙述或图片相符，顾客将会感到满意，属于魅力质量要素，并不符合常理。此外，14. 员工熟记您的称谓、基本数据及用餐习惯与17. 员工主动提供每日促销特价餐点，也有类似问题。由此可见，对数回归的模型解释力要略优于线性回归。

表5-5 服务质量属性负绩效与正绩效对整体满意度回归分析表

服务质量属性		对数回归		线性回归		判定系数	
		负绩效 β_1	正绩效 β_2	负绩效 β_1	正绩效 β_2	对数 R^2	线性 R^2
1.	餐厅有免费停车场，且有管理员及泊车人员	-0.067	0.102**	-0.051	0.094*	0.017	0.014
2.	餐厅装潢精致、气氛优雅	-0.115**	0.176***	-0.093*	0.156***	0.048	0.038
3.	等候座位时，提供茶水及桌椅	-0.072	0.131**	-0.069	0.073	0.027	0.012
4.	餐厅用餐区及座位舒适	-0.088*	0.156***	-0.050	0.151***	0.040	0.030
5.	餐厅有清楚的逃生路线及完善的消防设备	-0.090*	0.165***	-0.056	0.168***	0.042	0.037
6.	洗手间干净，且设有自动冲水设备	-0.052	0.169***	-0.063	0.155***	0.036	0.033
7.	菜单质感与设计高雅	0.002	0.111**	0.008	0.101*	0.012	0.010
8.	菜单经常配合时令推出创新菜色	0.016	0.131**	0.031	0.121**	0.017	0.013
9.	餐点实际内容与菜单叙述或图片相符	-0.084	0.101*	-0.068	0.088	0.020	0.015
10.	食材新鲜且拥有产地证明	-0.056	0.091*	-0.022	0.088	0.015	0.010
11.	餐点定价合理	-0.053	0.078	-0.061	0.056	0.005	0.008
12.	员工服装仪表整洁、相貌出众	-0.020	0.062	-0.003	0.067	0.007	0.005
13.	员工服务态度亲切友善	-0.057	0.123**	-0.050	0.117**	0.021	0.020
14.	员工熟记您的称谓、基本数据及用餐习惯	-0.083	0.225***	-0.093*	0.206***	0.068	0.062
15.	每桌都有专属的服务人员为您服务	-0.057	0.026	-0.046	0.036	0.005	0.004
16.	员工受过专业训练足以胜任工作	-0.128**	0.153***	-0.148***	0.132**	0.049	0.052

续表

服务质量属性		对数回归		线性回归		判定系数	
		负绩效 β_1	正绩效 β_2	负绩效 β_1	正绩效 β_2	对数 R^2	线性 R^2
17.	员工主动提供每日促销特价餐点	-0.051	0.153***	-0.026	0.162***	0.029	0.029
18.	依顾客预算、喜好搭配餐点，给予适当建议	-0.112**	0.100**	-0.085	0.096*	0.028	0.022
19.	依顾客需求提供特殊餐点	-0.085	0.156***	-0.080	0.135**	0.038	0.031
20.	员工不会强迫推销酒或饮料	0.006	0.054	0.032	0.072	0.003	0.005
21.	不会让顾客久等或有被催促感	0.008	0.120**	0.038	0.090*	0.014	0.008
22.	主管会主动且亲切询问用餐状况及意见	0.072	0.080	-0.043	0.076	0.014	0.010
23.	员工会主动帮您过生日或庆祝特殊节庆	0.014	0.087	0.021	0.091*	0.007	0.008
24.	员工预先考虑您的需求，并主动提供服务	-0.004	0.093*	0.000	0.082	0.009	0.007
25.	员工乐于解答顾客问题	0.005	0.090*	0.011	0.083	0.008	0.007
26.	员工具备高度的爱心与耐心	0.015	0.100*	0.037	0.102*	0.009	0.009
27.	员工会主动站在顾客立场，处理顾客的抱怨	-0.050	0.068	-0.032	0.051	0.008	0.005
28.	服务出错时，主管会出面致歉并给予实质补偿	-0.034	0.084	-0.006	0.076	0.010	0.006
29.	餐厅主动提供优惠信息、折价券、贵宾卡等	-0.014	0.022	0.008	0.028	0.001	0.001
30.	餐厅账单账目清楚且金额正确	-0.088*	0.065	-0.070	0.055	0.013	0.010
31.	餐厅没保留已订位的位子	0.118**	-0.039	0.080	-0.049	0.013	0.007
32.	员工没有依照客人的先来后到顺序服务	0.106*	-0.057	0.068	-0.067	0.009	0.006
33.	餐具破损不干净	0.065	-0.049	0.064	-0.010	0.004	0.004
34.	点错或漏掉顾客点的餐食	0.095*	-0.112**	0.058	-0.140**	0.013	0.017
35.	过度关心顾客用餐状况	0.010	-0.035	0.014	-0.035	0.001	0.002
36.	员工会打量客人的穿着，给予差别待遇	0.038	-0.084	0.002	-0.063	0.006	0.004

续表

服务质量属性		对数回归		线性回归		判定系数	
		负绩效 β_1	正绩效 β_2	负绩效 β_1	正绩效 β_2	对数 R^2	线性 R^2
37.	员工会因情绪好坏，给予客人不一样的待遇	0.123**	- 0.136**	0.082	- 0.126**	0.018	0.014
38.	服务出错时，员工没有迅速更正错误	0.016	0.024	0.033	- 0.053	0.001	0.003
39.	员工疏于注意您的需求，未能及时提供服务	0.070	- 0.086	0.020	- 0.080	0.006	0.005
40.	员工严守公司规定，不懂变通	0.038	- 0.080	0.009	- 0.099*	0.005	0.009

***p <0 .01；**p <0.05；*p <0.10

（五）服务质量属性的质量要素类型分析

由服务质量属性的质量要素类型分析（表5-6）所获得的结果可知，在40个服务质量属性中，第6、7、8、10、12、14、15、22、23、24、25、26、27、28等14题（$-\beta_1$不显著，$+\beta_2$显著），表示此项质量属性如果不具备顾客并不会感到不满，如果具备顾客会感到满意，属于魅力质量要素；第1、2、4、5、9、13、16、17、18、19等10题（$-\beta_1$与$+\beta_2$均显著），表示此项质量属性如果不具备顾客会感到不满，如果具备顾客会感到满意，属于期望质量要素；第20、21、29、31、32、33、35、36、38等9题（β_1与β_2均不显著），表示此项质量属性不论是否具备都不会影响顾客满意，属于无差异质量要素；第3、11、30等3题（$-\beta_1$显著，$+\beta_2$不显著），表示此项质量属性如果不具备顾客会感到不满，如果具备顾客并不会感到满意，属于必备质量要素；第34、37、39、40等4题（$+\beta_1$不显著$-\beta_2$显著），表示此项质量属性如果不具备顾客并不会感到不满，如果具备顾客会感到不满意，同时具有必备质量要素与反向质量要素的特质，属于反向的必备质量要素，将其命名为必备 / 反向质量要素。

表5-6　服务质量属性的质量要素类型判定表

服务质量属性		对数回归		质量要素类型
		负绩效β_1	正绩效β_2	
1.	餐厅有免费停车场，且有管理员及泊车人员	- 0.067	0.102**	魅力质量要素
2.	餐厅装潢精致、气氛优雅	- 0.115**	0.176***	期望质量要素
3.	等候座位时，提供茶水及桌椅	- 0.072	0.131**	魅力质量要素
4.	餐厅用餐区及座位舒适	- 0.088*	0.156***	期望质量要素

续表

服务质量属性		对数回归		质量要素类型
		负绩效β_1	正绩效β_2	
5.	餐厅有清楚的逃生路线及完善的消防设备	- 0.090*	0.165***	期望质量要素
6.	洗手间干净，且设有自动冲水设备	- 0.052	0.169***	魅力质量要素
7.	菜单质感与设计高雅	0.002	0.111**	魅力质量要素
8.	菜单经常配合时令推出创新菜色	0.016	0.131**	魅力质量要素
9.	餐点实际内容与菜单叙述或图片相符	- 0.084	0.101*	魅力质量要素
10.	食材新鲜且拥有产地证明	- 0.056	0.091*	魅力质量要素
11.	餐点定价合理	- 0.053	0.078	无差异质量要素
12.	员工服装仪表整洁、相貌出众	- 0.020	0.062	无差异质量要素
13.	员工服务态度亲切友善	- 0.057	0.123**	魅力质量要素
14.	员工熟记您的称谓、基本数据及用餐习惯	- 0.083	0.225***	魅力质量要素
15.	每桌都有专属的服务人员为您服务	- 0.057	0.026	无差异质量要素
16.	员工受过专业训练足以胜任工作	- 0.128**	0.153***	期望质量要素
17.	员工主动提供每日促销特价餐点	- 0.051	0.153***	魅力质量要素
18.	依顾客预算、喜好搭配餐点，给予适当建议	- 0.112**	0.100**	期望质量要素
19.	依顾客需求提供特殊餐点	- 0.085	0.156***	魅力质量要素
20.	员工不会强迫推销酒或饮料	0.006	0.054	无差异质量要素
21.	不会让顾客久等或有被催促感	0.008	0.120**	魅力质量要素
22.	主管会主动且亲切询问用餐状况及意见	0.072	0.080	无差异质量要素
23.	员工会主动帮您过生日或庆祝特殊节庆	0.014	0.087	无差异质量要素
24.	员工预先考虑您的需求，并主动提供服务	- 0.004	0.093*	魅力质量要素
25.	员工乐于解答顾客问题	0.005	0.090*	魅力质量要素
26.	员工具备高度的爱心与耐心	0.015	0.100*	魅力质量要素
27.	员工会主动站在顾客立场，处理顾客的抱怨	- 0.050	0.068	无差异质量要素
28.	服务出错时，主管会出面致歉并给予实质补偿	- 0.034	0.084	无差异质量要素
29.	餐厅主动提供优惠信息、折价券、贵宾卡等	- 0.014	0.022	无差异质量要素
30.	餐厅账单账目清楚且金额正确	- 0.088*	0.065	必备质量要素

续表

服务质量属性		对数回归		质量要素类型
		负绩效β_1	正绩效β_2	
31.	餐厅没保留已订位的位子	0.118**	－0.039	必备／反向质量要素
32.	员工没有依照客人的先来后到做服务	0.106*	－0.057	必备／反向质量要素
33.	餐具破损不干净	0.065	－0.049	无差异质量要素
34.	点错或漏掉顾客点的餐食	0.095*	－0.112**	反向质量要素
35.	过度关心顾客用餐状况	0.010	－0.035	无差异质量要素
36.	员工会打量客人的穿着，给予差别待遇	0.038	－0.084	无差异质量要素
37.	员工会因情绪好坏，给予客人不一样的待遇	0.123**	－0.136**	反向质量要素
38.	服务出错时，员工没有迅速更正错误	0.016	0.024	无差异质量要素
39.	员工疏于注意您的需求，未能及时提供服务	0.070	－0.086	无差异质量要素
40.	员工严守公司规定，不懂变通	0.038	－0.080	无差异质量要素

***$p < 0.01$；**$p < 0.05$；*$p < 0.10$

七、管理实务内涵

（一）当服务质量属性是优良时，正绩效的顾客满意度平均值要大于负绩效，但是当服务质量属性是不良时，负绩效的顾客满意度平均值要大于正绩效，而且服务质量属性负绩效与正绩效对整体顾客满意度的影响效果是不对称的

经由前述服务质量属性负绩效与正绩效的顾客满意度平均数差异分析，以及服务质量属性负绩效与正绩效对顾客满意度的影响效果分析所获得的结论可知，当服务质量属性是优良时，正绩效的顾客满意度平均值要大于负绩效，但是当服务质量属性是不良时，负绩效的顾客满意度平均值要大于正绩效，而且服务质量属性负绩效与正绩效对整体顾客满意度的影响效果是不对称的。此一研究结果与 Mittal 等人（1998），Ting 和Chen（2002）的研究结论是一致的。但是，负绩效与正绩效对顾客满意度的影响效果何者较大，三者的研究结论并不一致。Mittal 等人（1998）在健康医疗与汽车的研究中发现，健康医疗的8项质量属性负绩效对整体顾客满意度的影响效果均大于正绩效，而汽车的6项质量属性，除了有1项正绩效大于负绩效之外，其余5项负绩效的影响效果大于正绩效。但是，Ting与Chen（2002）量贩店的43项服务质量属性，23项正绩效对整体顾客满意度的影响效果大于负绩效。本研究西餐厅的40项服务质量属性，34 项正绩效对整体顾客满意度的影响效果大于负绩效。为什么三者的研究结果会不一致？经深入比对之后发现，Mittal等人（1998）健康医疗的题项为医生会花足够的时间对待病人、倾听病人详述病情、便利的看诊时间、便利的医院地点、随时可以找到医

生、不必等候看诊；汽车的题项为容易驾驶、座位舒适、引擎宁静、马力充足、方向盘容易操作，大多偏向当然质量要素，如果具备是应该的，顾客并不会感到满意，如果不具备顾客会认为是商家的错，而感到不满意，所以质量属性负绩效对整体顾客满意度的影响效果大于正绩效。然而，Ting 与Chen（2002）的对象是超市，在43项服务质量属性中，魅力质量要素占17项，必备质量要素只占1 项；本研究的对象是西餐厅，40项服务质量属性中，魅力质量要素占14 项，必备质量要素只占3项，所以质量属性正绩效对整体顾客满意度的影响效果大于负绩效。

（二）服务质量属性对整体顾客满意度的影响效果不全然是线性的，使用一维线性的服务质量观点来评估顾客满意度，容易误导商家过度投入资源去追求边际效率递减的顾客满意度

经由前述服务质量属性负绩效与正绩效对顾客满意度的影响效果分析所获得的结论可知，40项西餐厅服务质量属性，有31项的标准化回归系数β_1与β_2，至少有一个显著不等于0，显示服务质量属性与整体顾客满意度之间呈曲线关系，此一研究结论与Mittal 等人（1998），Ting与Chen（2002）的研究结论相同，可见服务质量属性对整体顾客满意度的影响效果不全然是线性的，即使β_1与β_2均显著，也可能是非线性的一维质量要素。因此，使用一维线性的服务质量观点来评估服务业的顾客满意度并不恰当，容易误导商家以为做得越多顾客会越满意，过度投入资源去追求边际效率递减的顾客满意度。

问题思考

Kano提出二维质量模型，并将服务质量属性分为魅力、期望、必备、无差异、反向五种质量要素类型。但是，为什么在实证研究上却没有学者同时验证出五种质量要素类型？

问题提示

因为他们都只使用正向（优良质量属性）的题项，而未使用反向（不良质量属性）的题项，以致无法验证出反向质量要素。

问题解答

在问卷设计时，必须加入反向（不良质量属性）的题项，才能验证出Kano二维质量模型的五种质量要素类型。

（三）Kano的五大质量要素类型均存在，而且可以通过对数回归模型加以具体验证，但是唯有使用反向（不良质量属性）题项，才能验证出反向质量要素

虽然，Kano等人（1984）提出二维质量模型，并将服务质量属性分为五种质量要素类型。但是，在实证研究上却很少有学者能够同时验证出五种质量要素类型，例如：Tan与Pawitra（2001）只找到期望、魅力、无差异三种质量要素；Yang（2003）只找到期望、魅力、必备三种质量要素；Ting与Chen（2002）只找到魅力、期望、必备、无差异四种质量要素，均未能发现反向质量要素。为什么学者们的研究均无法找到反向质量要素？主要原因在于他们都只使用正向（优良质量属性）的题项，而未使用反向（不良质量属性）的题项，例如：餐厅没保留已订位的位子，以致无法验证出反向质量要素，而非研究对象无反向质量要素。经由前述服务质量属性类型分析所获得结果可知，Kano的五大质量要素类型均存在，而且可以通过对数回归模型加以具体验证。因此，建议在问卷设计时，加入反向（不良质量属性）的题项，才能验证出 Kano二维质量模型的五种质量要素类型。

（四）将服务质量属性正绩效与负绩效表现分别评估，再个别探讨每个服务质量属性对顾客满意度的影响效果，是导致回归模型解释力偏低的主要原因，即使加大问卷的评估尺度，并无法改善模型解释力偏低的现象

虽然，Mittal 等人（1998）首创使用对数回归，以量化分析的方法来验证质量属性绩效与顾客满意度之间的二维非线性关系，但是后来除了Ting与Chen（2002）之外，很少有学者引用此种分析方法，主要原因在于模型解释力R^2偏低，学者批评，认为模型解释力太低缺乏解释能力。虽然，本研究加大问卷的评估尺度，改用正负各10点的评价尺度（1：非常不满意，10：非常满意），期能改善模型解释力偏低的问题。但是，经实证后发现不论是对数模型（R^2=0.001～0.090）或线性模型（R^2=0.002～0.079）的模型解释力依然偏低。由此可见，先将服务质量属性正绩效与负绩效表现分别评估，再逐一探讨每个服务质量属性对顾客满意度的影响效果，而非将所有服务质量属性纳入，再探讨全部服务质量属性对顾客满意度影响效果的方法，是导致回归模型解释力偏低的主要原因，即使加大问卷的评估尺度，依然无法解决模型解释力偏低的问题。然而，从统计分析的学理来看，在回归分析中只要自变量的标准化回归系数达到显著水平，即可证明此一自变量对因变量有显著的影响效果，R^2的大小并不是主要的考虑因素，更何况此种研究模型的主要目的，是想要验证质量属性对顾客满意度的非线性影响效果，而非自变量对因变量有多少解释能力，只是强调模型解释力，反而误导了本研究的研究目的。

（五）管理实务应用

以往在服务接触顾客满意的研究上，大多假设服务质量属性对顾客满意度呈线性的影响效果，而且服务质量属性的负绩效与正绩效是对称地影响顾客满意度。但是，顾客对服务质量的

敏感度可能会呈递减的现象，以致服务质量属性对顾客满意度的影响效果可能是非线性且不对称的，某些服务质量属性似乎具有关键性影响力，某些服务质量属性似乎没有什么作用。所以，经营者应该了解各项服务质量属性的特性，以及负绩效与正绩效对顾客满意度不同的影响效果。对于那些线性的服务质量属性而言，增加此类服务质量属性的提供，可以提高整体顾客满意度。但是，对于那些非线性的服务质量属性而言，此类服务质量属性对整体顾客满意度的影响效果，在供应不足时，具有很大的负面影响，应该尽速补足，以避免造成顾客不满；在供应充足时，满意度具有递减性，对于顾客满意度的提升边际效益并不大，应该将有限的资源转移至供应不足的项目，以提升资源的使用效益。

第二篇

实务应用篇

如何将第一篇所学的理论基础加以实际运用，以提升服务质量，增加顾客满意度，是本篇的重点。所以，第二篇：实务应用篇是读者在学习服务管理的基本功之后，如何加以实际应用的策略与案例，内容包含：第六章服务管理应用策略、第七章便利商店顾客满意应用实例、第八章医疗服务顾客满意竞争策略应用实例、第九章服务业顾客满意度评估指标应用实例，学会本篇的实务应用，将可以让你对服务质量与顾客满意理论的应用，更加得心应手。

第六章

服务管理应用策略

问题思考

我们所学到的服务质量与顾客满意理论，能不能加以实际应用?

问题提示

理论是用来解释真实世界的各种现象，当然可以拿来加以实际应用。

问题解答

理论乃是科学领域对于特定现象，发展出一组有组织、架构、逻辑关系的知识系统，用来描述、解释、预测、控制现象，最终的目的是能够对于社会产生贡献，来改善人类的生活质量，当然可以拿来加以实际应用。

一、顾客满意竞争策略

由于顾客满意是由消费者比较购买前的期望与购买后感知的绩效而来。因此，如果我们以顾客的期望为横轴，以感知的绩效为纵轴，以产业平均值为中心点，将可画出四个象限的顾客满意策略分析矩阵（表6-1）。商家可以依据此策略分析矩阵，将各项顾客满意评估项目逐一加以比较，以了解与竞争者之间的相对优劣势，作为研究竞争策略的参考。

（一）竞争优势，继续维持

在此一象限中，顾客的期望高，感知的绩效也高，表示顾客很重视此项目，而商家的绩效也高于产业平均水平。因此，位于此象限中的项目，属于竞争上的优势，代表商家的资源分配适当，应采取继续维持策略。

（二）不必要优势，资源转移

在此象限中，顾客的期望低，但是感知的绩效高，表示顾客并不重视此项目，而商家的绩效却高于产业平均水平。因此，位于此象限中的项目，属于不必要的竞争优势，代表商家的资源分配不当，应采取资源转移策略，将有限的资源转移到第四象限使用，以改善竞争劣势。

（三）不重要项目，保持观察

在此象限中，顾客的期望低，感知的绩效也低，表示顾客并不重视此项目，而商家的绩效也低于产业平均水平。因此，位于此象限中的项目，属于不重要的项目，代表商家不必投入过多的资源，应采取保持观察策略。

（四）竞争劣势，优先改善

在此象限中，顾客的期望高，但是感知的绩效低，表示顾客非常重视此项目，而商家的绩效却低于产业平均水平。因此，位于此象限中的项目，属于竞争上的劣势（表6-1），代表商家的资源投入不足，应采取优先改善策略，将多余的资源投入，以改善竞争劣势。

表6-1 顾客满意策略分析矩阵

顾客的期望 / 感知的绩效	低	高
高	不必要优势 资源转移	竞争优势 继续维持
低	不重要项目 保持观察	竞争劣势 优先改善

二、顾客满意竞争定位分析

如果我们将商家和竞争者纳入顾客满意策略分析矩阵中，将可比较不同商家在消费者心目中的相对地位，绘出顾客满意竞争定位分析图（图6-1）。此外，如果能够取得两期以上的数据，将可了解商家在消费者心目中定位的移动情形。

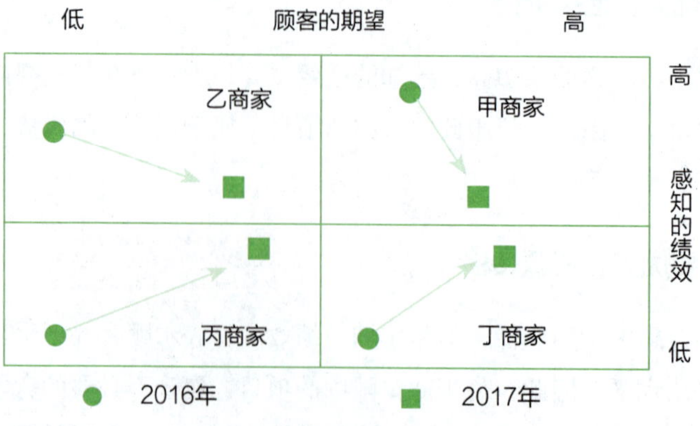

图6-1 顾客满意竞争定位分析

三、顾客满意绩效评估

如果能够取得影响顾客满意相关因素的量化资料，可以使用雷达图（图6-2）来评估顾客满意绩效改善情形。例如：使用产品、价格、渠道、促销、有形展示、服务人员、服务过程7个P的服务营销组合，来评估商家的服务满意度。

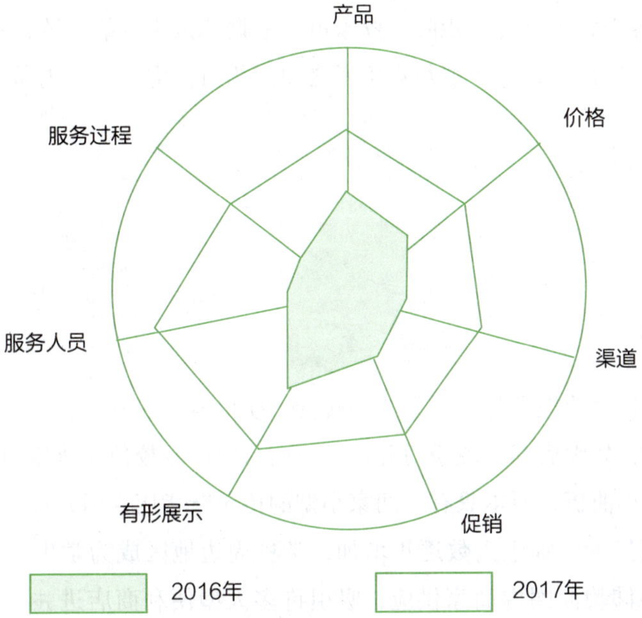

图6-2　顾客满意绩效改善前后雷达图

第七章

便利商店顾客满意应用实例

问题思考

学了那么多的服务质量与顾客满意理论，究竟要怎样才能够加以实际应用？

问题提示

你可以应用前面第六章服务管理应用策略所学到的顾客满意策略分析矩阵，进行顾客满意定位分析，并且为不同商家研拟竞争策略。

问题解答

顾客满意是由消费者比较购买前的期望与购买后感知的绩效而来。因此，如果我们以顾客的期望为横轴，以感知的绩效为纵轴，以产业平均值为中心点，将可画出四个象限的顾客满意策略分析矩阵。商家可以依据此策略分析矩阵，将各项顾客满意评估项目逐一加以比较，以了解与竞争者之间的相对优劣势，作为研究竞争策略的参考。

一、研究背景动机

近年来随着国民收入的提升与生活方式的转变，使得零售业发生重大的变革，强调服务与便利性的便利商店，如雨后春笋般纷纷开设。原南台工商专校位于永康市六甲顶，毗邻工业区而且周边道路狭小曲折，原本只有一两家小型的传统杂货店，但是在改制成为技术学院之后，学校规模不断扩大，师生人数逐年增加，学校周边地区成为学生住宿与就餐的主要地点，日常生活大多仰赖商圈内商家供应，吸引许多大型便利商店进驻，形成竞争激烈的市场。

传统的营销渠道是由独立的制造商、批发商与零售商所组成，渠道中的成员都是独立的个体，为了追求本身利润的最大化，甚至不惜牺牲整体的利益。然而，在渠道革命之后，新的垂直营销系统将三者整合成为一体，并且以连锁店的方式来经营，使得传统的零售业面临重大的冲击。因此，商家如何改善服务质量，以提升顾客满意度，将是影响商家经营绩效的主要关键因素。所以，本研究的主要目的在于：

（1）了解影响消费者选择便利商店的相关因素，以及满意与不满意的事件。

（2）找出影响便利商店顾客满意的主要评估维度，发展顾客满意评估模型。

（3）比较不同便利商店之间的竞争优劣势，提出改善建议与策略供业者参考。

本研究以南台技术学院周边地区，7–11便利商店、全家便利商店、界扬便利商店、南台福利站、东江商号五家不同类型的便利商店，进行实证研究，其地理位置分布如图7–1所示。

将上述的五家便利商店，依其营业类型与规模区分如图7–2所示，以比较不同类型便利商店之间在顾客满意度上的差异性。

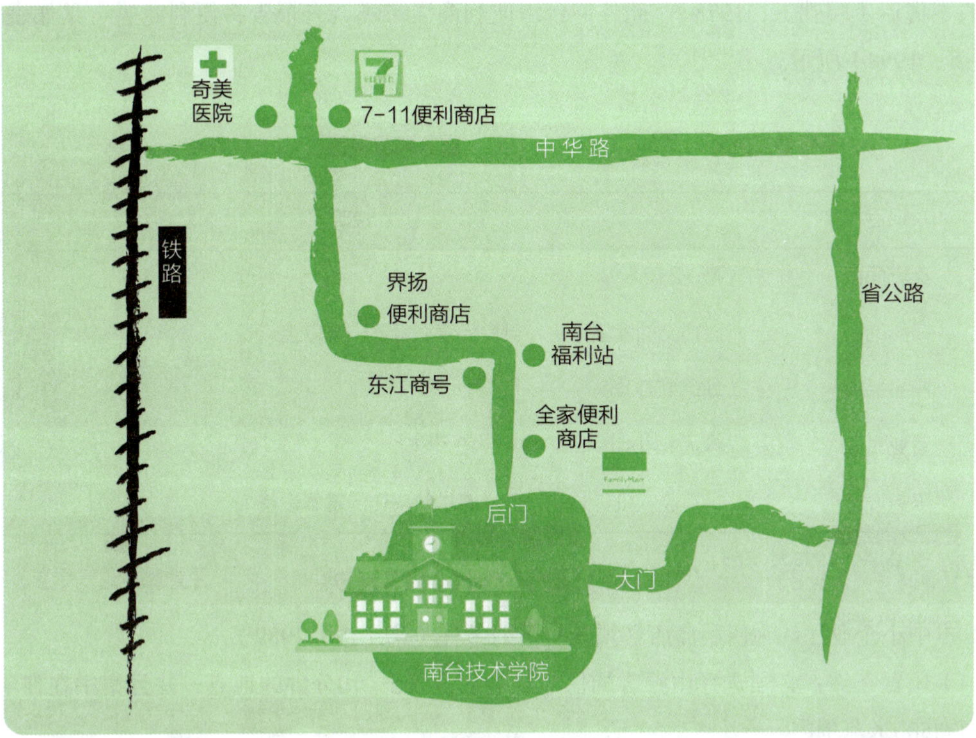

图7-1　南台技术学院周边地区便利商店位置

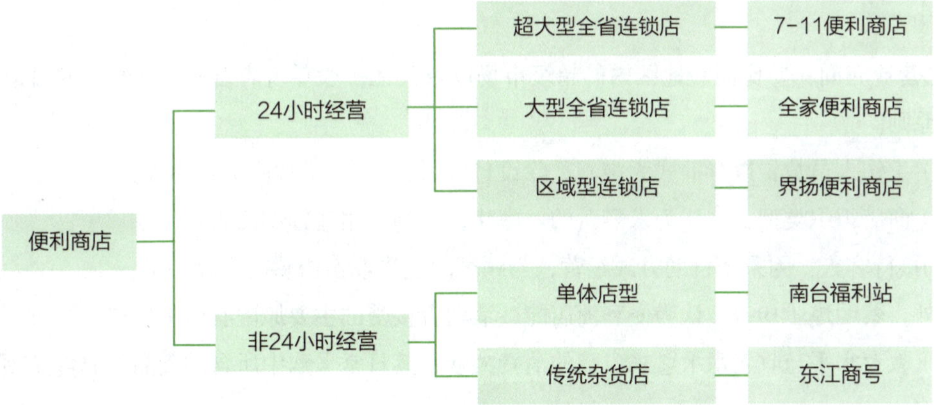

图7-2　南台技术学院周边地区便利商店分类

二、相关文献回顾

（一）便利商店的定义与特性

何谓便利商店，日本便利商店开发会议的定义为：由少数人管理的小型店铺，以邻近的顾客为对象，采取自助服务的方式，以销售食品、日用品、杂货为主，以提供消费者亲切服务为特色的零售店（廖胜三，1978）。此外，台湾便利商店市场调查报告将便利商店定义如表7–1（钟嘉琪，1998）所示。

表7–1 台湾便利商店的定义

项目	说明
卖场面积	45~210米^2
商品结构	以广义的食品为主，且食品营业额占一半以上
产品品项	至少1500种
营业时间	每天14小时以上，每年340天以上
服务设备	具有收款机、防盗设备及追求效率化的基本设备

数据来源：钟嘉琪（1998），P.53.

日本中小企业厅认为便利商店必须具备下列条件（宋平生，1989）：

（1）位置条件：必须选择由顾客的住宅至商店徒步5～10分钟的地点，并且集中在住宅区第一商圈500米范围内。

（2）店铺面积：最适宜面积为300米^{2}以下。

（3）货品种类：要备有使对象顾客感觉最方便的货品，以及以符合顾客需求的生活必需品作为主体。

（4）营业时间：要比同一地区内的超级市场以及其他一般零售店营业时间长，并且以全年无休为原则。

（5）工作人员数：以自助式为中心，除设1位店长外，可增加店员2～3人。

（6）商店组织类型：往往为求经营的效率化，必须采用连锁型商店。

（7）接待客人：因采用自助方式经营，与顾客间应采取亲密感的人际关系。

此外，蔡明烨（1994）认为便利商店能被消费者接受的主要原因有以下三点：

（1）教育水平与收入水平愈来愈高的消费大众，其日常采购中所含的食品与非食品项目将愈来愈多。

（2）便利商店将为这些采购需求提供一次购足的满足，使消费者能以有限的时间做最有效率的事情。

（3）便利商店内的商品政策与商品陈列非常系统，消费者很容易找到所要的日常采购项目。

（二）顾客满意的定义与评估

由顾客满意相关文献的回顾可知，消费者在购买某项产品之前，会对产品有所期望，在购买产品之后，会比较实际的绩效与购买前的期望二者之间一致性的程度，对产品产生满意或不满意的整体性态度。因此，Hempel（1977）认为顾客满意取决于顾客所期望的产品利益的实现程度，它反映出预期与实际结果的一致性程度；Churchill 与Surenant（1982）认为顾客满意是一种购买与使用产品的结果，是由购买者比较预期结果的报酬与投入成本所产生。虽然，曾经有许多学者提出不同的顾客评估模型，但是主要的理论基础都是建立在期望—不一致的典范下。因此，综合不同学者的研究结论，将影响顾客满意的主要因素归纳如下。

1. 顾客的期望

顾客的期望反映出预期的绩效，当消费者形成有关产品的预期绩效时，可能使用理想的、预期的、最低限度的、渴望的四种不同类型期望。

2. 感知的绩效

感知的绩效被视为一种比较的标准，消费者购买前的消费经验，将会建立一种比较的标准，在购买后会以实际感知的绩效与上述标准相比较来评估满意的程度。

3. 期望—不一致

期望—不一致被视为是一种主要的中介变量，一个人的期望。（1）被确认，当产品的绩效与他的期望一致；（2）产生负向的不一致，当产品的绩效比他预期的差；（3）产生正向的不一致，当产品的绩效比他预期的好。

4. 顾客满意

顾客满意被视为一种购买后的产品，当消费者感知的绩效大于或等于事前的期望，消费者将会感到满意；当感知的绩效小于事前的期望，消费者将会感到不满意。

传统的顾客满意评估模型，主要应用在有形的产品上，在服务业兴起之后，由于服务业具有无形性，商家的服务绩效缺乏具体的评估标准，不易客观地评估。因此，Parasuraman、Zeithamal 与Berry（1988）以期望—不一致理论为基础加以修正，提出服务质量绩效与期望差距模型，来评估服务业的顾客满意度。

Heskett、Jones、Loveman、Sasser与Leonard（1990）认为满意的顾客会有3R，分别是顾客留存率（retention）、重复购买率（repeat）与介绍生意（referral）。Rust、Zahorik与Keiningham（1995）认为如果商家致力于服务质量的改善，将有助于顾客满意度的提升，降低顾客对价格的需求弹性与交易成本，增加顾客忠诚度与顾客保留率，并且通过现有顾客的口碑宣传吸引新顾客，增加市场占有率与获利能力。

（三）零售业顾客满意的影响因素

由相关文献的回顾可知，商店印象、商店气氛、商品价格、广告与促销、服务态度等因素，都会影响顾客满意，兹将不同学者的研究结论汇整如表7–2所示。

表7-2 商店属性与维度分析

学者	说明
万以宁（1984）	1. 商品的硬件价值——质量／功能／性能／效率／价格 2. 商品的软件价值——设计／命名／颜色／感觉／味道／使用便利／说明书等 3. 店内硬件设计、店内的气氛——灯光照明／室内布置 4. 服务员接待客人的质量——服务人员的态度语言／商品知识／迅速反应等 5. 售后服务信息的提供——商品售后服务、生活样式的提供 6. 回馈社会活动——企业文化、社会福利等 7. 环境保护活动——环境保护、地球绿化运动
郭荣芳（1985）	1. 商品质量 2. 内部环境清洁 3. 店员服务 4. 地点便利 5. 商品种类齐全 6. 营业时间便利性
唐富藏、李柯勋（1988）	1. 商品质量新鲜度 2. 店员服务 3. 自助服务 4. 商品价格 5. 商店气氛
张俊（1992）	1. 商品质量 2. 价格标示 3. 内外部环境 4. 商誉信用 5. 商品价格 6. 店员服务 7. 商品陈列 8. 营业时间

数据来源：张云洋（1995），P.16.

三、实证研究方法

（一）研究架构（图7-3）

使用Parasuraman、Zeithamal 与Berry（1985）的服务质量绩效与期望差距模型，来评估便利商店的顾客满意度，经由消费者访谈，找出影响顾客满意的相关因素，建立主要的评估维度。然后，将影响顾客满意的前因与后果加以连结，以探讨顾客满意对购买后行为的影响效果。最后，再将商家类型与消费者特质纳入考虑，以探讨不同商家类型与消费者个人特质对顾客满意的影响效果。

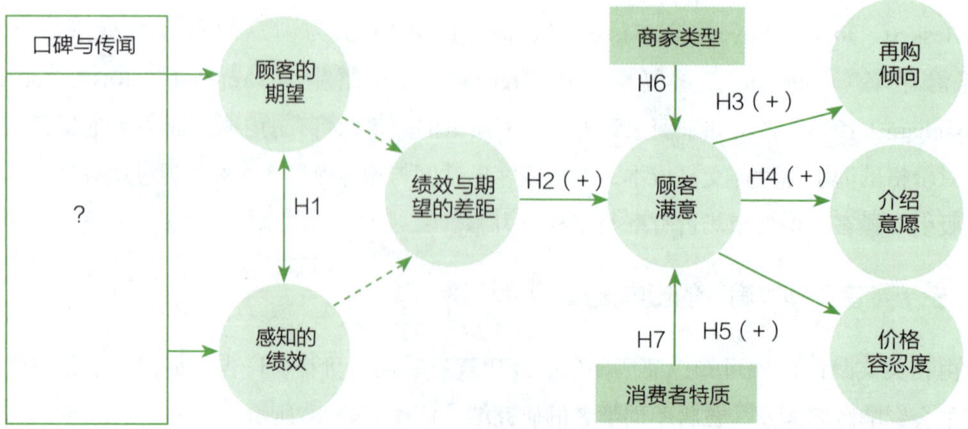

图7-3 研究架构图

（二）变量定义

（1）顾客的期望：消费者在购买之前，预期此家便利商店将会提供的服务。

（2）感知的绩效：消费者在购买之后，实际感受到此家便利商店的服务水平。

（3）绩效与期望的差距：消费者在购买之后，实际感知的绩效与顾客的期望二者之间的差距，以感知的绩效减顾客的期望而得。

（4）顾客满意：消费者比较购买后感知的绩效与购买前的期望二者之间的差距，对此家便利商店的整体性评价。

（5）再购倾向：消费者再度到此家便利商店购物的意愿。

（6）介绍意愿：消费者推荐介绍亲朋好友到此家便利商店购物的意愿。

（7）价格容忍度：消费者支付较高的价格到此家便利商店购物的意愿。

（三）研究假设

由顾客满意相关文献可知，消费者在购买之前，会从以往的经验、广告或口碑与传闻，对商家所将提供的产品或服务有所期望。在购买之后，实际感知的绩效与顾客的期望之间会有所差距。如果消费者感知的绩效大于购买前的期望，绩效与期望的差距为正，顾客满意度较高；反之，如果消费者感知的绩效小于购买前的期望，绩效与期望的差距为负，顾客满意度较低。因此，绩效与期望的差距与顾客满意之间会成正相关（Parasuraman，Zeithamal &Berry，1988）。此外，Heskett等人（1994）认为满意的顾客会有3R，分别是顾客留存率、重复购买率与介绍生意，而Rust 等人（1995）的研究显示，满意的顾客会有较高的价格容忍度。因此，建立下列研究假设。

H1：顾客的期望与感知的绩效之间有显著的差异。

H2：绩效与期望的差距对顾客满意有显著的正向影响。

H3：顾客满意对再购倾向有显著的正向影响。

H4：顾客满意对介绍意愿有显著的正向影响。

H5：顾客满意对价格容忍度有显著的正向影响。

H6：不同类型便利商店的消费者在顾客满意上有显著的差异。

H7：不同人口统计变数的消费者在顾客满意上有显著的差异。

（四）消费者访谈

为了找出影响便利商店顾客满意的相关因素，由访员使用开放式问卷，在每家便利商店门口各访问10位顾客，总共访问50位顾客，调查消费者认为：（1）一家优良便利商店所应该具备的条件；（2）在购物时让他感到满意的事件；（3）在购物时让他感到不满意的事件。访谈结果汇总如表7–3所示。

问题思考

当进行实证研究发展问卷题项时，如果缺乏相关的文献资料可以参考，或是从文献回顾所得到的数据不一致时，要如何处理?

问题提示

在从事实证研究时，如果缺乏二级数据可供参考，或是二级资料结果不一致时，可以使用质性访谈法，自行搜集所需初级资料。

问题解答

由访员使用开放式问卷访问顾客，调查消费者认为：（1）一家优良商店所应该具备的条件；（2）让他感到满意的事件；（3）让他感到不满意的事件，并且将访谈结果列表汇总（表7-3），找出主要的影响因素，即可得到所需的题项数据。

表7-3 消费者访谈汇总

排序	应该具备的条件	人数	满意事件	人数	不满意事件	人数
1	服务态度良好	50	服务态度良好	38	服务态度不好	37
2	货品齐全	38	货品齐全	24	价格昂贵	24
3	摆设整齐	29	环境干净整洁	16	找不到要买的商品	22
4	环境干净	22	摆设整齐	14	店面不干净	16
5	价格合理	18	有冷气设备	14	东西排列杂乱	15
6	灯光明亮	12	会喊欢迎、谢谢光临	9	产品不新鲜	10
7	冷气设备	9	灯光明亮	7	结账速度慢	7
8	食品新鲜度高	9	可免费阅读	7	没冷气设备	5
9	24小时营业	7	店员仪容整齐	9	找不到店员	4
10	停车方便	7	结账速度快	6	空间狭小	4
11	标示价格明确	4	价格合理	6	灯光不明亮	3
12	店员仪表	4	便利的服务	4	店员聊天不理人	3

续表

排序	应该具备的条件	人数	满意事件	人数	不满意事件	人数
13	产品质量高	4	开具发票	4	没有折扣	2
14	卖场宽敞	3	供应热水	2	补货速度慢	2
15	地点便利	3	可中发票	2	没喊欢迎、谢谢光临	2
16	有动听的音乐	2	东西好吃	2	店员仪容差	2
17	开统一发票	2	动听音乐	2	东西难吃	1
18	会喊欢迎、谢谢光临	2	卖场宽大	2	杂志过期	1
19	结账速度快	2	有热食供应	2	发票没中奖	1
20	提供传真、影印	2	有温暖的感觉	1	产品没标价	1
21	周边设有公共电话	1	有卖手机	1	停车不便	1
22	提供多种热食	1	有试用品	1	笑容职业化	1
23	提供刷卡服务	1	有专人服务	1	刺耳的音乐	1
24	定期举办活动	1	提供厕所	1	没有专人服务	1

（五）问卷设计

依据消费者访谈所获得的数据，并且参考其他学者类似研究所使用的问卷加以修正，经过多次试访与修正之后，完成正式问卷。问卷内容依研究目的分为下列四大部分。

1. 基本数据

使用名目尺度，以性别、年龄、职业、学历、家庭收入与零用金额六个问项，调查消费者的个人特质。

2. 顾客满意评估项目

使用10点评价尺度（1：非常不同意，10：非常同意），以21个顾客满意评估项目，采用顾客的期望与感知的绩效二者并列方式，调查消费者对便利商店的期望与感知的绩效。

3. 整体评价

使用10点评价尺度（1：非常不同意，10：非常同意），以顾客的期望、感知的绩效、服务质量、服务价值与整体满意度五个问项，调查消费者对便利商店的整体评价。

4. 行为倾向

使用10点评价尺度（1：非常不同意，10：非常同意），以再购倾向、介绍意愿与价格容忍度三个问项，调查消费者的行为倾向。

（六）问卷调查

问题思考

在进行实证研究时，许多研究者基于取样方便，常使用便利抽样法进行研究，这样的做法是否适当？如果不适当，应该如何加以改善？

问题提示

抽样的目的在推论母体，所以样本必须具有代表性，所得的研究结论才能推论母体。便利抽样法乃是基于研究者本身的便利性进行抽样，样本缺乏代表性，所得研究结论无法推论母体，必须设法加以改善，使抽样误差降到最低。

问题解答

在决定样本数之后，可以依据研究对象的实际营运情况，将调查对象依照比例，均匀分配于各个营业时段中，使抽样误差降到最低，以确保样本具有代表性，此种方式近似配额抽样法的概念。

为了使抽取的样本具有代表性，将便利商店一周的营业时间（星期一至星期日），依照顾客来店的主要时段，分为清晨：6～8时、上午：9～11时、中午：12～14时、下午：15～17时、晚上：18～20时、夜间：21～23时、午夜：0时～清晨5时七个时段。然后，由访员使用配额抽样法，在五家便利商店门口进行问卷调查，每个时段每家便利商店各访问1位顾客（南台福利站与东江商号午夜时段不营业），总共发出231份问卷，扣除无顾客上门及无效问卷后，回收有效问卷188份，有效问卷回收率81.4%（表7–4）。

表7–4　问卷调查统计表

	7-11	全家	界扬	南台	东江	合计
配额抽样数	49	49	49	42	42	231
问卷回收数	40	41	40	39	40	200
有效问卷数	37	38	37	38	38	188
有效回收率	75.5%	77.6%	75.5%	90.5%	90.5%	81.4%

四、数据处理分析

（一）样本结构分析

将回收的问卷依顾客特质加以分析，其中男性占54.3%，年龄以16～20岁（53.2%）与21～25岁（28.7%）居多，职业以学生居多（80.3%），学历以大专居多（81.4%），家庭收入以3万元以下（25.5%）与4万～6万元（34.0%）居多，每月零用金额以2,001～4,000元（26.6%）与4,001～6,000元（25.0%）居多。由此可见，五家便利商店主要以南台技术学院的学生为目标顾客群。

（二）顾客满意评估项目平均数分析（表7-5）

首先，将21个顾客满意评估项目，以感知的绩效减去顾客的期望，计算出绩效与期望的差距。然后，使用成对母体平均数差检定法进行检定，发现除了在提供种类齐全商品、提供流行生活信息、经常举办促销活动、提供便利停车场所四个项目上，消费者感知的绩效与顾客的期望之间有显著的落差之外，其余项目均无显著落差，其中甚至有部分项目感知的绩效大于顾客的期望。由此可见，便利商店在市场竞争激烈的情况下，所提供的服务除了少数项目之外，均能符合消费者的期望，甚至超出消费者的期望。因此，研究假设H1，只获得部分支持。

表7-5 个别评估项目平均数分析

评估项目	顾客的期望	感知的绩效	绩效与期望的差距	T值	P值
1. 摆设整齐环境干净	7.27	7.42	0.15	1.41	0.16
2. 卖场宽敞灯光明亮	7.26	7.27	0.01	0.05	0.96
3. 卖场安装冷气设备	7.77	7.75	-0.02	-0.13	0.90
4. 服务人员态度亲切	7.51	7.69	0.18	1.43	0.16
5. 服务人员仪表整齐	7.53	7.76	0.23	2.54	0.01
6. 结账迅速不必久候	7.74	7.90	0.16	1.41	0.16
7. 具备良好专业知识	6.87	6.89	0.02	0.16	0.87
8. 会喊欢迎、谢谢光临	6.89	6.67	-0.22	-1.53	0.13
9. 食品新鲜度高	7.30	7.18	-0.12	-1.20	0.23
10. 提供简便冷饮及热食	7.38	7.28	-0.10	-0.95	0.35
11. 提供种类齐全商品	7.35	7.14	-0.21	-1.98	0.05
12. 提供迅速便捷服务	7.24	7.15	-0.09	-0.92	0.36
13. 提供流行生活信息	6.58	6.27	-0.32	-2.59	0.01
14. 开具统一发票	8.55	8.69	0.14	1.16	0.25

续表

评估项目	顾客的期望	感知的绩效	绩效与期望的差距	T值	P值
15. 商品定价公道合理	7.77	7.70	-0.07	-0.63	0.53
16. 价格标示明确	8.10	8.26	0.16	1.57	0.12
17. 经常举办促销活动	6.24	5.89	-0.35	-2.65	0.01
18. 设立在便利的地点	8.55	8.65	0.10	0.80	0.42
19. 24小时营业	7.80	7.73	-0.07	-0.67	0.51
20. 提供便利停车场所	5.89	5.51	-0.38	-2.71	0.01
21. 周边设有公共电话	8.27	8.30	0.03	0.24	0.81

（三）顾客满意评估维度的建立

问题思考

在进行实证研究时，如何检验量表的效度与信度？

问题提示

在进行实证研究时，必须先检验量表的效度与信度之后，才能进行数据分析。这就好像评估体重时，必须先让体重计归零，所测得的体重才是正确的。

问题解答

先将所有的顾客满意评估项目，进行探索性因素分析，确认每个题项的因素负荷量只在单一维度大于0.5以上，以验证量表的构念效度，再将每个维度的题项，使用Cronbach's α进行信度分析，确认信度值大于0.7以上，检验量表是否具有良好的效度与信度。

将21个顾客满意评估项目，以主成分分析法进行探索性因素分析，并且使用直交转轴之最大变异数法进行因素转轴，选取特征值大于1的因素维度，总共得到与服务亲切性有关的服务态度，与所提供服务项目有关的服务内容，与卖场环境与设备有关的服务设备，与商品价格和标示有关的服务价格，与服务取得的方便性有关的便利性五大因素维度。其中，服务态度维度的Cronbach's α值为0.71，变异解释量为31.1%，服务内容维度的Cronbach's α值为0.76，变异解释量为8.1%，服务设备维度的Cronbach's α值为0.82，变异解释量为7.3%，服务价格维度的Cronbach's α值为0.68，变异解释量为6.9%，便利性维度的Cronbach's α值为0.60，变异解释量为5.4%，五个维度的累积变异解释量为58.8%（表7-6）。由此可见，本研究所建立的便利商店顾客满意量表，具有相当不错的信度与效度。

表7-6　个别评估项目探索性因素分析表

评估维度	评估项目	因素负荷量	Alpha	特征值	百分比/%	累积/%
服务态度	4. 服务人员态度亲切 5. 服务人员仪表整齐 6. 结账迅速不必久候 7. 具备良好专业知识 8. 会喊欢迎、谢谢光临 9. 食品新鲜度高 10. 提供简便冷饮及热食	0.70 0.69 0.77 0.44 0.47 0.64 0.51	0.71	6.52	31.1	31.1
服务内容	11. 提供种类齐全商品 12. 提供迅速便捷服务 13. 提供流行生活信息 17. 经常举办促销活动 20. 提供便利停车场所	0.66 0.61 0.64 0.72 0.69	0.76	1.69	8.1	39.1
服务设备	1. 摆设整齐环境干净 2. 卖场宽敞灯光明亮 3. 卖场安装冷气设备	0.76 0.67 0.73	0.82	1.54	7.3	46.5
服务价格	14. 开具统一发票 15. 商品定价公道合理 16. 价格标示明确	0.69 0.45 0.70	0.68	1.45	6.9	53.4
便利性	18. 设立在便利的地点 19. 24小时营业 21. 周边设有公共电话	0.70 0.70 0.74	0.60	1.13	5.4	58.8

（四）路径分析

为了验证研究假设H2～H5，以服务态度、服务内容、服务设备、服务价格与便利性五个评估维度的平均值，作为绩效与期望的差距的评估指针，以服务质量、服务价值与整体满意度作为顾客满意的评估指标，以再度购买意愿作为再购倾向的评估指标，以推荐介绍意愿作为介绍意愿的评估指标，以支付较高价格作为价格容忍度的评估指针，建立线性结构关系模型进行分析。

由线性结构关系模型分析表可知，五个顾客满意评估维度的因素负荷量介于0.22～0.77，三个顾客满意评估指针的因素负荷量介于0.64～0.83，模型整体配适度为0.90，模型配适情况良好。标准化回归系数γ_{11}为0.30，可见绩效与期望的差距对顾客满意有显著的正向影响；β_{21}为0.78，可见顾客满意对再购倾向有显著的正向影响；β_{31}为0.71，可见顾客满意对介绍意愿有显著的正向影响；β_{41}为0.65，可见顾客满意对价格容忍度有显著的正向影响（图7–4、表7–7）。由此可知，消费者会比较购买前的期望与购买后感知的绩效二者之间的差距，来评估对便利商店的满意度，而满意的顾客会有高度的再购倾向、介绍意愿与价格容忍度。因此，研究假设H2～H5，全部获得支持。

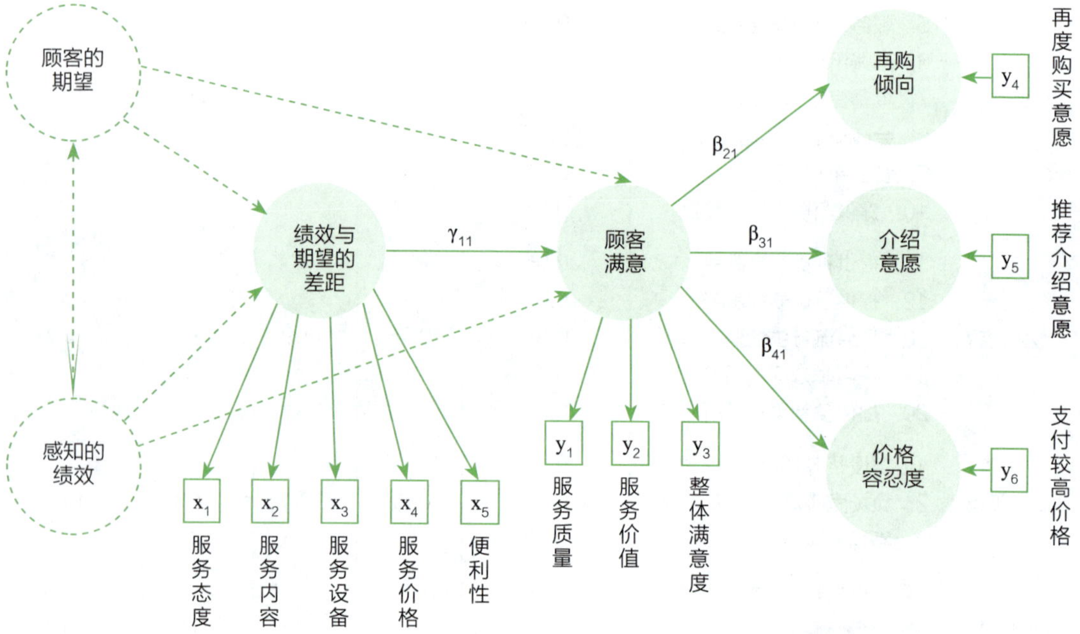

图7–4 线性结构关系模型

表7–7 线性结构关系模型分析表

评估项目	服务态度	服务内容	服务设备	服务价格	便利性	
因素负荷量	0.77	0.70	0.61	0.52	0.22	
评估项目	服务质量	服务价值	整体满意度	再购倾向	介绍意愿	价格容忍度
因素负荷量	0.64	0.79	0.83	0.85	0.82	0.80
评估项目	γ_{11}	β_{21}	β_{31}	β_{41}	模型配适度	调整后模型配适度
标准化回归系数	0.30**	0.78**	0.71**	0.65**	0.90	0.84

**p<0.01

（五）商家差异分析

为了了解五家便利商店在顾客满意上是否有所差异，进行单因子变异数分析（表7-8），发现五家便利商店在服务质量与整体满意度上有显著的差异，但是在服务价值上的差异并不显著。例如："7-11"虽然服务质量最高，但是因为价格较贵，以致服务价值与整体满意度居次；"界扬"虽然服务质量居中，但是因为价格较低，以致服务价值居中，整体满意度最高；"东江"虽然服务质量最差，但是因为价格最低，服务价值与其他便利商店的差异未达显著水平。由此可见，消费者并不只是单纯的追求服务质量，而是将所获得的服务质量与付出的服务价格相比较，形成服务价值来评估整体满意度。因此，研究假设H6，只获得部分支持。

表7-8　顾客满意单因子变异数分析

	7-11	全家	界扬	南台	东江	F值	P值
服务质量	7.72	7.51	7.49	7.29	5.74	7.78	0.00
服务价值	7.11	7.29	7.08	6.89	6.29	1.35	0.25
整体满意度	7.81	7.70	8.08	7.74	6.87	2.24	0.07

（六）消费者差异分析

为了了解消费者特质对顾客满意的影响效果，进行单因子变异数分析（表7-9），发现不同性别的消费者，在整体满意度上有显著的差异，其中男性的满意度要明显高于女性。但是，不同年龄、职业、学历、家庭收入与可自由支配收入的消费者，在整体满意度上的差异并不显著。因此，假设H7，除了性别之外，其余未获支持。

表7-9　整体满意度单因子变异数分析

样本特征	项目	平均值	显著性	样本特征	项目	平均值	显著性
性别	男	7.99	0.01	学历	小学	9.00	0.31
	女	7.22			初中	7.57	
年龄	15岁以下	7.63	0.23		高中／职	8.21	
	16～20岁	7.38			大专／学	7.52	
	21～25岁	7.74			研究生	9.00	
	26～30岁	8.67		家庭收入	3万元以下	7.67	0.99
	31～40岁	8.17			4万～6万元	7.59	

续表

样本特征	项目	平均值	显著性	样本特征	项目	平均值	显著性
年龄	41~50岁	10.00	0.23	家庭收入	7万~10万元	7.66	0.99
	51~60岁	7.00			11万~15万元	7.50	
可自由支配收入	2000元以下	7.42	0.17		16万元以上	8.00	
	2001~4000元	8.16		职业	学生	7.44	0.18
	4001~6000元	7.13			家管	8.50	
	6001~8000元	7.70			商业	7.56	
	8001~10000元	7.80			工业	9.00	
	10001元以上	7.73			军公教	8.00	

五、顾客满意定位与竞争策略

（一）顾客满意定位分析

由相关文献的回顾可知，顾客满意乃是由消费者比较购买前的期望与购买后感知的绩效而来。因此，如果我们以顾客的期望为纵轴，以感知的绩效为横轴，以产业平均值为中心点，可将此一产业中的所有商家予以定位，以比较不同商家在消费者心目中的相对地位。由五家便利商店的顾客满意定位图可知，“界扬”“7–11”“全家”位于高期望、高绩效的第一象限，而“南台”“东江”则位于低期望、低绩效的第三象限。但是，令人奇怪的是，“7–11”为台湾地区最大的便利商店连锁店，向来位居产业的龙头地位，为何在顾客满意定位上不如“界扬”呢？然而，我们从五家便利商店的位置图可知，“界扬”虽然位于南台技术学院后门的小巷中，却是学生上下学必经的要道，“7–11”虽然位于30米的中华路上，却在马路的另外一边，加上中华路交通流量相当大，对学生而言反而相当不便。此外，“7–11”主要以奇美医院的病患与附近的民众为目标顾客群，购物人潮较多，相对价格也较高。反观“界扬”主要以南台技术学院的学生为目标顾客群，较能符合学生的需求，相对价格也较低。因此，对于南台技术学院的学生而言，三家连锁型便利商店，“界扬”不论在地点、价格、便利性以及服务上，都要优于“7–11”，“全家”则因为位于学校后门上，具有地理位置的优越性，而与“7–11”不相上下。二家单店型便利商店，“南台”虽然地理位置不错，但因非24小时营业且店面较小，无法与连锁型便利商店相抗衡，“东江”则因以传统杂货店方式经营，不论在顾客的期望与感知的绩效上，均远落于其他便利商店之后（表7–10、图7–5）。

表7-10 顾客满意定位分析

	7-11	全家	界扬	南台	东江	产业平均值
顾客的期望	7.73	7.66	8.00	7.18	6.76	7.46
感知的绩效	7.84	7.82	8.22	7.66	7.00	7.70

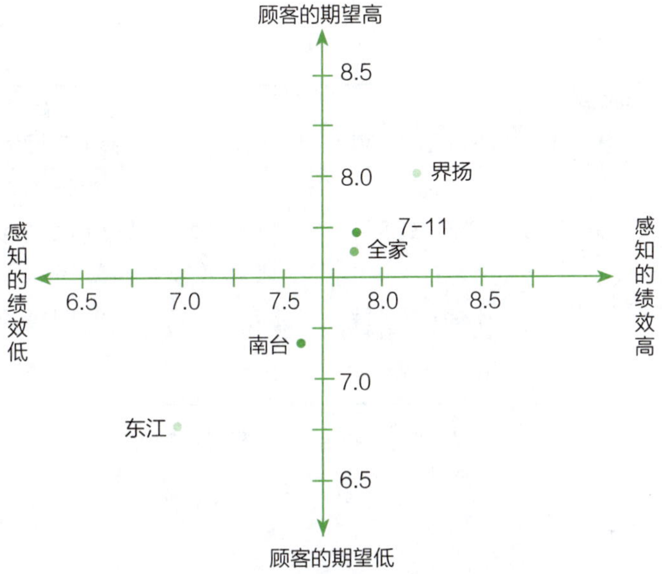

图7-5 顾客满意定位图

（二）竞争策略分析

由于顾客满意定位分析只能协助商家了解其在消费者心目中的相对定位，而无法提供更具体的改善建议。因此，如果我们以顾客的期望为横轴，以感知的绩效为纵轴，以产业平均值为中心点，将可划分出四个顾客满意竞争策略象限。

第一象限：位于此象限中的项目，顾客的期望高，感知的绩效也高，表示顾客很重视此项目，而商家的绩效也高于产业平均水平，属于竞争上的优势，代表商家的资源分配适当，应采取继续维持策略。

第二象限：位于此象限中的项目，顾客的期望低，但是感知的绩效高，表示顾客并不重视此项目，而商家的绩效却高于产业平均水平，属于不必要的竞争优势，代表商家的资源分配不当，应采取资源移转策略，将有限的资源移转到第四象限使用，以改善竞争劣势。

第三象限：位于此象限中的项目，顾客的期望低，感知的绩效也低，表示顾客并不重视此项目，而商家的绩效也低于产业平均水平，属于不重要项目，代表商家不必投入过多的资源，应采取保持观察策略。

第四象限：位于此象限中的项目，顾客的期望高，但是感知的绩效低，表示顾客非常重视此项目，而商家的绩效却低于产业平均水平，属于竞争上的劣势，代表商家的资源投入不足，应采取优先改善策略，将多余的资源投入，以改善竞争劣势。

因此，商家可以依据上述的策略分析矩阵，将各项顾客满意评估项目逐一加以比较，以了解与竞争者之间的相对优劣势，作为研拟竞争策略的参考。兹将五家便利商店的竞争策略分述如下（图7-6至图7-10）。

1. 7-11便利商店

感知的绩效＼顾客的期望	低（低于产业平均值）	高（高于产业平均值）
高（高于产业平均值）	资源移转项目	继续维持项目 （1）（2）（3）（5）（7）（8）（9）（10）（11）（12）（13）（14）（16）（17）（18）（19）（21）
低（低于产业平均值）	保持观察项目 （4）（15）	优先改善项目 （6）（20）

图7-6　7-11便利商店竞争策略分析矩阵

2. 全家便利商店

感知的绩效＼顾客的期望	低（低于产业平均值）	高（高于产业平均值）
高（高于产业平均值）	资源移转项目	继续维持项目 （1）（2）（3）（5）（7）（8）（9）（10）（12）（13）（14）（15）（16）（17）（18）（19）（20）（21）
低（低于产业平均值）	保持观察项目	优先改善项目 （4）（6）（11）

图7-7　全家便利商店竞争策略分析矩阵

3. 界扬便利商店

感知的绩效＼顾客的期望	低（低于产业平均值）	高（高于产业平均值）
高（高于产业平均值）	资源移转项目	继续维持项目 （1）（2）（3）（4）（5）（6）（7）（8）（9）（10）（12）（13）（14）（15）（16）（17）（18）（19）（20）

续表

顾客的期望 感知的绩效	低 （低于产业平均值）	高 （高于产业平均值）
低 （低于产业平均值）	保持观察项目 （21）	优先改善项目 （11）

图7-8　界扬便利商店竞争策略分析矩阵

4. 南台福利站

顾客的期望 感知的绩效	低 （低于产业平均值）	高 （高于产业平均值）
高 （高于产业平均值）	资源移转项目 （6）（7）（9）（11）（13）（14）（17）	继续维持项目 （3）（4）（5）（8）（15）
低 （低于产业平均值）	保持观察项目 （1）（2）（10）（12）（16）（18）（19）（20）（21）	优先改善项目

图7-9　南台福利站竞争策略分析矩阵

5. 东江商行

顾客的期望 感知的绩效	低 （低于产业平均值）	高 （高于产业平均值）
高 （高于产业平均值）	资源移转项目	继续维持项目
低 （低于产业平均值）	保持观察项目 （1）（2）（3）（4）（5）（6）（7）（8）（9）（10）（11） （12）（13）（14）（15）（16）（17）（18）（19）（20）（21）	优先改善项目

图7-10　东江商行竞争策略分析矩阵

六、管理实务内涵

随着生活形态的转变与物流革命的兴起，大型的超市取代了批发商，现代化的便利商店取代了杂货店，使得传统商业面临重大的冲击。然而，就经营策略而言，传统杂货店主要以家庭主妇为目标顾客群，强调长期人际关系的建立；超市主要以对价格敏感的消费者为目标顾客群，强调一次购足的量贩服务；便利商店则是以对便利性敏感，但是对价格不敏感的消费者为目标顾客群，强调的是服务而非价格。由本研究的实证研究发现可知，学校周边地区不同于一般的商业区，主要以学生为目标顾客群。因此，想要在学校周边地区经营便利商店，选择良好的立地条件、提供便利服务，只是成功的必要条件，唯有服务态度亲切、商品种类齐全、价格公道合理，才是成功的充分条件，二者相辅相成，缺一不可。所以，提出下列研究结论与建议（表7-11），作为商家研拟营销策略的参考。

表7-11 结论与建议汇总

研究发现	研究建议
16～25岁的大专学生是南台技术学院周边地区便利商店的主要顾客群	便利商店的经营策略，是以对便利性敏感，对价格不敏感的消费者为主要的目标顾客群。然而，随着社会风气与价值观的转变，现在的大专学生兼职打工的情形非常普遍，具有相当高的购买能力，在学业与兼职打工的双重压力下，成为对便利性敏感，但是对价格不敏感的新兴消费群
消费者在便利商店顾客满意评估项目上，以摆设整齐、态度亲切、仪表整齐、结账迅速、开具发票、价格标示、地点便利等项目，感知的绩效大于期望，顾客满意度较高；以欢迎光临、食品新鲜、简便餐饮、商品齐全、流行信息、促销活动、便利停车等项目，感知的绩效小于期望，顾客满意度较低	台湾地区的便利商店在市场竞争激烈的情况下，在卖场摆设、服务态度、人员仪表、结账迅速、开具发票、价格标示、地点便利等基本项目上，已经能够符合顾客的期望，但是在商场礼仪、食品鲜度、简便餐饮、商品种类、生活信息、促销活动、停车便利等较高层次的项目上，还未能达到顾客的期望。因此，在市场日趋饱和的情况下，商家不应以现状为满足，而应该更深入去了解消费者的潜在需求，以提供更便利、更精致的服务，来开发新的市场
影响便利商店顾客满意相关因素，可归纳为服务态度、服务内容、服务设备、服务价格与便利性五大维度，其中以服务态度对顾客满意的变异解释力最大，然后依序是服务内容、服务设备、服务价格、便利性	由于便利商店强调的是服务，而非价格。因此，服务态度与货品齐全是消费者认为一家优良的便利商店应该具备的首要条件，也是影响便利商店顾客满意或不满意的最主要因素。因此，商家应该建立明确的市场定位，以提供态度亲切、商品齐全的服务来满足消费者的需求，并且以此和其他商店形成明显的市场区隔
在便利商店顾客满意评估模式中，绩效与期望的差距对顾客满意有显著的正向影响，顾客满意对再购倾向、介绍意愿与价格容忍度均有显著的正向影响	顾客满意乃是由消费者比较购买前的期望与购买后感知的绩效之间的差距所产生。因此，商家应该深入了解顾客的期望，提升服务绩效以增加顾客满意度，不但可以降低顾客对价格的敏感度，有效留住现有的旧顾客，而且可以通过满意顾客的口碑宣传，吸引更多的新顾客
不同的便利商店，在顾客满意上有显著差异。在五家便利商店中，三家24小时营业的连锁便利商店，均位于高期望、高绩效的第一象限，而两家非24小时营业的非连锁便利商店，均位于低期望、低绩效的第三象限	传统杂货店限于人力与财力，在面对市场激烈竞争的情况下，不论在经营成本、服务时间、顾客满意度上，均无法与大规模连锁经营的24小时便利商店相抗衡。因此，商家应该重新思考经营使命与市场定位，确立所欲追求的目标市场为何，并且调整营销策略
不同性别的消费者，在顾客满意上有显著的差异，其中男性的满意度要明显高于女性。但是，不同职业、年龄、学历、家庭收入与可自由支配收入的消费者，在顾客满意上的差异并不显著	现代年轻人大多离乡背井，独自租住，在外求学或就业。因此，对于年轻的单身贵族而言，便利商店是解决所有民生问题的方便好邻居，此点尤以懒得自己动手的男性最为明显。所以，商家应由消费者的观点来逆向思考，提供更便利、更贴心的服务，方能打动新世代新新人类的心

第八章

医疗服务顾客满意竞争策略应用实例

问题思考

顾客满意策略分析矩阵，除了作为分析商家的竞争策略之外，是否还有其他更深入的应用?

问题提示

顾客满意策略分析矩阵，属于静态的横切面分析，如果有连续性的资料，还可以进行不同时间点的比较动态分析。

问题解答

使用顾客满意策略分析矩阵，先将第一期所获得的数据，进行静态的横切面分析。接着，再将第二期所获得的数据，进行静态的横切面分析。然后，追踪二者移动的轨迹，即可了解此期间顾客满意改变的情况，进行不同时间点之间的比较动态分析。

一、研究背景动机

医疗服务业是服务业中极为重要的一环，但是由于医疗服务具有高度的专业性，向来较易被营销学者所忽视。近年来随着全民保健的实施与医疗纠纷频传，使得此一领域的研究格外受到重视。在全民保健实施之后，民众只需支付极少的医疗费用，就能获得完整的医疗服务，不但减轻了民众就医时的负担，也使医疗服务业的生态发生重大的改变。在市场激烈竞争的情况下，如何提升医疗质量增加病患满意度，以便有效留住旧病患并且吸引更多的新患，就成为各家医院竞争的首要目标。

由于早期的营销理论主要应用在有形的产品上，但是服务业具有无形性，不同于一般的有形产品，于是有学者另外提出服务质量评估模型来评估服务业的顾客满意度（Parasuraman，Zeithamal & Berry，1985；1988）。因此，目前大部分的学者大多引用服务质量的观念，来进行医疗服务业顾客满意度的研究。然而，服务质量评估模型只注意到病患获得的效益，并未将医疗费用纳入考虑，忽略了病患付出的牺牲，在评估维度上并不够完整。此外，以往的研究大多注重影响病患满意前因的探讨，而忽略了病患满意与否对就医后行为影响的研究。因此，如何将影响病患满意的前因与后果加以连结，发展出更具实用性与运用价值的医疗服务业病患满意因果关系模型，不论在学术理论上或实务运用上均有其必要性。

台湾地区的卫生部门于1987年依据相关规定，出台医院评鉴及教学医院评鉴标准暨有关作业程序，办理台湾地区医院评鉴，针对医院的人员素质、设施及小区服务、内外科医疗服务质量、放射线诊断质量、病例管理、护理作业、药事作业、急诊医疗质量及精神科医疗质量实地评估，评鉴结果达85分以上的医院为医学中心，80分以上的医院为区域医院，70分以上的医院为教学医院，60 分以上的医院为地区医院。本研究以台南地区的五家大型医院为对象进行实证研究，依据上述标准，五家医院中，成大医院为医学中心，奇美医院与新楼医院为区域医院，省立南医与市立南医为地区医院。

二、相关文献回顾

（一）顾客满意的定义

由顾客满意相关文献的回顾可知，消费者在购买某项产品之前，会对产品的利益有所期望，在购买之后，会比较实际的产品绩效与购买前的期望二者之间一致性的程度，产生满意或不满意的整体性态度。因此，Hempel（1977）认为顾客满意取决于顾客所期望的产品利益的实现程度，它反映出预期与实际结果的一致性程度；Churchill与Surprenant（1982）认为顾客满意是一种购买与使用产品的结果，是由消费者比较预期结果的报酬与投入成本所产生。

（二）顾客满意的评估

虽然，曾经有许多学者提出不同的顾客满意评估模型，但是主要的理论基础都是建立在期望—不一致（expectation–disconfirmation）理论的典范下。因此，本研究综合不同学者的研究结论，将影响顾客满意度的主要因素归纳如下。

1. 顾客的期望

顾客的期望反映出消费者预期的绩效，当消费者形成有关产品的预期绩效时，可能使用理想的、预期的、最低容忍限度的以及渴望的四种不同类型的期望。

2. 产品的绩效

产品的绩效被视为一种比较的标准，消费者在购买产品之后，会以产品的绩效与购买之前的期望相比较，用以形成不一致。

3. 不一致

不一致被视为是一种主要的中介变量，一个人的期望：（1）被确认，当一项产品的绩效与他的期望一致；（2）产生负向的差距，当一项产品的绩效比他预期的差；（3）产生正向的差距，当一项产品的绩效比他预期的好。

4. 顾客满意

顾客满意被视为一种购买后的产出，当产品的绩效大于或等于事前的期望，消费者将会感到满意；当产品的绩效小于事前的期望，消费者将会感到不满意。

（三）顾客满意/不满意的行为反应

Fornell、Johnson、Anderson、Cha 与Bryant（1996）以美国产业进行实证研究发现，顾客满意与顾客的抱怨之间呈负相关，顾客满意与顾客忠诚度之间呈正相关。然而，顾客的抱怨与顾客忠诚度之间的关系不一，视商家对顾客抱怨的处理结果而定。此外，赖其勋（1997）的研究发现，当消费者对商家所提供的产品或服务不满意时将会有所抱怨，此时消费者对抱怨的态度、不满的程度与期望利益将会影响抱怨的方式，而商家对于消费者抱怨的处理，将会影响消费者的满意度与抱怨后的行为。

（四）医疗服务业病患满意的定义与评估

Charska（1980）将病患满意定义为病人对医疗服务和照顾之期望与实际感受到的服务和照护之间一致性的程度。Linder-Pelz（1982）则将病患满意定义为病人对不同层面医疗保健的正向评估。兹将不同学者对影响医疗服务业病患满意相关因素的研究结论汇整如下（表8-1）。

表8-1 医疗服务业病患满意相关文献汇总

学者	研究主题	评估维度
Linder-Pelz（1982）	病患满意的社会心理决定因素	可近性与方便性、照顾的连续性、照顾的效果与结果、医疗费用、医疗人员态度、环境的舒适与质量
Ware, Avery & Stewart（1987）	病患满意的评估与意义	照顾的艺术、技术质量、方便性、财务、实体环境、服务的可用性、照顾的延续性、医疗照顾绩效
Handelsman（1991）	影响医疗保健病患满意的决定因素	是否注重病患需求、医疗人员态度、医疗人员能力、有效沟通
曹天芳（1984）	机动车意外伤害住院病人对急诊医疗服务的满意度	急诊政策、就诊手续、环境设施、等待时间、医师特质、护士特质、医疗辅助人员特质、医疗费用
曾淑贞（1986）	中医门诊初诊病人满意度与相关因素之研究	挂号时间、挂号人员态度、候诊领药时间、医师服务态度、医疗费用、药局人员态度
陈金记（1989）	医院住院病人医疗保健服务满意度相关因素的研究	医院环境、医疗行政、教育活动、医事人员的行为、诊疗的结果
朱永华（1995）	医院服务感知质量与病患满意度的关系研究	实体环境、等待时间、医疗费用、医师态度、护士态度、医师足够性、医院服务结果、红包收受
曾伦崇、陈正男（1998）	台南地区医院门诊服务质量的评估	医疗服务结构、医疗服务过程和结果

三、实证研究方法

（一）研究流程

在确立研究主题之后，首先进行相关文献探讨，找出影响医疗服务业病患满意的前因与后果，并且将二者加以连结，建立医疗服务业病患满意因果关系模型的观念性架构，其次，进行病患访谈以了解影响病患满意或不满意的相关因素，发展问卷初稿，并且进行必要的修正。然后，由访员进行问卷调查，使用SPSS与LISREL 统计软件进行数据分析，以验证各项研究假设；最后，比较不同医院之间的竞争优劣势，并且提出改善建议与竞争策略供医院参考。研究流程如图8-1所示。

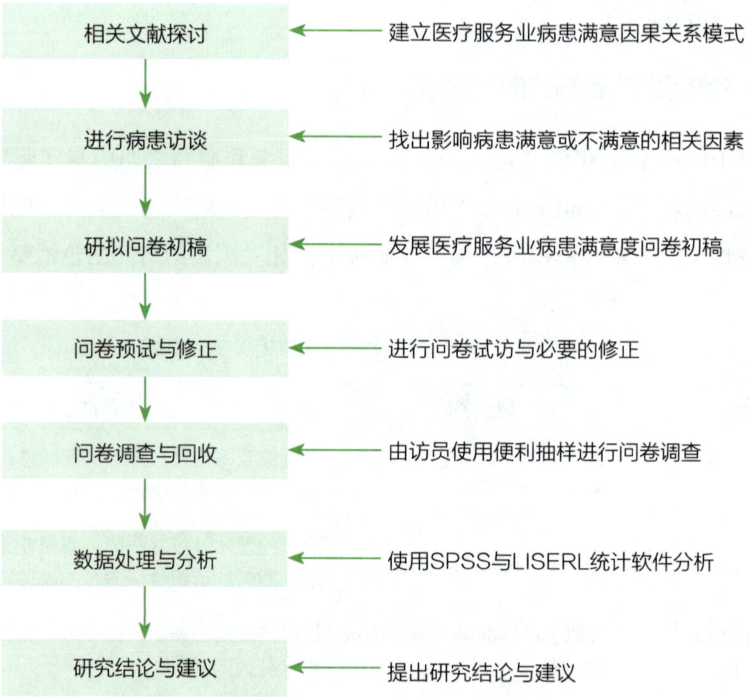

图8-1 研究流程

（二）研究架构

首先，由相关文献的回顾，找出影响顾客满意的前因变量，以及满意或不满意之后的行为反应。然后，将影响顾客满意的前因与后果加以连结，建立顾客满意评估的基本架构。然而，由于服务业具有无形性，商家的服务绩效不易评估。因此，采用Parasuraman 等人（1988）的观点，由消费者主观地评估购买前的期望与购买后实际感知的绩效，以感知的绩效取代产品的绩效，以绩效与期望的差距取代不一致，建立医疗服务业病患满意评估模型。研究架构如图8-2所示。

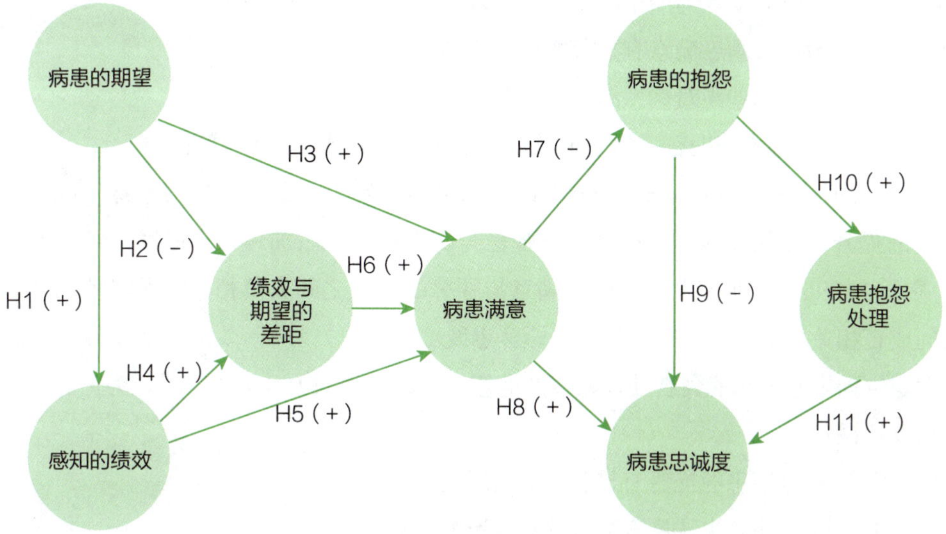

图8-2　研究架构

（三）研究假设

1. 病患的期望、感知的绩效、绩效与期望的差距与病患满意之间关系的假设

消费者在购买某项服务之前，会从以往的经验、广告或口碑与传闻，对商家所将提供的服务有所期望（Parasuraman，et al.，1985）。当消费者面对同样的产品质量，有较高期望而且产生负向不一致的消费者，会比那些有较低期望的消费者产生较高的质量评估，顾客的期望与感知的绩效之间会成正相关（Olson & Dover，1976）。但是，如果消费者的期望愈高，绩效与期望之间的差距会愈大，顾客的期望同绩效与期望的差距之间会成负相关（Churchill & Surprenant，1982；Yi，1993）。然而，如果消费者耗费可观的心力来获得一项产品，消费者对产品的满意程度较高，当产品不能符合顾客的期望时，将会产生期望不一致的现象，消费者对产品的满意程度较低，顾客的期望与顾客满意之间会成正相关（Oliver，1980）。

如果消费者感知的绩效愈高，绩效与期望的差距会愈小，感知的绩效同绩效与期望的差距之间会成正相关（Churchill &Surprenant，1982；Yi，1993）。如果消费者感知的绩效愈高，消费者会因为期望获得确认而感到满意，感知的绩效与顾客满意之间会成正相关（Churchill&Surprenant，1982）。此外，如果消费者感知的绩效大于购买前的期望，绩效与期望的差距为正，顾客满意度较高。反之，如果消费者感知的绩效小于购买前的期望，绩效与期望的差距为负，顾客满意度较低。因此，绩效与期望的差距同顾客满意之间会成正相关（Parasuraman，et al.，1988）。所以，建立下列研究假设：

H1：病患的期望对感知的绩效有显著的正向影响。

H2：病患的期望对绩效与期望的差距有显著的负向影响。

H3：病患的期望对病患满意有显著的正向影响。

H4：感知的绩效对绩效与期望的差距有显著的正向影响。

H5：感知的绩效对病患满意有显著的正向影响。

H6：绩效与期望的差距对病患满意有显著的正向影响。

2. 病患满意、病患的抱怨、病患抱怨处理与病患忠诚度之间关系的假设

Rust、Zahorik 与Keiningham（1995）认为如果商家致力于服务质量的改善，将有助于顾客满意度的提升，降低顾客对价格的需求弹性与交易成本，增加顾客忠诚度与顾客保留率。Fornell 等人（1996）的研究发现，顾客满意与顾客的抱怨之间成负相关，顾客满意与顾客忠诚度之间成正相关。但是，顾客的抱怨与顾客忠诚度之间的关系不一，视商家对顾客抱怨的处理结果而定，如果商家未能妥善处理顾客的抱怨，二者之间的关系为负，反之为正。所以，建立下列研究假设：

H7：病患满意对病患的抱怨有显著的负向影响。

H8：病患满意对病患忠诚度有显著的正向影响。

H9：病患的抱怨对病患忠诚度有显著的负向影响。

H10：病患的抱怨对病患抱怨处理有显著的正向影响。

H11：病患抱怨处理对病患忠诚度有显著的正向影响。

（四）变量定义

1. 病患的期望：病患在就医之前，预期这家医院将会提供的服务。

2. 感知的绩效：病患在就医之后，实际感知的医院服务水平。

3. 绩效与期望的差距：病患在就医之后实际感知的绩效与就医之前的期望二者之间的差距，以感知的绩效减病患的期望而得。

4. 病患满意：病患比较就医后实际感知的绩效与就医前的期望二者之间的差距，对医院的整体评价。

5. 病患的抱怨：病患因为对医院的服务不满意，而向医院提出的抱怨。

6. 病患抱怨处理：医院对病患提出的抱怨，所采取的改善措施。

7. 病患忠诚度：病患愿意继续到此家医院看病的意愿。

（五）病患访谈

由访员使用便利抽样法，以开放式问卷在五家医院的候诊大厅进行访谈，每家医院访问20位病患，总共访问100位病患（男性36人，女性64人），调查病患认为一家优良医院所应该具备的条件，以及在就医的过程中，让他感到满意或不满意的事件，以找出影响病患满意的相关因素（表8–2）。

表8-2　病患访谈汇总表

排序	优良医院应该具备条件	人数	病患满意事件	人数	病患不满意事件	人数
1	良好的服务态度	21	医护人员服务态度不错	63	等待时间长	19
2	不必久候	15	环境整洁	23	停车不便	18
3	地点近，交通方便	11	不必久候	22	医生不准时看诊	11
4	有先进的医疗设备	6	地点近，交通方便	17	看诊时间到，加挂也不替病人看病	10
5	环境整洁	5	停车方便	17	候诊室环境不佳	9
6	有高知名度的医生	2	挂号费较便宜	15	停车收费太贵	9
7	能为病患着想	2	医生愿意详细说明病情	12	预约挂号不便	9
8	提供方便的看诊时间	1	医生的知名度高，技术高明	9	服务态度不佳	9
9	看诊准时	1	可以指定医生	8	医生不愿为病患详细说明病情	8
10	停车方便	1	与医生熟识	7	设备较差	5
11	药的成分好	1	医生的专业技能	7	看诊草率	3
12	病房内有厕所或洗手台	1	给药的期间较长	7	医生没耐心听病患详细说明病情	3
13	空气流通环境舒适	1	柜台人员服务态度亲切	6	需要本人亲自拿药，非常不方便	2
14	乐意解决病患的问题	1	药的成分好	6	手续繁杂	2
15	明确的指示标志	1	医生的医德让人有信心	6	指示标志不清	1

（六）问卷设计

依据病患访谈所获得的数据，并且参考其他学者类似研究所使用的问卷加以修正，发展结构式问卷，问卷内容依研究需要分为下列三大部分。

1. 基本数据

使用名目尺度，调查病患的性别、年龄、职业、教育程度与家庭每月平均收入，选择医院的主要原因，以及不满意的行为反应。

2. 病患满意评估项目

使用10点评价尺度（1：非常不同意，10：非常同意），采取病患的期望与感知的绩效二者并列方式，以20个问项调查病患在就医之前对医院的期望，以及就医之后实际感知的绩效。

3. 整体评估项目

使用10点评价尺度（1：非常不同意，10：非常同意），调查病患的期望、感知的绩效、整体满意度、病患的抱怨、病患抱怨处理与病患忠诚度。

（七）问卷调查

分别于1997年与1998年12月，由访员以便利抽样法，在五家医院进行问卷调查，每家医院访问60位病患（门诊与住院各30位），总共访问300位病患。1998年度问卷回收情形如表8–3所示。

表8–3 问卷调查与回收统计表

医院	成大医院		奇美医院		新楼医院		省立南医		市立南医		合计		总计
	门诊	住院	门诊	住院	门诊	住院	门诊	住院	门诊	住院	门诊	住院	
问卷发出数	30	30	30	30	30	30	30	30	30	30	150	150	300
问卷回收数	30	30	30	30	29	29	29	30	26	30	144	149	293
问卷回收率	100%	100%	100%	100%	97%	97%	97%	100%	87%	100%	96%	99%	97.7%

四、数据处理分析

（一）样本结构分析

将问卷调查所获得的数据，依样本特征予以分类，样本分布情形如表8–4所示。

表8–4 样本结构分析表

样本特征	项目	人数	百分比	样本特征	项目	人数	百分比
性别	男	113	38.6%	职业	工业	55	8.5%
	女	180	61.4%		商业	50	17.1%
年龄	20岁以下	43	14.7%		家政	57	19.5%
	21～30岁	85	29.0%		军公教	40	13.7%
	31～40岁	97	33.1%		农渔牧	2	0.7%
	41～50岁	42	14.3%		学生	51	17.4%
	51～60岁	11	3.8%		其他	66	22.5%
	60岁以上	15	5.1%		遗漏值	2	0.7%
教育程度	小学	16	5.5%	家庭收入	5万元以下	153	52.2%
	初中	33	11.3%		6万～10万元	91	31.1%
	高中／职	124	42.3%		11万～15万元	10	3.4%

续表

样本特征	项目	人数	百分比	样本特征	项目	人数	百分比
教育程度	大专/学	103	35.2%	家庭收入	16万~20万元	4	1.4%
	研究生	10	3.4%		20万元以上	7	2.4%
	遗漏值	7	2.4%		遗漏值	28	9.6%

（二）病患选择医院主要原因分析

由病患选择医院主要原因分析的结果（表8-5）可知，当病患在选择医院时，以地点较近为最主要的考虑因素，其次是设备较好，然后依序是医术高明、服务较好、亲友介绍、习惯医生、价格较低。

表8-5 病患选择医院主要原因分析表

地点较近	设备较好	医术高明	服务较好	亲友介绍	习惯医生	价格较低	其他
人数（百分比）	人数（百分比）	人数（百分比）	人数（百分比）	人数（百分比）	人数（百分比）	人数（百分比）	人数（百分比）
94（32.1）	55（18.8）	39（13.3）	32（10.9）	30（10.2）	18（6.1）	5（1.7）	17（5.8）

（三）病患不满意行为反应分析

由病患不满意行为反应分析的结果（表8-6）可知，当病患对医院所提供的服务不满意时，以转到其他医院最多，其次是向医院抱怨，然后依序是向亲友抱怨、自认倒霉、向主管机关抱怨、向媒体抱怨。

表8-6 病患不满意行为反应分析

转到其他医院	向医院抱怨	向亲友抱怨	自认倒霉	向主管机关抱怨	向媒体抱怨	其他
人（百分比）	人数（百分比）	人数（百分比）	人数（百分比）	人数（百分比）	人数（百分比）	人数（百分比）
112（38.2）	61（20.8）	52（17.7）	44（15.0）	5（1.7）	4（1.4）	8（2.7）

（四）病患满意评估项目平均数分析

由病患满意评估项目平均数分析表（表8-7）可知，在20个病患满意评估项目中，感知的绩效普遍低于病患的期望，显示医院的服务绩效未能符合病患的期望，以致绩效与期望的差距为负，其中差距较小的项目为有简便的电话预约挂号系统、有清楚明确的指示标志、设立在交通便利的地点、医护人员具备良好专业知识与技能与医护人员看诊仔细亲切，易于沟通，而差距较大的项目为不必花很长的时间排队等候、挂号批价人员服务态度亲切有礼貌、医术非常高明，能够迅速对症下药、医护人员不会因为太忙而疏忽病患、有完善先进的医疗设备与有种类齐全的医疗药品。

表8-7 病患满意评估项目平均数分析表

评估项目	病患的期望		感知的绩效		绩效与期望的差距	
	平均值	标准偏差	平均值	标准偏差	平均值	标准偏差
1. 有良好的医院形象	8.10	1.61	7.72	1.71	-0.38	1.78
2. 有崇高的医疗道德	8.08	1.56	7.72	1.73	-0.36	1.73
3. 有温馨的医院气氛	7.84	1.73	7.44	1.93	-0.40	1.87
4. 有清楚明确的指示标志	8.31	1.60	8.18	1.85	-0.13	1.67
5. 有隐秘舒适的诊疗病房	8.14	1.68	7.50	2.20	-0.36	1.79
6. 有完善先进的医疗设备	8.35	1.55	7.89	1.87	-0.54	1.53
7. 有种类齐全的医疗药品	8.45	1.45	7.97	1.73	-0.52	1.52
8. 能站在病患立场，主动为病患设想	8.10	1.66	7.56	1.89	-0.44	1.75
9. 医术非常高明，能够迅速对症下药	8.11	1.62	7.53	1.89	-0.58	1.92
10. 医护人员具备良好专业知识与技能	8.39	1.51	8.14	1.63	-0.25	1.63
11. 医护人员看诊仔细亲切，易于沟通	8.29	1.56	8.03	1.83	-0.26	1.88
12. 医护人员不会因为太忙而疏忽病患	8.08	1.63	7.64	1.96	-0.56	1.95
13. 挂号批价人员服务态度亲切有礼貌	7.92	1.82	7.32	2.21	-0.60	2.05
14. 提供完整医疗项目与方便看诊时间	8.12	1.67	7.68	1.88	-0.44	1.81
15. 设立在交通便利的地点	8.18	1.81	7.95	2.14	-0.23	1.63
16. 有简便的电话预约挂号系统	8.47	1.61	8.35	1.78	-0.12	1.54
17. 不必花很长的时间排队等候	7.89	1.96	6.98	2.38	-0.91	2.25
18. 收取合理的挂号费	8.61	1.90	8.24	2.06	-0.37	1.65
19. 收取合理的医疗费	8.57	1.58	8.21	2.01	-0.36	1.51
20. 不会巧立名目收费	8.64	1.56	8.34	2.01	-0.30	1.55

（五）量表效度与信度分析

将20个影响病患满意的相关因素，使用SPSS统计软件进行探索性因素分析，以最大变异数法进行直交转轴，建立主要的评估维度。由因素分析的结果可知，影响医疗服务业病患满意的相关因素，可以归纳为与医院整体形象有关的医院形象，与硬件医疗设施有关的医疗设备，与医护人员专业技能和服务态度有关的医护人员，与医疗服务的方便性有关的便利性，以及与医疗费用有关的医疗费用五大维度。在病患的期望分量表中，五个评估维度的Cronbach's α值介于0.84～0.97，整体变异解释力为69.6%；在感知的绩效分量表中，五个评估维度的Cronbach's α值介于0.81～0.93，整体变异解释力为71.3%；在绩效与期望的差距分量表中，五个评估维度的Cronbach's α值介于0.75～0.97，整体变异解释力为69.8%。由此可知，本研究所建立的医疗服务业病患满意度量表，具有相当高的信度与效度（表8–8、表8–9）。

表8–8　病患的期望分量表效度与信度分析表

评估维度	评估项目	因素负荷量	Cronbach's Alpha	特征值	百分比/%	累积/%
医护人员	8. 能站在病患立场，主动为病患设想 9. 医术非常高明，能够迅速对症下药 10. 医护人员具备良好专业知识与技能 11. 医护人员看诊仔细亲切，易于沟通 12. 医护人员不会因为太忙而疏忽病患 13. 挂号批价人员服务态度亲切有礼貌	0.77 0.81 0.82 0.86 0.75 0.82	0.93	12.17	46.8	46.8
医疗费用	18. 收取合理的挂号费 19. 收取合理的医疗费 20. 不会巧立名目收费	0.95 0.96 0.96	0.97	1.94	7.5	54.3
便利性	14. 提供完整医疗项目与方便看诊时间 15. 设立在交通便利的地点 16. 有简便的电话预约挂号系统 17. 不必花很长的时间排队等候	-0.71 -0.74 -0.86 -0.82	0.84	1.55	6.0	60.3
医院形象	1. 有良好的医院形象 2. 有崇高的医疗道德 3. 有温馨的医院气氛	0.72 0.54 0.70	0.88	1.28	5.0	65.3
医疗设备	4. 有清楚明确的指示标志 5. 有隐秘舒适的诊疗病房 6. 有完善先进的医疗设备 7. 有种类齐全的医疗药品	-0.66 -0.68 -0.86 -0.86	0.93	1.13	4.4	69.6

表8–9　感知的绩效分量表效度与信度分析表

评估维度	评估项目	因素负荷量	Cronbach's Alpha	特征值	百分比/%	累积/%
医护人员	8. 能站在病患立场，主动为病患设想 9. 医术非常高明，能够迅速对症下药 10. 医护人员具备良好专业知识与技能 11. 医护人员看诊仔细亲切，易于沟通 12. 医护人员不会因为太忙而疏忽病患 13. 挂号批价人员服务态度亲切有礼貌	0.84 0.80 0.81 0.84 0.80 0.79	0.91	12.17	46.8	46.8

续表

评估维度	评估项目	因素负荷量	Cronbach's Alpha	特征值	百分比/%	累积/%
医疗费用	18. 收取合理的挂号费 19. 收取合理的医疗费 20. 不会巧立名目收费	0.96 0.96 0.96	0.93	2.44	9.4	56.2
医疗设备	4. 有清楚明确的指示标志 5. 有隐秘舒适的诊疗病房 6. 有完善先进的医疗设备 7. 有种类齐全的医疗药品	0.67 0.73 0.86 0.88	0.91	1.62	6.3	62.5
便利性	14. 提供完整医疗项目与方便看诊时间 15. 设立在交通便利的地点 16. 有简便的电话预约挂号系统 17. 不必花很长的时间排队等候	0.64 0.83 0.86 0.79	0.81	1.24	4.8	67.3
医院形象	1. 有良好的医院形象 2. 有崇高的医疗道德 3. 有温馨的医院气氛	- 0.74 - 0.75 - 0.79	0.89	1.03	4.0	71.3

表8-10 绩效与期望的差距分量表效度与信度分析表

评估维度	评估项目	因素负荷量	Cronbach's Alpha	特征值	百分比/%	累积/%
医护人员	8. 能站在病患立场，主动为病患设想 9. 医术非常高明，能够迅速对症下药 10. 医护人员具备良好专业知识与技能 11. 医护人员看诊仔细亲切，易于沟通 12. 医护人员不会因为太忙而疏忽病患 13. 挂号批价人员服务态度亲切有礼貌	0.82 0.81 0.81 0.79 0.79 0.78	0.92	11.06	42.6	42.6
医疗费用	18. 收取合理的挂号费 19. 收取合理的医疗费 20. 不会巧立名目收费	0.96 0.96 0.97	0.97	2.59	10.0	52.5
医疗设备	4. 有清楚明确的指示标志 5. 有隐密舒适的诊疗病房 6. 有完善先进的医疗设备 7. 有种类齐全的医疗药品	0.68 0.79 0.87 0.88	0.88	1.67	6.4	59.0
便利性	14. 提供完整医疗项目与方便看诊时间 15. 设立在交通便利的地点 16. 有简便的电话预约挂号系统 17. 不必花很长的时间排队等候	0.64 0.49 0.85 0.86	0.83	1.48	5.7	64.7

续表

评估维度	评估项目	因素负荷量	Cronbach's Alpha	特征值	百分比/%	累积/%
医院形象	1. 有良好的医院形象 2. 有崇高的医疗道德 3. 有温馨的医院气氛	0.96 0.96 0.97	0.75	1.34	5.2	69.8

（六）病患满意评估维度影响效果分析

问题思考

影响顾客满意与服务质量的主要因素，包含顾客的期望、感知的绩效、绩效与期望的差距，哪一种因素对顾客满意的影响效果较大？

问题提示

Parasuraman、Zeithamal与Berry（1994）认为商家评估服务质量的主要目的，是要了解所提供的服务与顾客期望之间的差距，借以找出问题并且加以改善，使用绩效与期望差距评估模式将可获得更多的信息，以协助管理者改善经营绩效。然而，郭德宾、周泰华与黄俊英（2000）研究发现，就模式配适度而言，以绩效与期望差距模型较佳。但是，就购买后行为的预测效果而言，以直接绩效评估模型较佳。由此可见，学者们的观点并不一致。

问题解答

由下列病患满意评估维度对整体满意度回归分析所获得的结果可知，在三个影响因素中，以感知的绩效对病患满意度的变异解释能力最高，绩效与期望的差距次之，病患的期望较低。由此可知，在医疗服务业中，病患满意度主要是受到感知的绩效的影响，其次是绩效与期望的差距，病患的期望影响效果并不大。

为了了解各个评估维度对病患满意度的影响效果，将每个评估维度内的评估项目予以加权平均，算出五个评估维度的平均值。然后，以整体满意度为因变量，各个评估维度平均值为自变量进行回归分析，发现五个评估维度对病患满意度均有显著的影响效果，其中以感知的绩效对病患满意度的变异解释能力最高，绩效与期望的差距次之，病患的期望较低。此外，在五个评估维度中，以医护人员对病患满意度的变异解释能力最高，医院形象次之，然后依序是医疗设备、便利性与医疗费用（表8-11）。

表8-11 病患满意评估维度平均数分析表

评估维度	医院形象		医疗设备		医护人员		便利性		医疗费用	
	平均数	标准偏差	平均数	标准偏差	平均数	标准偏差	平均数	标准偏差	平均数	标准偏差
病患的期望	8.00	1.46	8.10	1.47	8.19	1.36	8.16	1.42	8.52	1.35
感知的绩效	7.63	1.63	7.58	1.66	7.71	1.60	7.71	1.63	8.25	1.69
绩效与期望差距	-0.40	1.62	-0.56	1.60	-0.50	1.54	-0.44	1.44	-0.27	1.33

表8-12 病患满意评估维度对整体满意度回归分析表

评估维度	医院形象		医疗设备		医护人员		便利性		医疗费用	
	β	R^2	β	R^2	β	R^2	β	R^2	β	R^2
病患的期望	0.24**	0.06	0.26**	0.06	0.25**	0.06	0.28**	0.08	0.33**	0.13
感知的绩效	0.70**	0.50	0.66**	0.43	0.74**	0.54	0.59**	0.35	0.56**	0.31
绩效与期望差距	0.48**	0.23	0.44**	0.19	0.52**	0.27	0.39**	0.15	0.37**	0.14

**：$p< 0.05$

（七）整体评估项目平均数分析

由整体评估项目平均数分析的结果（表8-13）可知，台湾地区五家医院在病患的期望上，以奇美医院最高，成大医院最低；在感知的绩效上，以省立南医最高，市立南医最低；在绩效与期望的差距上，以市立南医最高，成大医院与省立南医最低；在整体满意度上，以省立南医最高，市立南医最低；在病患的抱怨上，以市立南医最高，新楼医院最低；在病患抱怨处理上，以奇美医院最高，新楼医院最低；在病患忠诚度上，以省立南医最高，市立南医最低。

表8-13　整体评估项目平均数分析表

医院	病患的期望	感知的绩效	绩效与期望的差距	整体满意度	病患的抱怨	病患抱怨处理	病患忠诚度
成大医院	8.56	7.83	-0.73	7.36	6.19	6.95	7.74
奇美医院	8.85	7.97	-0.88	7.85	6.14	7.55	7.97
新楼医院	8.73	7.86	-0.87	7.17	5.86	6.93	7.64
省立南医	8.79	8.06	-0.73	8.05	6.38	7.14	8.13
市立南医	8.69	7.53	-1.26	7.04	6.53	7.04	7.24

（八）路径分析

为了了解在医疗服务业病患满意因果关系模型中，各项变量之间的因果关系，使用线性结构关系模型（LISREL）进行路径分析，以验证各项研究假设。

由路径分析的结果可知，模型的整体配适度为0.92，模型的配适情况相当良好。标准化回归系数γ_{11}为0.44，可知病患的期望对感知的绩效有高度的正向影响；γ_{21}为–0.57，可知病患的期望对绩效与期望的差距有高度的负向影响；γ_{31}为0.13，可知病患的期望对病患满意有中度的正向影响；β_{21}为0.48，可知感知的绩效对绩效与期望的差距有高度的正向影响；β_{31}为0.57，可知感知的绩效对病患满意有高度的正向影响；β_{32}为0.10，可知绩效与期望的差距对病患满意有中度的正向影响。β_{43}为–0.01，可知病患满意对病患的抱怨有微弱的负向影响；β_{63}为0.37，可知病患满意对病患忠诚度有高度的正向影响；β_{54}为0.24，可见病患的抱怨对病患抱怨处理有高度的正向影响；β_{64}为–0.13，可知病患的抱怨对病患忠诚度有中度的负向影响；β_{65}为0.37，可知病患抱怨处理对病患忠诚度有高度的正向影响（图8–3）。因此，本研究的假设H7 获得微弱支持，H3、H6、H9、H10 获得中度支持，H1、H2、H4、H5、H8、H11 获得强烈支持。

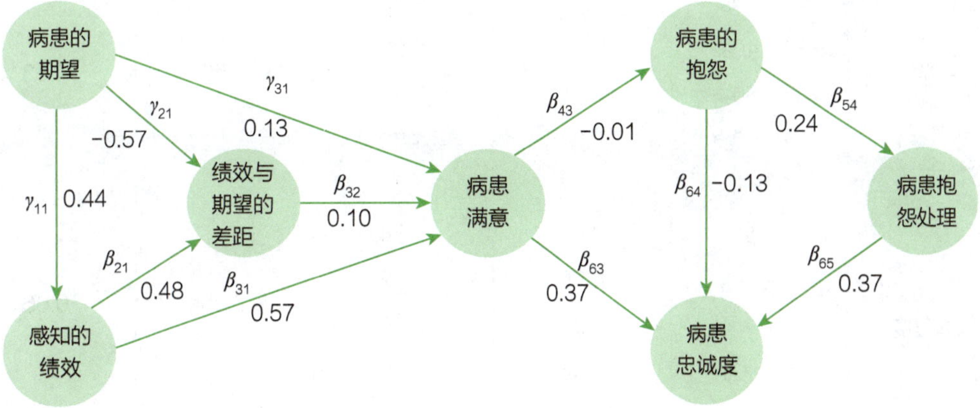

图8–3　线性结构关系模型图

（九）病患满意度差异分析

为了比较不同医院在病患满意度上的差异，使用“One-Way ANOVA”进行单因子变异数分析，发现不同医院的病患在整体满意度上达0.10的显著水平（表8-14）。

表8-14 不同医院病患整体满意度单因子变异数分析表

医院	平均值	标准偏差	F值	P值
成大医院	7.36	2.12	2.06	0.09
奇美医院	7.85	2.28		
新楼医院	7.17	1.97		
省立南医	8.05	1.60		
市立南医	7.04	1.87		

此外，为了了解人口统计变量在病患满意度上的差异，进行单因子变异数分析，发现不同职业的病患，在整体满意度上并无显著的差异，不同年龄的病患，在整体满意度的差异达0.05的显著水平，不同性别、教育程度与每月家庭平均收入的病患在整体满意度的差异达0.10的显著水平（表8-15）。

表8-15 不同人口统计变量病患整体满意度单因子变异数分析表

人口统计变数	项目	平均值	标准偏差	F值	P值
性别	男	7.30	2.08	2.83（t值）	0.09
	女	7.71	1.95		
年龄	20岁以下	7.31	2.08	2.55	0.03
	21～30岁	7.08	2.12		
	31～40岁	7.76	1.83		
	41～50岁	7.64	2.11		
	51～60岁	8.27	1.79		
	60岁以上	8.67	1.40		
教育程度	小学	8.06	1.84	2.25	0.06
	初中	8.36	1.52		
	高中／职	7.28	2.15		
	大专／学	7.48	1.96		
	研究生	7.40	1.90		

续表

人口统计变数	项目	平均值	标准偏差	F值	P值
职业	工业	7.56	2.14	0.86	0.53
	商业	7.12	2.38		
	家政	7.77	1.99		
	军公教	7.54	1.64		
	农渔牧	9.00	1.41		
	学生	7.40	2.12		
	其他	7.77	1.76		
每月家庭平均收入	5万元以下	7.57	1.94	2.19	0.07
	6万~10万元	7.46	1.93		
	11万~15万元	7.30	2.36		
	16万~20万元	4.75	3.86		
	20万元以上	8.17	1.47		

五、顾客满意定位与竞争策略

（一）顾客满意定位分析

为了了解不同医院在病患心目中的竞争定位，以病患的期望为横轴，感知的绩效为纵轴，以二者的平均值为中心点，划分为四个象限，进行病患满意竞争定位分析。由1997年与1998年度的比较可知，在市场竞争激烈的情况下，台湾地区五家医院的服务绩效均有明显的改善，其中省立南医与奇美医院位于高期望高绩效的第一象限，新楼医院位于中期望中绩效的中心点附近，成大医院位于低期望中绩效的第三、四象限交界处，市立南医则位于低绩效中期望的第二、三象限交界处（图8-4）。

由于在台湾地区五家医院中，以省立南医的改善效果最为显著。因此，特别针对省立南医进行深入的研究，发现在1998年初新院长到任之后，积极推动下列各项改革，使得病患满意度有明显的改善。

1. 医院形象方面

（1）聘请名医看诊：聘请具有高知名度的医师到省立南医看诊，提升医院的知名度。

（2）加强小区服务：由院长亲自带领医护人员到附近小区，免费为居民量血压测血糖。

（3）采取走动式管理：院长走出办公室到各部门巡视，改变公立医院原有的官僚气氛。

2. 医疗设备方面

（1）增建新式大楼：在原有旧大楼前增建新式的玻璃帷幕大楼，改变民众对省立南医的刻板印象。

（2）扩充医疗设备：从国外引进最新的医疗器材，积极扩充软硬件医疗设备。

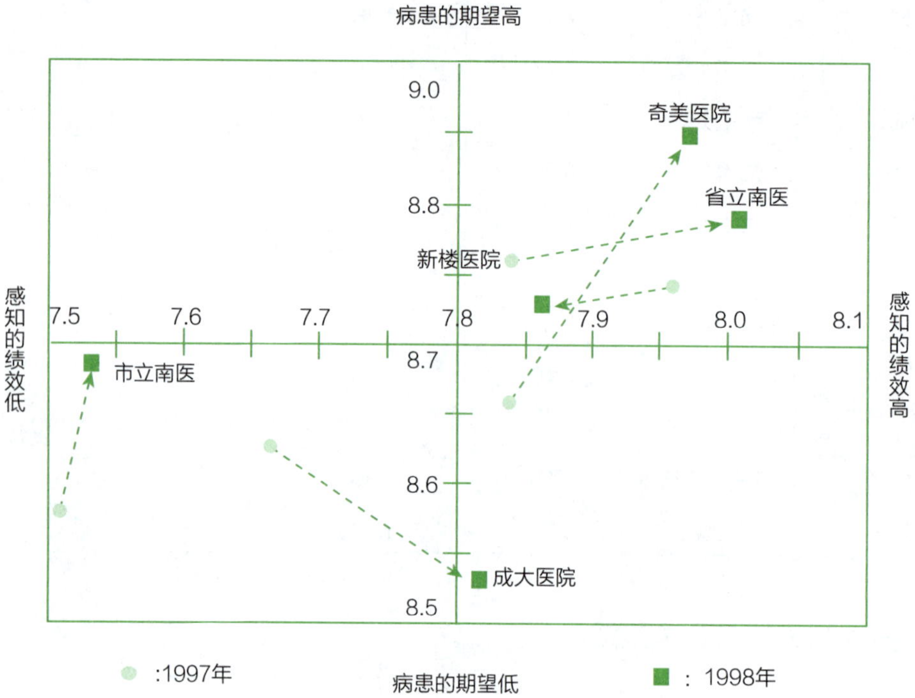

图8-4 病患满意竞争定位分析图

3. 医护人员方面

（1）进行建教合作：与成大医院及北部各大医院进行建教合作，以提升医疗研究水平。

（2）举办员工座谈：多次召开包含全体员工的座谈会，深入了解员工的心声。

（3）员工在职训练：聘请新光三越百货专家指导医护人员礼仪，改善服务态度。

4. 便利性方面

（1）提供免费停车：将原有的收费停车场改为免费停车场，以方便看诊的患者。

（2）增设夜间门诊：试办开放部分夜间门诊，提供上班族更方便的看诊时间。

（3）设立病患服务中心：在大厅设立病患服务中心，协助老年人及不识字的人办理各项手续。

（4）设置电话及座椅：在候诊室增设电话及座椅，提供更舒适的候诊环境。

5. 医疗费用方面

由于各项软硬件设备的改善，使得医疗成本略有提高，导致医疗费用满意度略有下降。图8-5为省立南医感知的绩效改善前后雷达图。

（二）竞争策略分析

为了提供医院更具体的改善建议，以病患的期望为横轴，感知的绩效为纵轴，以二者的平均值为中心点，划分为四个象限，提出一个病患满意策略分析矩阵，作为医院研究竞争策略的参考。在此分析矩阵中，位于第一象限中的项目，病患的期望较高，感知的绩效也高，属于竞争上的优势，代表资源的配置恰当，应该继续维持；位于第二象限中的项目，病患的期望较低，但是感知的绩效较高，属于不必要的优势，代表资源的配置不当，应该将有限的资源转移到第四象限，以改善竞争劣势；位于第三象限中的项目，病患的期望较低，感知的绩效也较低，属于不重要的项目，应该保持观察；位于第四象限中的项目，病患的期望较高，但是感知的绩效较低，属于竞争上的劣势，代表资源的配置不足，应该将多余的资源投入，以改善竞争劣势。

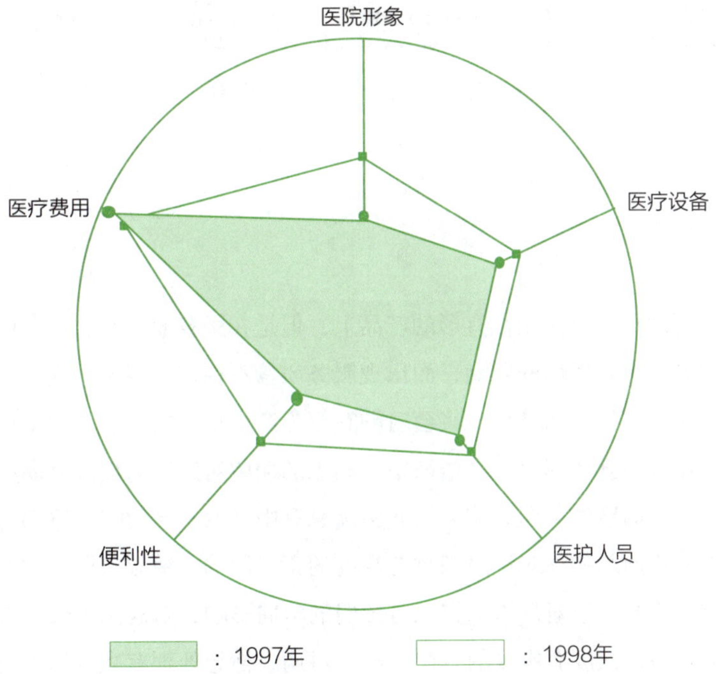

图8-5　省立南医感知的绩效改善前后雷达图

依据上述的策略分析矩阵，省立南医在（4）有清楚明确的指示标志、（5）有隐秘舒适的诊疗病房、（7）种类齐全的医疗药品、（10）医护人员具备良好的专业知识与技能、（11）医护人员看诊仔细亲切，易于沟通、（12）医护人员不会因为太忙而疏忽病患、（15）设立在交通便利的地点、（16）有简便的电话预约挂号系统、（19）收取合理的医疗费、（20）不会巧立名目收费10个项目上具有竞争优势，应该继续维持。但是，在（1）良好的医院形象、（6）有完善先进的医疗设备、（14）提供完整的医疗项目与方便的看诊时间、（17）不必花很长的时间排队等候4个项目上具有竞争劣势，应该尽速加以改善。此外，在（2）有崇高的医疗道德、（3）有温馨的医院气氛、（8）能站在病患立场，主动为病患设想、（9）医术非常高明，能够迅速对症下药、（13）挂号批价人员服务态度亲切有礼貌5 个项目上，应该保持观察（图8-6）。

病患的期望 感知的绩效	低 （<8.72）	高 （>8.72）
高 （>7.82）	不必要的优势	竞争优势 （4）（5）（7）（10） （11）（12）（15）（16） （18）（19）（20）
低 （<7.82）	不重要的项目 （2）（3）（8）（9）（13）	竞争劣势 （1）（6）（14）（17）

图8-6 病患满意策略分析矩阵

六、管理实务内涵

以往的顾客满意理论主要应用在有形的产品上，但是在服务业兴起之后，由于服务业具有无形性，很容易受到主客观环境的影响，而出现服务质量不稳定的现象，因而导致顾客的不满与抱怨，此时商家对顾客抱怨的处理，将会对顾客行为产生重大的影响。由本研究的研究结论可知，在医疗服务业病患满意因果关系模型中，病患的期望对感知的绩效有高度的正向影响，对绩效与期望的差距有高度的负向影响，对病患满意有中度的正向影响；感知的绩效对绩效与期望的差距有高度的正向影响，对病患满意有高度的正向影响；绩效与期望的差距对病患满意有中度的正向影响；病患满意对病患的抱怨有微弱的负向影响，对病患忠诚度有高度的正向影响；病患的抱怨对病患忠诚度有中度的负向影响，对病患抱怨处理有高度的正向影响；病患抱怨处理对病患忠诚度有高度的正向影响。

因此，医院应该深入了解病患的期望，定期评估医院的服务绩效，建立病患满意评价制度，以有效提升病患满意度。此外，医院应与病患建立良好的沟通管道，妥善地处理病患的抱怨，以有效化解病患的不满，降低病患流失率，并且通过病患满意度，来强化病患忠诚度。由实证研究的结果可知，影响医疗服务业病患满意的主要因素，可以归纳为医院形象、医疗设备、医护人员、便利性与医疗费用五大维度。因此，以此五大维度为基础，提出下列研究建议，供医院研究营销策略时的参考（表8-16）。

表8-16 结论建议汇总

维度	研究发现	研究建议
医护人员	由病患访谈结果可知，良好的服务态度是一家优良医院必须具备的首要条件，也是让病患感到满意的主要因素。但是，由病患满意评估维度平均数分析结果可知，医护人员是病患的期望与感知的绩效差距次大的维度。此外，由回归分析的结果可知，医护人员对病患满意度的变异解释能力最高	医院应该由传统的生产者导向观点，转变为消费者导向观点，深入去了解病患的需求，从服务业的角度来加强员工的教育训练，彻底改变员工的心态与观念，以降低病患的期望与感知的绩效之间的差距，提升病患满意度。例如：聘请百货公司专家来指导医护人员礼仪，以改善服务态度的做法，可为其他医院借鉴
医院形象	由病患满意评估维度平均数分析结果可知，医院形象是病患的期望与感知的绩效差距次小的维度。但是，由回归分析结果可知，医院形象对病患满意度有次高的变异解释能力。此外，由单因子变异数分析结果可知，不同医院的病患，在病患满意度上有显著的差异	虽然，病患满意是病患对每一次医疗服务的单一事件判断。但是，病患在累积多次的医疗经验之后，将会形成对医院的刻板印象，进而影响病患满意度。因此，医院应该采取差异化策略，强调优于其他医院的特色，建立独特的医院形象，以便和其他医院具有明显的区别
医疗设备	由病患访谈结果可知，良好的医疗设备是一家优良医院的必要条件，也是导致病患不满意的主要原因之一，却非导致病患满意的主要因素。此外，医疗设备是病患选择医院时的主要考虑因素。然而，由病患满意评估维度平均数分析结果可知，医疗设备却是病患的期望与感知的绩效差距最大的维度	医疗设备是病患满意的必要条件，而非充分条件。良好的医疗设备，只能消极地避免病患的不满，而不能积极地保证病患满意。因此，医院除了引进先进的医疗设备，以降低病患的期望与感知的绩效的差距之外，还应加强医护人员的服务态度训练，唯有在软硬件设施的相互配合下，才能充分发挥医疗设备的功效
便利性	由病患选择医院主要原因分析结果可知，地点较近是病患在选择医院时，最主要考虑的因素。但是，由病患满意评估项目平均数分析结果可知，不必花很长的时间排队等候却是所有评估项目中，病患的期望与感知的绩效差距最大的项目	大型医院大多设立于交通便利的都会区，而且拥有较丰富的医疗资源，因此经常人满为患，使得排队等候几乎成了大型医院的通病。因此，大型医院应结合周边地区的小型医疗院所，实施专业分工，形成绵密的医疗网，不但可疏解排队等候人潮，更可将医疗资源做最有效的运用与分配
医疗费用	由病患访谈结果可知，大众并不认为医疗费用是一家优良医院的必要条件。但是，医疗费用却是导致病患满意与不满意的主要原因之一。此外，由病患满意评估维度平均数分析结果可知，医疗费用是病患的期望与感知的绩效差距最小的维度	在全民医保实施之后，民众只需缴交挂号费与10%的药品费，其余完全由医保支付，医疗费用不再是民众考虑的主要因素。然而，此种制度却造成医疗资源的严重扭曲。因此，如何通过市场的价格机能，鼓励民众小病到小医院，大病才到大医院，将医疗资源作最有效的运用与分配，值得主管部门重新思考与探讨

第九章

服务业顾客满意度评估指标应用实例

问题思考

服务业的差异性那么大，能不能发展出一套全国性的顾客满意度评估指标，可以用来评价所有的行业？

问题提示

只要使用共同的评估标准，就可以发展出一套能够评价所有行业的顾客满意度评估指标。

问题解答

1992年瑞典首先建立了一套包含31项产业的瑞典顾客满意度气压计。美国也在1994年建立一套包含七大部门40项产业的美国顾客满意度指标。德国则在1994年建立一套包含31项产业的德国顾客满意度气压计。日本、新西兰等国也已经引进，欧洲共同体则将此一制度推荐给它的成员国。

一、研究背景动机

近年来世界各主要先进国家，都致力于建立顾客满意评估制度，以作为产业竞争力的评估指标。瑞典首先在1992年建立包含31项产业的瑞典顾客满意度气压计（Fornell，1992），美国也在1994年建立包含七大部门40项产业的美国顾客满意度指标，Fornell、Johnson、Anderson、Cha与Bryant（1996）美国顾客满意度报告显示，1994年美国整体产业的顾客满意度平均值为74.5，其中制造业（非耐久财）为81.6，制造业（耐久财）为79.2，零售业为75.7，运输、通讯与公用事业为75.4，金融保险业为75.4，服务业为74.4，政府公共管理部门为64.3，而整体产业的顾客满意度，则由1994年第四季的74.5，持续下降至1996 年第二季的72.4。由此可见，服务业顾客满意度普遍低于制造业而且正持续下降中，此一现象对于高度依赖顾客满意，以维系顾客忠诚度的服务业而言，无异是一大警讯。德国则在1994年建立包含31项产业的德国顾客满意度气压计（Meyer，1994）。日本、新西兰等国也开始引进，欧洲共同体（2009

年12月废止，其地位和职权由欧盟承接）则将此一制度推荐给它的成员国。由此可知，如何建立一套完善的顾客满意评估制度，并且以此作为产业竞争力的评估指标，以协助商家改善服务质量，提升顾客满意度，实为目前当务之急。

问题思考

1994年美国整体产业的顾客满意度平均值为74.5，其中政府公共管理部门为64.3，是所有产业中最低的，有没有什么方法可以解决此问题？

问题提示

因为政府公共管理部门往往缺乏顾客导向精神，才会导致顾客满意度偏低。

问题解答

在政府公共管理部门每一个服务人员的桌前，摆放一个电子顾客满意度计，每一位民众在接受服务之后，均可在电子顾客满意度计上输入满意程度，定期公布各部门的顾客满意度评分，即可有效改善服务质量，提升顾客满意度。

问题思考

服务业涵盖的范围甚广，不同服务业之间的差异性颇大，要怎样分类呢？

问题提示

Lovelock（1983）提出服务业的分类架构，以何者直接接受服务（以事为主或以人为主）、服务行为的本质（有形活动或无形活动）、服务与顾客之间的关系形态（有会员关系或无正式关系）、服务传送的本质（连续传送或间断传送）、服务属性与顾客化程度（高或低）、服务人员可自行决定的程度（高或低）、需求随着时间波动的程度（广泛或狭小）、供给受到限制的程度（高峰需求通常能配合无拖延或高峰需求通常超出产能）、服务输出的地点（单点或多点）、顾客与服务组织之间互动的本质（顾客抵达服务组织、服务组织抵达顾客或服务组织与顾客交易于咫尺之外）等不同维度，为服务业进行分类。

问题解答

有许多学者从不同的角度，提取不同服务业的特征，来为服务业进行分类。所以，读者可以自行选择适合的维度为主轴，为服务业进行分类。

由于服务业涵盖的范围非常广，不同服务业之间的差异性很大。因此，参考Lovelock（1983）对服务业的分类架构，先使用服务对象（以事为主或以人为主）与服务本质（有形活动或无形活动）二个维度，将服务业分为四大类型。然后，再使用互动与顾客化程度、服务传送方式与风险性三项产业特性，构成2×2×2种产业组合，选择百货服饰、汽车维修、商业银行、人寿保险、航空运输、医疗保健、职业教育、补习教育八种不同类型的服务业进行实证研究，以比较不同服务业之间的差异性（表9–1）。

表9–1　行业属性分类表

行业类别	服务对象	服务本质	互动与顾客化程度	服务传送方式	风险性
百货服饰业	以事为主	有形活动	高	间断交易型	低
汽车维修业	以事为主	有形活动	高	间断交易型	高
商业银行业	以事为主	无形活动	低	连续传送型	低
人寿保险业	以事为主	无形活动	高	连续传送型	高
航空运输业	以人为主	有形活动	低	间断交易型	高
医疗保健业	以人为主	有形活动	高	间断交易型	高
职业教育业	以人为主	无形活动	低	连续传送型	低
补习教育业	以人为主	无形活动	低	连续传送型	低

二、相关文献回顾

（一）顾客满意与服务质量的差异

顾客满意与服务质量的基本概念都源自期望—不一致（expectation-disconfirmation①）理论，二者之间存在相当大的重叠性。然而，由于早期的顾客满意研究主要应用在有形的产品，

① Disconfirmation：消费者在购买或使用某项产品之后，实际的产品绩效与购买前的期望二者之间不一致的程度。目前国内学者对此一名词之译法不一，有译为“不一致”（洪世全，1995）、“不确定”（张云洋，1995）、“失验”（李正贤，1995）、“不符合”（尚郁慧，1996），以及“不配合”（林阳助，1996）。

偏重顾客满意程序（前因与后果）的探讨，而忽略顾客满意结构（意义与维度）的研究，未能建立明确的操作性定义与量表（Singh & Widing，1991）。因此，在Parasuraman、Zeithamal 与Berry（1985）以期望—不一致理论为基础加以修正，提出五个缺口的服务质量评估模型，并且发展出著名的SERVQUAL 量表之后，服务质量几乎成了服务业顾客满意的代名词。

但是，由相关文献的回顾可知，顾客满意是一个比服务质量更丰富的概念，它必须同时考虑消费者获得的效益与付出的牺牲（Ostrom &Iacobucci，1995）。然而，目前大部分学者所提出的服务质量评估模型观念过于简化，往往只注意到消费者获得的效益，而忽略了消费者付出的成本（Bolton&Drew，1991；翁崇雄，1993）。因此，使用服务质量的观念来评估服务业的顾客满意度，在评估维度上并不够完整。

（二）服务业顾客满意的评估维度

由于Parasuraman 等人（1988）在发展服务质量SERVQUAL量表时，使用探索性的因素分析来简化变量，以建立主要的评估维度。但是，Carman（1990）使用相同的方法进行实证研究，却分别得到与SERVQUAL不同的评估维度。因此，探索性的因素分析基本上是数据导向的，在缺乏明确的理论架构指引下，所得到的因素维度往往缺乏一致性与稳定性，经常出现与前人研究结论不符的情形。曹国雄（1995）的研究也显示，SERVQUAL量表的五个维度，不论在期望量表、感知量表和差距分数上，聚敛效度和区别效度都不十分理想，而且维度有结合、重叠的现象。所以，SERVQUAL的五个维度假设是否成立，实在令人质疑。

目前在服务业顾客满意的研究中，大部分的研究者使用探索性因素分析来建立主要的评估维度，以致影响顾客满意的主要维度为何，学者们的研究结果并不一致，而不同研究者所使用的评估方法也各不相同。兹将服务业顾客满意相关文献汇总于表9-2中。

表9-2 服务业顾客满意相关文献汇总

作者	研究主题	评估维度	评估方法
彭骏雄（1993）	商业银行营销活动顾客满意度之研究	产品、价格、通路、推广、人员、实体设备、服务过程	直接绩效评估法
李惠珍（1993）	寿险业服务质量与顾客满意之关系	实体性、可靠性、反应性、保障性、关怀性	绩效与期望差距评估法
郑淼生（1994）	台铁台汽旅客满意因素分析之实证研究	绩效、价格、服务质量	直接绩效评估法
苏永盛（1994）	中式餐饮业顾客满意之研究	口味、服务、卫生、价格、广告、场所、商誉、环保	直接绩效评估法
蔡进德（1994）	快餐业服务质量、满意与购买倾向关系之研究	店名、绩效、价格、服务质量	直接绩效评估法
林宏长（1994）	企研所专业教育之服务满意度衡量	校园环境、行政支持、教学设施、师生关系、课程设计、能力培养、学术发展、就业服务	绩效与期望差距评估法

续表

作者	研究主题	评估维度	评估方法
吕俊民（1995）	台湾地区一般银行顾客满意来源之研究	营业环境、内部制度、服务设施、设置地点、顾客化与效率、服务态度、服务专业	直接差异评估法
张云洋（1995）	零售业顾客满意与顾客忠诚度相关性之研究	人员、商品、设备与气氛、便利性、售后服务、形象	直接绩效评估法
朱永华（1995）	医院服务感知质量与病患满意度关系之研究	环境、等待时间、费用、医疗过程、服务结果	绩效与期望差距评估法
廖锦和（1995）	国际信用卡市场顾客满意度模式之实证研究	循环信用、使用方便、权益服务、刷卡价值、信息处理、身份象征、申请手续、企业形象	直接绩效评估法
尚郁慧（1996）	台湾地区一般银行顾客满意度与忠诚度关系之研究	便利与效率、实体设备、安全、服务人员、企业形象	直接绩效评估法
华英杰（1996）	寿险业服务质量顾客满意与购买倾向之研究	实体性、可靠性、反应性、保障性、关怀性	绩效与期望差距评估法
黄承昱（1996）	大专院校学生教育满意度之研究	环境、设备、行政、教学质量、师生关系、就业服务	绩效与期望差距评估法
黄恒奖（1997）	服务质量、顾客满意与厂商竞合行为	实体性、可靠性、反应性、保障性、关怀性	绩效与期望差距评估法

（三）服务业顾客满意的评估方法

在营销文献中，服务质量与顾客满意被视为一种近似态度的概念。Cohen、Fishbein 与Ahtola（1972）以Fishbein（1963）所提出的多元属性态度评估模型为基础加以修正，提出重要性加权模型来评估人们对事物的态度：

$$A_0 = \sum_{i=1}^{n} Wi * Vi$$

A_0：消费者的态度　　n：属性的数目

Wi：消费者认为属性i的重要性　　Vi：消费者对属性i的评价

由于消费者对属性i的评价，是由购买后感知的绩效与购买前的期望相比较而得。因此，上述的公式可以修改为：

$$A_0 = \sum_{i=1}^{n} Wi * Ci = \sum_{i=1}^{n} Wi * [P_i - E_i]$$

A_0：消费者的态度　　Wi：消费者认为属性i的重要性

Ci：消费者对属性i的满意度　　n：评估属性的数目

Pi：消费者对属性i实际感知的绩效　　Ei：消费者对属性i的期望

所以，目前大部分学者所提出的服务质量与顾客满意评估模型，大多是上述公式的衍生或变形，大致可以归纳为下列三类。

（1）绩效与期望差距模型SQ (CS) = (Performance) – (Expectations)

（2）直接绩效评估模型SQ (CS) = (Performance)

（3）直接差异评估模型SQ (CS) = (Performance – Expectations)

然而，在上述三种评估模型中，何种方法的评估效果最佳，却引起学者们的激烈争论。Cronin与Taylor（1992）分别以使用与未使用重要性加权的绩效与期望差距模型与直接绩效评估模型四种方法进行实证研究，经比较信度、效度及解释能力，证实未使用重要性加权的直接绩效评估模型最佳。此外，苏云华（1996）以使用与不使用重要性加权的绩效与期望差距模型、直接绩效评估模型与直接差异评估模型六种评估方法进行实证研究，证实直接绩效评估模型不论在主要评断指标（信度、效度）或辅助评断指标（运用价值）上均优于其他二者，而未使用重要性加权者，要优于使用重要性加权者。但是，Parasuraman、Zeithamal 与Berry（1994）认为商家评估服务质量的主要目的，是要了解所提供的服务与顾客期望之间的差距，借以找出问题并且加以改善，使用绩效与期望差距评估模型将可获得更多的信息，以协助管理者改善经营绩效。

三、实证研究方法

（一）研究架构

由相关文献回顾可知，早期的顾客满意评估模型，主要应用在有形的产品上，由消费比较购买前的期望与购买后的产品绩效二者之间一致性的程度来评估顾客满意度，评估的对象分别为产品的绩效与顾客的期望，二者的评估主体并不一致。虽然，Parasuraman等人（1988）所提出的服务质量绩效与期望差距模型改善了此一缺失，但是观念过于简化，只注意到消费者获得的效益，而忽略了消费者付出的牺牲，在评估维度上并不够完整。此外，在缺乏明确的理论架构指引下，所得到的因素维度缺乏一致性与稳定性，而且五个维度有结合、重叠的现象，聚敛效度和区别效度都不十分理想。因此，整合不同学者的观点，使用顾客的期望、感知的绩效、绩效与期望的差距与顾客满意四项变量，建立服务业顾客满意评估的基本架构，以改善顾客满意评估模型评估主体不一致的缺失。

Bitner与Booms（1981）认为服务业具有无形性，不同于一般的有形产品，在产品、价格、渠道与推广4个P的营销组合中，再加入实体设备、服务人员与服务过程构成7个P的服务营销组合（图9–1）。因此，以7个P的服务营销组合作为顾客的期望、感知的绩效与绩效与期望的差距的评估指标，并且使用消费者感知的服务质量、服务价值与整体满意度，作为顾客满意的评估指针，以改善服务质量评估模型观念过于简化，评估维度不够完整，缺乏一致性与稳定性的缺失，建立服务业顾客满意评估模型。

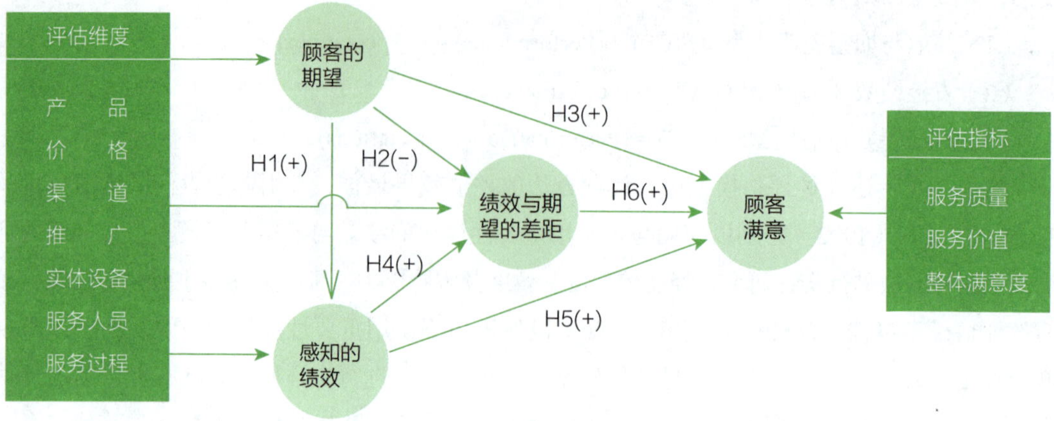

图9-1 研究架构图

（二）变量定义

1. 顾客的期望

在顾客满意文献中，顾客的期望被视为消费者对商家所将提供产品绩效的一种预测（Oliver，1980）。因此，将顾客的期望定义为：消费者在购买之前，预期商家将会提供的服务。

2. 感知的绩效

在顾客满意文献中，产品的绩效被视为一种比较的标准，消费者以此来和购买前的期望相比较（Cadotte，Woodruff & Jenkins，1987）。因此，将感知的绩效定义为：消费者在购买之后，所实际感知的商家服务绩效。

3. 绩效与期望的差距

在顾客满意文献中，产品绩效与顾客的期望二者之间不一致的程度，被视为一种主要的中介变量。当产品绩效与他的预期一致，一个人的期望将会被确认；当产品绩效比他预期的差，产生负向的不一致；当产品绩效比他预期的好（Oliver，1980），产生正向的不一致。但是，由于服务业具有无形性，商家的绩效缺乏客观的评估标准，不易评估。因此，引用Parasuraman等人（1988）的观点，将绩效与预期的差距定义为：消费者在购买之后，实际感知的商家服务绩效与购买前的期望二者之间的差距，以感知的绩效减顾客的期望来评估。

4. 顾客满意

在顾客满意文献中，顾客满意是消费者经由一次购买之后，比较所获得的质量与利益，以及所付出的成本与努力，对商家所提供产品的整体性判断（Ostrom & Iacobucci，1995）。因此，将顾客满意定义为：消费者在某次特定交易之后，比较获得的利益与付出的成本，对商家提供服务的整体性评价。

（三）研究假设

由相关文献的回顾可知，消费者在购买某项服务之前，会从以往的经验、广告或口碑与传闻，对商家所将提供的服务有所期望（Parasuraman，et al.，1985）。当消费者面对同样的产品质量时，有较高期望而且产生负向不一致的消费者，会比那些有较低期望的消费者产生较高的质量评估，顾客的期望与感知的绩效之间会成正相关（Olson & Dover，1976）。但是，如果消费者的期望愈高，绩效与期望之间的差距会愈大，顾客的期望同绩效与期望的差距之间会成负相关（Churchill & Surprenant，1982；Yi，1993）。然而，如果消费者耗费可观的心力来获得一项产品时，消费者对产品的满意程度较高，当产品不能符合顾客的期望时，将会产生期望不一致的现象，消费者对产品的满意程度较低，顾客的期望与顾客满意之间会成正相关（Oliver，1980）。

如果消费者感知的绩效越高，绩效与期望的差距会越小，感知的绩效同绩效与期望的差距之间会成正相关（Churchill &Surprenant，1982；Yi，1993 ）。如果消费者感知的绩效越高，消费者会因为期望获得确认而感到满意，感知的绩效与顾客满意之间会成正相关（Churchill&Surprenant，1982）。如果消费者感知的绩效大于购买前的期望，绩效与期望的差距为正，顾客满意度较高。反之，如果消费者感知的绩效小于购买前的期望，绩效与期望的差距为负，顾客满意度较低。因此，绩效与期望的差距同顾客满意之间会成正相关（Parasuraman，etal.，1988）。所以，建立下列研究假设：

H1：顾客的期望对感知的绩效有显著的正向影响。

H2：顾客的期望对绩效与期望的差距有显著的负向影响。

H3：顾客的期望对顾客满意有显著的正向影响。

H4：感知的绩效对绩效与期望的差距有显著的正向影响。

H5：感知的绩效对顾客满意有显著的正向影响。

H6：绩效与期望的差距对顾客满意有显著的正向影响。

（四）研究流程

问题思考

当使用访谈法进行质性研究时，如何将访谈所获得的资料予以归类？

问题提示

必须先依据相关文献，建立一个分类架构，并且对研究人员进行教育训练。

问题解答

将访谈所获得的资料，由两位具有基本分类知识的研究人员独立作业，以事先建立的分类基础予以归类。然后，再将二人归类不同的项目提出讨论，由二人重新审视第一次的分类并且加以调整，若还有无法归类的项目则由第三人加入判定，仍然无法归类的项目则予以剔除。

首先，由顾客满意与服务质量相关文献的回顾，找出其他学者类似研究所曾使用过的评估维度与项目以供参考；其次，拜访商家实地了解作业概况，并与高阶主管进行访谈，请其提供现有的顾客满意度调查问卷以供参考；最后，由访员使用开放式问卷，每个行业访问100位顾客，调查消费者认为一家优良的商家应该具备的条件，以及在与商家服务接触的过程中，让他感到满意或不满意的事件。接着，将文献回顾、商家访谈与顾客访谈所获得的资料，由两位具有营销及基本分类知识的研究人员独立作业，以Bitner 与Booms（1981）所提出的7个P 的服务营销组合为基础予以归类。然后，再将二人归类不同的项目提出讨论，由二人重新审视第一次的分类并且加以调整，若还有无法归类的项目则由第三人加入判定，仍然无法归类的项目则予以剔除。最后，进行评估项目与整体满意度的相关分析，将相关性较低的项目予以删除，使每个行业在七个评估维度中，均包含三个性质相近的评估项目，以降低每个评估维度内含不同评估项目所可能产生的误差。

经由上述的分类过程，将影响服务业顾客满意的相关因素，归纳为与商家所提供服务有关的服务内容，与货币性价格有关的价格，与服务通路有关的便利性，与沟通推广有关的企业形象，与实体设备有关的服务设备，与服务人员专业知识能力有关的服务人员，以及与服务接触过程有关的服务过程，总共七个维度21个问项。

（五）问卷设计

虽然，目前在顾客满意的相关研究上，大部分的学者皆使用5点或7点的评价尺度来发展问卷。但是，Fornell（1992）指出顾客满意研究受到概念指标具有高度偏态的影响，建议1. 将评估尺度予以扩大（例如：由5点或7点尺度扩大为10点）；2. 使用多重评估指标（以便达成更精确的评估）来解决此一问题。所以，使用10点评价尺度来发展结构式问卷，以降低偏态分配所可能产生的影响。问卷内容依所需数据的性质，分为下列三大部分。

1. 顾客的期望与感知的绩效

使用10点评价尺度（1：非常不同意，10：非常同意），以服务内容、价格、便利性、企业形象、服务设备、服务人员与服务过程七个维度21个问项，采用两者并列的方式，调查消费者在购买之前预期商家将会提供的服务，以及在购买之后实际感知的商家服务绩效。

2. 整体评估

使用10点评价尺度（1：非常不同意，10：非常同意），以消费者感知的服务质量、服务价值与整体满意度三个问项，调查消费者对商家所提供服务的整体性评价，使用再度购买倾向、推荐介绍意愿与价格容忍度三个问项，调查消费者的购买后行为。

3. 基本数据

使用名目尺度，以性别、年龄、职业、受教育程度、家庭月收入五个问项，调查消费者的基本人口统计资料。

（六）抽样方法

使用立意抽样法，选择大台南地区具有代表性的商家进行实证研究。在百货服饰业中，选择新光三越、远东、东帝士等三家大型的百货公司；在汽车维修业中，选择中日合作的裕隆，美国车系的福特，日本车系的丰田、三菱与马自达，欧洲车系的BMW六家汽车公司的维修厂；在商业银行业中，选择公营旧银行的合作金库，民营旧银行的台南中小企银，民营新银行的华信银行三家商业银行；在人寿保险业中，选择台湾地区最具规模的国泰人寿与新光人寿，中外合资的南山人寿，外商最具规模的安泰人寿，以及新成立的三商人寿五家人寿保险公司；在航空运输业中，选择中华、远东、复兴、国华、大华、瑞联六家飞航国内航线的航空公司；在医疗保健业中，选择医学中心级的成大医院，区域医院级的奇美医院与新楼医院，地区医院级的省立台南医院与市立台南医院五家大型医院；在职业教育业中，选择南台、昆山、嘉药三所第一批由专科学校改制的私立技术学院；在补习教育业中，选择大硕、大功、北一与大立四家插大二技补习班。

由于本研究使用线性结构关系模型（LISREL）作为主要的分析工具，Bagozzi与Yi（1988）认为在使用LISREL 进行分析时，样本数最少须超过50，最好达到估计参数的5倍以上。Hair、Anderson、Tatham与Black（1995）认为当以最大概似法进行参数估计时，样本数大于100以上是最起码的要求，因为样本数太少可能导致不能收敛或得到不当的解。但是，样本数如果太大（超过400），则最大概似法会变得太敏感，以至于所有的适合度指标都变得很差。所以，在使用LISREL 进行分析时，样本大小以200～400最为恰当。因此，综合上述学者的观点，决定在每个行业中抽取300个样本，以符合LISREL对样本大小需求。

（七）问卷调查

在正式问卷调查之前，先对访员进行教育训练与试访，以确认访员能胜任此项工作。然后，将问卷调查的时间安排在商家一周中的各个营业时段，以降低抽样所可能产生的误差。最后，将每个行业300份问卷，平均分配到选定的商家中，由访员使用便利抽样法，在商家的营业场所进行问卷调查并且当场回收，总共发出2400份问卷，扣除填答不完整的问卷后，实际回收有效问卷2169份，有效问卷回收率90.4%，问卷回收情况如表9–3所示。

表9-3 问卷调查统计

行业类别	问卷发出份数	有效回收份数	有效问卷回收率
百货服饰业	300	282	94.0%
汽车维修业	300	288	96.0%
商业银行业	300	291	97.0%
人寿保险业	300	254	84.7%
航空运输业	300	260	86.7%
医疗保健业	300	293	97.7%
职业教育业	300	247	82.3%
补习教育业	300	254	84.7%
合计	2400	2169	90.4%

四、数据处理分析

（一）顾客满意评估项目平均数分析

在个别评估项目中，除了商业银行业的第3、10、11、12、19项，消费者感知的绩效高于顾客的期望，绩效与期望的差距为正之外，其余项目消费者感知的绩效均低于顾客的期望，绩效与期望的差距为负。在整体评估项目中，消费者对于服务质量、服务价值与整体满意度的评价，以及再度购买倾向、推荐介绍意愿与价格容忍度，会因行业的不同而有所差异（表9-4、表9-5）。

表9-4 顾客满意评估项目平均数分析

1. 百货服饰业

评估维度	评估项目	顾客的期望		感知的绩效		绩效与期望的差距	
		平均数	标准偏差	平均数	标准偏差	平均数	标准偏差
服务内容	1. 提供种类齐全的各式商品	8.17	1.58	7.02	1.91	-1.15	1.65
	2. 提供丰富的流行生活信息	8.06	1.58	6.96	1.97	-1.09	1.80
	3. 提供完善的商品售后服务	8.32	1.48	7.07	1.94	-1.24	1.79
价格	4. 商品定价公道合理	7.91	1.79	6.69	1.85	-1.22	1.87
	5. 提供各项折扣优惠	8.07	1.65	6.62	1.89	-1.44	1.87
	6. 经常举办促销活动	8.19	1.63	7.38	1.88	-0.82	1.80
便利性	7. 设在便利的地点	8.49	1.54	7.58	1.82	-0.91	1.60
	8. 提供便利的停车场所	8.59	1.54	7.13	2.10	-1.45	2.02
	9. 结账迅速不必久候	8.41	1.46	4.21	1.94	-1.21	1.78

续表

评估维度	评估项目	顾客的期望		感知的绩效		绩效与期望的差距	
		平均数	标准偏差	平均数	标准偏差	平均数	标准偏差
企业形象	10. 全省联营，知名度高	7.78	1.87	6.93	1.91	-0.85	2.03
	11. 信誉保证，形象良好	7.91	1.75	6.62	1.86	-1.28	1.79
	12. 顾客至上，服务周到	8.38	1.55	7.00	1.96	-1.38	1.71
服务设备	13. 建筑新颖，外观醒目	8.01	1.69	6.99	2.11	-1.02	2.10
	14. 装潢亮丽，气氛高雅	8.17	1.53	6.91	2.18	-1.25	2.01
	15. 卖场宽阔，环境整洁	8.17	1.53	6.94	2.10	-1.23	1.90
服务人员	16. 具备充分的商品知识	8.03	1.65	6.78	2.01	-1.24	1.71
	17. 仪容整洁，制服高雅	8.36	1.46	7.12	2.04	-1.24	1.85
	18. 受过良好的专业训练	8.05	1.58	6.99	1.89	-1.06	1.84
服务过程	19. 服务态度亲切有礼貌	8.39	1.52	7.14	2.09	-1.24	1.88
	20. 不会紧迫盯人造成压力	8.49	1.51	6.99	2.09	-1.51	1.95
	21. 处理顾客问题态度良好	8.36	1.54	7.05	1.93	-1.31	2.04

2. 汽车维修业

评估维度	评估项目	顾客的期望		感知的绩效		绩效与期望的差距	
		平均数	标准偏差	平均数	标准偏差	平均数	标准偏差
服务内容	1. 提供完善的维修服务	8.65	1.60	8.06	1.82	-0.60	2.01
	2. 供应充足的维修零件	8.78	1.29	8.19	1.62	-0.59	1.55
	3. 详列维修项目与内容	8.79	1.31	8.27	1.71	-0.53	1.57
价格	4. 收取合理的维修费用	8.46	1.70	7.82	1.87	-0.65	1.84
	5. 收取合理的零件费用	8.45	1.72	7.77	1.88	-0.68	1.80
	6. 在保修期内免费维修	8.60	1.60	8.28	1.70	-0.33	1.68
便利性	7. 设在便利的地点	8.64	1.48	8.26	1.61	-0.38	1.50
	8. 提供方便的维修时间	8.64	1.39	8.10	1.61	-0.53	1.48
	9. 不会太忙而让顾客久候	8.54	1.39	7.88	1.83	-0.65	1.81
企业形象	10. 原厂维修，较有保障	8.58	1.42	7.97	1.58	-0.61	1.54
	11. 正厂零件，质量良好	8.54	1.45	7.89	1.68	-0.64	1.64
	12. 诚实不欺，信用可靠	8.64	1.39	8.16	1.65	-0.48	1.53
服务设备	13. 有整洁宽敞的维修厂房	8.63	1.37	8.09	1.61	-0.54	1.68
	14. 有齐全先进的维修设备	8.70	1.36	8.03	1.67	-0.68	1.71
	15. 有舒适的等候休息室	8.60	1.46	7.97	1.95	-0.63	2.01
服务人员	16. 具备良好的专业知识	8.67	1.47	8.18	1.60	-0.49	1.65
	17. 仪容整洁，制服干净	8.68	1.44	8.38	1.55	-0.30	1.64
	18. 熟悉每款车的特性	8.58	1.48	8.10	1.60	-0.48	1.70
服务过程	19. 服务态度亲切有礼貌	8.60	1.46	8.30	1.61	-0.30	1.61
	20. 迅速找到毛病一次修好	8.54	1.55	7.70	1.99	-0.83	2.10
	21. 换零件会事先征求同意	8.80	1.50	8.51	1.56	-0.30	1.55

3. 商业银行业

评估维度	评估项目	顾客的期望		感知的绩效		绩效与期望的差距	
		平均数	标准偏差	平均数	标准偏差	平均数	标准偏差
服务内容	1. 提供充分的投资理财信息	7.30	1.94	7.05	2.21	- 0.24	2.19
	2. 提供良好的资金融通服务	7.55	1.83	7.35	2.10	- 0.19	2.00
	3. 提供正确详细的往来账目	8.06	1.71	8.07	1.96	0.02	1.99
价格	4. 提供优惠的存款利率	7.81	1.90	7.62	2.11	- 0.20	1.80
	5. 提供优惠的贷款利率	7.56	1.96	7.11	2.12	- 0.46	1.83
	6. 收取合理的服务手续费	7.83	1.92	7.56	2.06	- 0.27	1.63
便利性	7. 设在便利的地点	7.96	1.97	7.77	2.25	- 0.19	1.85
	8. 分行数目多，遍布各地	7.41	2.03	7.00	2.40	- 0.42	2.26
	9. 各项行政作业手续简便	7.85	1.91	7.74	2.18	- 0.11	2.28
企业形象	10. 历史悠久，知名度高	7.31	2.06	7.42	2.00	0.11	1.94
	11. 经营稳健，形象良好	7.92	1.77	8.00	1.90	0.08	1.83
	12. 存款保险，信用可靠	8.29	1.64	8.45	1.70	0.15	1.84
服务设备	13. 营业柜台设计舒适宜人	7.08	1.86	6.98	1.99	- 0.19	1.88
	14. 自动柜员机量多功能全	7.41	2.00	6.98	2.36	- 0.45	2.20
	15. 设有警卫与保全系统	7.72	1.78	7.49	2.15	- 0.22	2.04
服务人员	16. 具备良好的专业知识	7.93	1.80	7.77	2.09	- 0.16	1.99
	17. 仪容整洁，制服高雅	7.87	1.89	7.86	2.11	- 0.01	2.12
	18. 工作态度积极敬业	7.85	1.93	7.76	2.22	- 0.09	2.27
服务过程	19. 服务态度亲切有礼貌	7.87	1.86	7.88	2.04	0.01	2.09
	20. 不会太忙而让顾客久候	7.45	1.83	7.24	2.15	- 0.21	2.00
	21. 不会对顾客差别对待	7.77	1.75	7.64	2.03	- 0.11	1.99

4. 人寿保险业

评估维度	评估项目	顾客的期望		感知的绩效		绩效与期望的差距	
		平均数	标准偏差	平均数	标准偏差	平均数	标准偏差
服务内容	1. 提供充分保险信息	7.69	1.84	6.64	2.02	- 1.08	2.11
	2. 提供高度风险保障	7.80	1.75	6.58	1.96	- 1.22	2.13
	3. 会依客户需求规划保单	7.83	1.81	6.76	1.97	- 1.07	2.11
价格	4. 收取合理的保险费用	7.88	1.73	6.85	2.00	- 1.03	1.86
	5. 给予保费优惠与折扣	7.55	1.93	6.36	2.13	- 1.19	2.11
	6. 提供保户红利回馈顾客	7.54	2.02	6.21	2.38	- 1.32	2.36
便利性	7. 设立在便利的地点	7.66	1.96	7.07	2.03	- 0.59	1.77
	8. 行政作业手续简便	7.93	1.75	7.04	1.98	- 0.90	2.01
	9. 缴费方式简便具弹性	7.57	2.01	6.44	2.27	- 1.12	2.26
企业形象	10. 历史悠久，知名度高	7.39	2.09	7.17	1.95	- 0.22	1.92
	11. 经营稳健，形象良好	8.08	1.70	7.36	1.83	- 0.72	1.79
	12. 财力雄厚，信用可靠	7.63	1.75	6.80	1.99	- 0.85	1.81

续表

评估维度	评估项目	顾客的期望		感知的绩效		绩效与期望的差距	
		平均数	标准偏差	平均数	标准偏差	平均数	标准偏差
服务设备	13．有完善先进的计算机设备	7.68	1.87	6.96	2.09	-0.72	1.97
	14．设有保户服务专线电话	7.87	1.77	7.05	1.99	-0.82	1.94
	15．定期寄赠保险信息期刊	7.39	1.96	6.94	2.00	-0.44	2.15
服务人员	16．具备良好的专业知识	8.09	1.73	7.06	2.13	-1.03	1.99
	17．仪容整洁，制服高雅	7.86	1.74	7.06	1.98	-0.80	1.91
	18．品德言行，值得信赖	8.04	1.79	6.97	2.10	-1.06	2.16
服务过程	19．服务态度亲切有礼貌	8.15	1.70	7.43	1.96	-0.72	1.82
	20．不会采取强迫推销方式	7.94	1.83	6.86	2.05	-1.06	2.01
	21．会主动与保户密切联系	8.16	1.72	7.00	2.27	-1.16	2.24

5．航空运输业

评估维度	评估项目	顾客的期望		感知的绩效		绩效与期望的差距	
		平均数	标准偏差	平均数	标准偏差	平均数	标准偏差
服务内容	1．提供密集便利的航班服务	7.78	1.65	6.96	1.85	-0.83	1.74
	2．班机准点率高，不会延误	7.88	1.60	6.78	1.74	-1.10	1.74
	3．机上提供精美餐饮与点心	7.47	1.66	6.47	1.85	-1.00	1.90
价格	4．机票价格合理	7.73	1.69	6.63	2.02	-1.10	1.91
	5．提供票价折扣	7.27	1.70	6.37	1.92	-0.90	1.94
	6．订有会员优惠办法	7.35	1.73	6.31	1.90	-1.04	1.96
便利性	7．航班密集，时间适宜	7.84	1.62	6.75	1.77	-1.10	1.70
	8．购票及订位手续简便	7.83	1.52	6.86	1.85	-0.98	1.72
	9．候机等候时间不会很长	7.80	1.58	6.65	1.83	-1.15	1.77
企业形象	10．以客为尊，形象良好	7.92	1.50	6.96	1.82	-0.96	1.83
	11．飞行良好，安全可靠	8.13	1.74	6.90	1.90	-1.22	1.97
	12．失事理赔，金额较高	7.90	1.64	6.86	1.86	-1.05	1.93
服务设备	13．飞机机龄新，状况良好	7.57	1.73	6.59	1.84	-0.98	1.95
	14．机舱宽敞舒适，环境整洁	7.78	1.52	6.66	1.81	-1.13	1.89
	15．提供书报杂志娱乐设施	7.65	1.46	6.71	1.64	-0.94	1.73
服务人员	16．具备良好的专业知识	8.10	1.41	7.03	1.62	-1.07	1.57
	17．仪容整洁，制服高雅	7.95	1.38	6.96	1.69	-1.02	1.65
	18．训练有素应变能力强	8.04	1.53	7.04	1.77	-1.00	1.61
服务过程	19．服务态度亲切有礼貌	8.01	1.41	7.13	1.66	-0.88	1.54
	20．处理旅客问题态度良好	7.85	1.44	6.98	1.79	-0.87	1.79
	21．提供乘客个人化的服务	8.03	1.41	7.01	1.80	-1.02	1.90

6．医疗保健业

评估维度	评估项目	顾客的期望		感知的绩效		绩效与期望的差距	
		平均数	标准偏差	平均数	标准偏差	平均数	标准偏差
服务内容	1．医疗项目齐全看诊科别多	8.11	1.65	7.67	1.84	-0.43	1.80
	2．有足够的医生可供选择	8.45	1.57	8.32	1.78	-0.13	1.55
	3．能迅速找出病因对症下药	8.13	1.59	7.52	1.82	-0.68	1.93
价格	4．收取合理的挂号费	8.57	1.54	8.22	1.98	-0.35	1.56
	5．收取合理的诊疗费	8.64	1.50	8.36	1.98	-0.28	1.56
	6．不会巧立名目收费	8.32	1.55	8.15	1.85	-0.17	1.64
便利性	7．设在便利的地点	8.19	1.78	7.93	2.14	-0.25	1.60
	8．各项行政作业手续简便	8.60	1.55	8.22	2.04	-0.39	1.69
	9．不必花很长时间排队等候	7.90	1.95	7.00	2.38	-0.89	2.25
企业形象	10．有良好的医院形象	8.11	1.60	7.71	1.71	-0.40	1.75
	11．有崇高的医疗道德	8.07	1.55	7.72	1.73	-0.37	1.71
	12．有温馨的医院气氛	7.86	1.72	7.47	1.93	-0.43	1.88
服务设备	13．有隐秘舒适的诊疗病房	8.13	1.66	7.42	2.00	-0.71	1.86
	14．有完善先进的医疗设备	8.30	1.55	7.84	1.87	-0.46	1.55
	15．有种类齐全的医疗药品	8.45	1.45	7.98	1.73	-0.48	1.53
服务人员	16．具备良好的专业知识	8.41	1.47	8.16	1.63	-0.24	1.56
	17．受过良好的专业训练	8.10	1.58	7.62	1.96	-0.47	1.99
	18．动作熟练，技术纯熟	8.14	1.56	7.58	1.73	-0.57	1.69
服务过程	19．服务态度亲切有礼貌	7.96	1.81	7.28	2.21	-0.68	2.07
	20．看诊仔细，易于沟通	8.31	1.50	8.08	1.80	-0.24	1.88
	21．重视病患的个别需求	8.08	1.64	7.60	1.87	-0.51	1.74

7．职业教育业

评估维度	评估项目	顾客的期望		感知的绩效		绩效与期望的差距	
		平均数	标准偏差	平均数	标准偏差	平均数	标准偏差
服务内容	1．提供良好的学习环境	7.32	1.80	5.43	2.10	-1.89	2.32
	2．培养升学就业所需知识能力	7.44	1.72	5.70	2.11	-1.74	2.24
	3．提供参与学术研究机会	7.26	1.89	5.32	2.12	-1.94	2.39
价格	4．收取合理的学费	6.73	2.24	4.25	2.34	-2.46	2.52
	5．提供学杂费减免	6.88	2.15	4.76	2.31	-2.11	2.62
	6．提供各项奖助学金	6.95	1.88	5.50	2.24	-1.45	2.39
便利性	7．设在便利的地点	7.02	2.03	5.85	2.31	-1.16	2.14
	8．提供便利的膳宿服务	7.17	1.95	5.55	2.31	-1.59	2.48
	9．提供多样的课程选择	7.33	2.10	4.57	2.39	-2.74	2.91
企业形象	10．有崇高教育目标与理念	7.31	1.82	5.79	2.05	-1.53	2.15
	11．有优良校风与读书风气	6.93	1.89	5.36	2.00	-1.57	2.15
	12．有良好联招分数排名	6.26	2.16	5.50	2.11	-0.75	2.14

续表

评估维度	评估项目	顾客的期望		感知的绩效		绩效与期望的差距	
		平均数	标准偏差	平均数	标准偏差	平均数	标准偏差
服务设备	13. 有优美校园景观与环境	7.09	1.87	5.78	2.06	- 1.31	2.15
	14. 有完善教室与教学设施	7.20	1.87	5.61	2.26	- 1.59	2.49
	15. 有丰富图书资源与馆藏	7.50	1.91	5.02	2.42	- 2.46	2.73
服务人员	16. 教师具有名校的高学历	7.26	1.94	5.39	2.30	- 1.85	2.56
	17. 教师有良好的教学经验	7.04	2.00	5.39	2.34	- 1.65	2.40
	18. 教师有丰富的实务经验	7.01	1.88	5.54	2.09	- 1.47	2.17
服务过程	19. 行政人员服务态度亲切	7.07	1.84	4.79	2.32	- 2.27	2.51
	20. 教师认真学习效果佳	7.37	1.86	6.42	2.10	- 0.96	2.06
	21. 教师与学生间互动良好	6.82	1.94	5.92	2.17	- 0.87	2.20

8. 补习教育业

评估维度	评估项目	顾客的期望		感知的绩效		绩效与期望的差距	
		平均数	标准偏差	平均数	标准偏差	平均数	标准偏差
服务内容	1. 提供充分的考情信息	7.72	1.86	7.06	2.12	- 0.67	1.70
	2. 提供内容丰富的讲义	7.74	1.81	7.14	2.11	- 0.62	1.83
	3. 提供相关的课业辅导	7.12	2.07	6.15	2.28	- 0.96	2.18
价格	4. 收取合理的学费	7.20	2.13	5.93	2.40	- 1.27	2.30
	5. 提供各项折扣优惠	6.94	2.23	5.74	2.37	- 1.20	2.12
	6. 提供各项奖助学金	6.34	2.56	5.13	2.73	- 1.21	2.57
便利性	7. 设在便利的地点	7.21	2.20	6.31	2.40	- 0.90	2.18
	8. 有便利的机车停车场	6.46	2.70	4. 69	2.59	- 1.76	2.68
	9. 多种课程规划供选择	6.66	2.31	5.52	2.38	- 1.14	2.14
企业形象	10. 政府立案，合法经营	6.90	2.14	6.40	2.06	- 0.50	1.71
	11. 全省联营，知名度高	6.08	2.05	5.68	2.00	- 0.42	1.57
	12. 有优异的考试录取率	6.92	1.92	6.36	1.94	- 0.55	1.61
服务设备	13. 各项教学设备完善舒适	7.28	2.07	6.49	2.25	- 0.80	1.96
	14. 逃生设备完善安全无虞	7.20	2.19	6.40	2.43	- 0.82	1.96
	15. 设有自习室供学生自习	6.44	2.68	5.04	2.92	- 1.39	2.57
服务人员	16. 教师知名度高经验丰富	7.62	1.90	7.33	1.95	- 0.29	1.68
	17. 仪容整洁，制服高雅	7.32	1.95	6.09	2.43	- 1.23	2.42
	18. 班主任负责尽职	7.11	2.10	6.14	2.32	- 0.98	2.08
服务过程	19. 教师认真，学习效果佳	7.56	1.98	7.15	2.24	- 0.41	1.75
	20. 行政人员态度亲切有礼	7.27	2.03	6.01	2.54	- 1.26	2.55
	21. 重视学生的个性需求	6.79	2.16	5.59	2.28	- 1.20	2.03

表9-5 整体评估项目平均数分析

行业类别	服务质量		服务价值		整体满意度		再度购买倾向		推荐介绍意愿		价格容忍度	
	平均数	标准偏差	平均数	标准偏差	平均数	标准偏差	平均数	标准偏差	平均数	标准偏差	平均数	标准偏差
百货服饰	7.08	1.91	6.67	2.02	6.98	2.06	7.32	2.16	6.47	2.45	3.93	2.90
汽车维修	7.89	1.70	7.74	1.72	7.98	1.62	8.17	1.78	7.65	2.21	7.57	2.25
商业银行	7.08	2.17	7.08	2.02	7.43	2.12	8.04	1.97	6.84	2.64	5.80	3.00
人寿保险	6.66	1.99	6.44	1.94	6.70	1.98	6.31	2.34	5.82	2.59	5.63	2.61
航空运输	6.45	1.78	6.38	1.76	6.44	1.81	6.44	1.94	6.05	2.03	5.59	2.22
医疗保健	7.38	1.86	7.34	1.97	7.55	2.00	7.74	2.17	7.36	2.32	7.10	2.38
职业教育	4.60	2.27	4.57	2.41	5.15	1.92	4.27	2.57	4.85	2.45	4.26	2.68
补习教育	6.00	2.06	6.19	2.20	6.22	2.09	6.74	2.05	5.78	2.43	6.31	2.71

（二）顾客满意评估维度信度分析

使用SPSS统计软件进行信度分析，以Cronbach's α来检测问卷的信度。在个别评估项目中，七个顾客满意评估维度的Cronbach's α值介于0.60～0.96，21个评估项目的整体信度介于0.92～0.97（表9-6）。在整体评估项目中，消费者感知的服务质量、服务价值与整体满意度三个顾客满意评估指标的Cronbach's α值介于0.84～0.91（表9-7）。由此可知，本研究所建立的服务业顾客满意度量表，具有相当高的信度。

表9-6 顾客满意个别评估项目信度分析（Cronbach's α系数）

行业类别 \ 顾客的期望	服务内容	价格	便利性	企业形象	服务设备	服务人员	服务过程	整体信度
百货服饰业	0.85	0.83	0.89	0.78	0.88	0.83	0.85	0.96
汽车维修业	0.81	0.92	0.92	0.91	0.92	0.92	0.87	0.97
商业银行业	0.88	0.93	0.80	0.86	0.85	0.96	0.85	0.97
人寿保险业	0.91	0.90	0.83	0.78	0.89	0.90	0.89	0.97
航空运输业	0.74	0.88	0.86	0.81	0.77	0.90	0.82	0.96
医疗保健业	0.85	0.87	0.81	0.88	0.92	0.88	0.84	0.97
职业教育业	0.93	0.82	0.88	0.81	0.90	0.86	0.90	0.97
补习教育业	0.87	0.86	0.78	0.78	0.79	0.76	0.81	0.95

行业类别 \ 感知的绩效	服务内容	价格	便利性	企业形象	服务设备	服务人员	服务过程	整体信度
百货服饰业	0.90	0.82	0.81	0.87	0.94	0.89	0.85	0.97
汽车维修业	0.82	0.89	0.84	0.91	0.90	0.89	0.79	0.97
商业银行业	0.87	0.91	0.64	0.83	0.82	0.95	0.81	0.96
人寿保险业	0.92	0.86	0.80	0.80	0.90	0.87	0.84	0.96
航空运输业	0.73	0.87	0.86	0.83	0.83	0.89	0.83	0.96
医疗保健业	0.77	0.84	0.74	0.89	0.89	0.87	0.80	0.96
职业教育业	0.90	0.79	0.77	0.83	0.82	0.83	0.77	0.95
补习教育业	0.84	0.83	0.68	0.83	0.75	0.73	0.69	0.94

行业类别 \ 绩效与期望的差距	服务内容	价格	便利性	企业形象	服务设备	服务人员	服务过程	整体信度
百货服饰业	0.87	0.82	0.75	0.80	0.90	0.79	0.75	0.95
汽车维修业	0.75	0.84	0.79	0.83	0.89	0.90	0.75	0.96
商业银行业	0.90	0.91	0.70	0.83	0.81	0.94	0.81	0.96
人寿保险业	0.92	0.86	0.79	0.74	0.87	0.84	0.83	0.96
航空运输业	0.75	0.89	0.85	0.82	0.77	0.87	0.82	0.96
医疗保健业	0.73	0.79	0.71	0.89	0.88	0.85	0.82	0.96
职业教育业	0.89	0.78	0.73	0.78	0.82	0.81	0.73	0.95
补习教育业	0.69	0.85	0.71	0.77	0.71	0.60	0.62	0.92

表9-7 顾客满意整体评估维度信度分析

行业类别	评估项目	总分与项目分数之相关	Cronbach Alpha
百货服饰业	您认为这家百货公司提供高质量的服务	0.73	0.89
	这家百货公司所提供的服务与价格相比较非常值得	0.78	
	您对这家百货公司所提供的服务感到满意	0.82	
汽车维修业	您认为这家汽车维修厂提供高质量的服务	0.73	0.87
	这家汽车维修厂所提供的服务与价格相比较非常值得	0.74	
	您对这家汽车维修厂所提供的服务感到满意	0.75	
商业银行业	您认为这家银行提供高质量的服务	0.81	0.91
	这家银行所提供的服务与收费相比较非常值得	0.79	
	您对这家银行所提供的服务感到满意	0.84	
人寿保险业	您认为这家保险公司提供高质量的服务	0.79	0.90
	这家保险公司所提供的服务与价格相比较非常值得	0.81	
	您对这家保险公司所提供的服务感到满意	0.81	

续表

行业类别	评估项目	总分与项目分数之相关	Cronbach Alpha
航空运输业	您认为这家航空公司提供高质量的服务 这家航空公司所提供的服务与价格相比较非常值得 您对这家航空公司所提供的服务感到满意	0.78 0.78 0.76	0.88
医疗保健业	您认为这家医院提供高质量的服务 这家医院所提供的服务与收费相比较非常值得 您对这家医院所提供的服务感到满意	0.80 0.78 0.86	0.90
职业教育业	您认为这家技术学院提供高质量的服务 这家技术学院所提供的服务与学费相比较非常值得 您对这家技术学院所提供的服务感到满意	0.68 0.69 0.77	0.84
补习教育业	您认为这家补习班提供高质量的服务 这家补习班所提供的服务与学费相比较非常值得 您对这家补习班所提供的服务感到满意	0.75 0.76 0.80	0.88

（三）顾客满意评估维度效度分析

由于本研究所建立的服务业顾客满意度问卷，是以顾客满意理论为基础，经由顾客访谈，并且参考以往学者类似研究所使用的问卷加以修订，具备相当的内容效度。此外，Kerlinger（1985）建议可使用总分和项目分数的相关与因素分析，来验证问卷的建构效度。因此，分别进行顾客满意评估项目与整体满意度的相关分析，以及探索性与验证性的因素分析，以检测问卷的建构效度。

1. 顾客满意评估项目与整体满意度相关分析

使用SPSS统计软件进行顾客满意评估项目与整体满意度相关分析，发现除了在顾客的期望中，商业银行业第10项，航空运输业第1～7、9、12、13、15、20、21项，职业教育业第6、15项，未达0.10的显著水平之外；在绩效与期望的差距中，百货服饰业第8项，补习教育业第11项，未达0.10的显著水平之外，其余顾客满意评估项目与整体满意度之间，均有极为显著的正相关。其中，以感知的绩效与整体满意度之间的相关性最高，绩效与期望的差距次之，顾客的期望较低。

2. 顾客满意评估维度探索性因素分析

虽然，目前在顾客满意的相关研究上，大部分的研究者使用探索性的因素分析来建立主要的评估维度。但是，Carman（1990）指出探索性因素分析基本上是数据导向的，在缺乏明确的理论架构指引下，所得到的因素维度往往缺乏一致性与稳定性，经常出现与前人研究结论不符的情形。因此，本研究使用变异数最大法，以直交转轴进行探索性因素分析，选取特征值大于1的因素维度，以验证此说法是否成立。由顾客满意评估维度探索性因素分析表（表9-8）可知，八个行业在顾客的期望、感知的绩效、绩效与期望的差距中，分别得到不同的评估维度，而且每个因素维度内所包含的评估项目也各不相同，无法建立稳定的评估维度。

表9-8　顾客满意评估维度探索性因素分析表

行业类别	顾客的期望	感知的绩效	绩效与期望的差距
百货服饰业	四个维度	二个维度	四个维度
汽车维修业	二个维度	二个维度	三个维度
商业银行业	四个维度	四个维度	四个维度
人寿保险业	三个维度	四个维度	三个维度
航空运输业	二个维度	二个维度	二个维度
医疗保健业	二个维度	二个维度	二个维度
职业教育业	二个维度	三个维度	三个维度
补习教育业	四个维度	三个维度	五个维度

（四）顾客满意评估维度验证性因素分析

由于使用探索性的因素分析，无法建立稳定的顾客满意评估维度。因此，使用LISREL统计软件，进行二阶验证性因素分析，其线性结构关系模型为：$\eta=\Gamma\xi+\zeta$，$Y=\Lambda y\eta+\varepsilon$。其中，$\eta_1\sim\eta_7$代表七个顾客满意评估维度的潜在变项（第一阶因素），ξ代表顾客满意的潜在变项（第二阶因素），ξ本身无观察指标，以η为其衡量变项，ζi代表ηi的评估误差，$y_1\sim y_{21}$代表潜在变项$\eta_1\sim\eta_7$的观察指标，γij代表η的因素负荷量，λij代表$y_1\sim y_{21}$的因素负荷量，$\varepsilon_1\sim\varepsilon_{21}$代表$y_1\sim y_{21}$的评估误差（图9-2）。

由验证性因素分析比较表（表9-9）可知，顾客的期望模型配适度介于0.61～0.75，感知的绩效模型配适度介于0.63～0.76，绩效与期望的差距模型配适度介于0.66～0.77，模型配适情形尚佳。然而，在七个顾客满意评估维度中，以服务内容、价格、便利性、企业形象与服务设备的因素负荷量较高，而服务人员与服务过程的因素负荷量偏低，此一结果似乎意指服务人员与服务过程维度对于顾客满意的评估不重要。

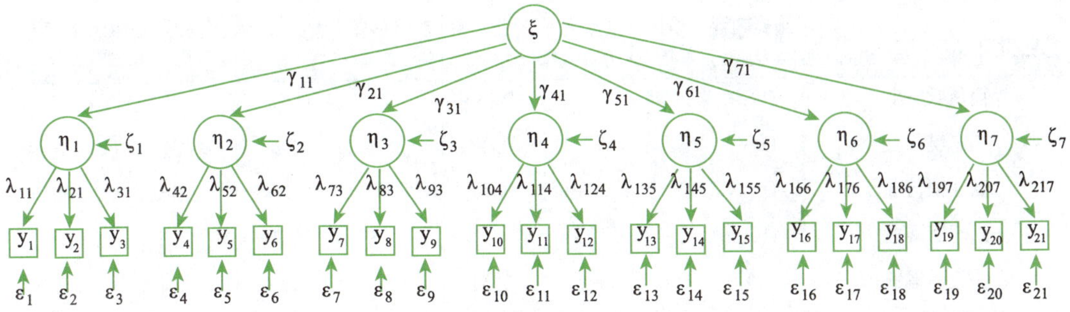

图9-2　二阶验证性因素分析模型图

但是，由相关分析所获得的资料可知，此二维度内的评估项目与整体满意度之间的相关性相当高。因此，究竟是何种原因造成此现象，还有待更进一步的探讨。

表9-9 验证性因素分析比较表（因素负荷量）

顾客的期望 / 行业类别	服务内容	价格	便利性	企业形象	服务设备	服务人员	服务过程	模型配适度
百货服饰业	0.98*	0.95	0.80	0.90	0.81	0.20	0.08	0.69
汽车维修业	0.87	0.88	0.84	0.80	0.84	1.07	0.21	0.70
商业银行业	0.62	0.60	1.09	0.37	1.02	0.24	0.01	0.61
人寿保险业	0.91	0.91	0.99	0.75	0.89	0.26	0.26	0.73
航空运输业	1.14	0.77	0.88	0.99	1.00	0.07	0.03	0.74
医疗保健业	0.85	1.00	1.01	0.72	0.78	1.04	0.03	0.60
职业教育业	0.90	0.79	0.95	0.87	0.94	-0.07	-0.05	0.72
补习教育业	0.80	0.74	0.75	0.75	0.96	0.25	0.09	0.75

感知的绩效 / 行业类别	服务内容	价格	便利性	企业形象	服务设备	服务人员	服务过程	模型配适度
百货服饰业	0.75	0.75	0.83	0.89	0.91	0.09	0.03	0.71
汽车维修业	0.97	0.85	0.89	0.85	0.85	0.90	0.35	0.72
商业银行业	0.52	0.50	1.09	0.48	0.99	0.12	-0.07	0.63
人寿保险业	0.80	0.96	1.00	0.85	0.82	0.10	0.03	0.75
航空运输业	1.12	0.86	0.83	0.96	0.96	0.05	-0.03	0.73
医疗保健业	1.01	0.93	0.93	0.86	0.93	0.03	-0.06	0.76
职业教育业	0.97	0.74	0.85	0.91	0.88	-0.02	0.04	0.72
补习教育业	0.93	0.77	0.84	0.65	0.95	0.24	0.34	0.73

绩效与期望的差距 / 行业类别	服务内容	价格	便利性	企业形象	服务设备	服务人员	服务过程	模型配适度
百货服饰业	0.89	0.74	0.78	0.89	0.79	0.06	0.09	0.75
汽车维修业	0.89	0.83	0.79	0.87	0.84	0.94	0.22	0.69
商业银行业	0.68	0.57	1.05	0.47	1.00	0.03	0.06	0.66
人寿保险业	0.88	0.83	0.88	0.91	0.73	0.15	0.05	0.74
航空运输业	1.11	0.87	0.91	0.94	0.96	0.17	0.24	0.76
医疗保健业	0.93	0.83	0.96	0.87	0.96	0.07	-0.04	0.72

续表

行业类别＼绩效与期望的差距	服务内容	价格	便利性	企业形象	服务设备	服务人员	服务过程	模型配适度
职业教育业	0.91	0.86	1.02	0.88	0.85	- 0.05	- 0.01	0.71
补习教育业	0.76	0.53	0.70	0.66	0.90	0.27	0.13	0.77

因此，将服务人员与服务维度过程和服务内容与价格维度互调，再次进行验证性因素分析。由调整维度后验证性因素分析比较表（表9–10）可知，在四个评估维度互调之后，服务人员与服务过程的因素负荷量变得很高，而服务内容与价格的因素负荷量变得很低。由此可知，在使用验证性因素分析来验证维度时，维度的排列顺序会影响因素粹取量的大小，使得排列顺序较后维度的因素负荷量偏低，以致无法确认各个评估维度对顾客满意的影响效果。

表0 调整维度后验证性因素分析比较表（因素负荷量）

行业类别＼顾客的期望	服务人员	服务过程	便利性	企业形象	服务设备	服务内容	价格	模式配适度
百货服饰业	1.00	1.02	0.80	0.73	0.69	0.08	0.10	0.64
汽车维修业	1.02	1.02	0.87	0.69	0.87	0.16	0.19	0.72
商业银行业	1.00	0.98	1.00	0.41	0.74	0.00	- 0.07	0.62
人寿保险业	1.01	0.99	0.89	0.70	0.86	0.78	0.10	0.65
航空运输业	0.95	1.03	0.91	0.96	1.01	0.11	0.18	0.72
医疗保健业	1.00	1.00	0.91	0.82	0.89	0.03	0.02	0.72
职业教育业	0.97	0.97	0.89	0.81	1.01	0.01	- 0.05	0.73
补习教育业	1.03	0.93	0.76	0.71	0.90	0.91	0.10	0.62

行业类别＼感知的绩效	服务内容	价格	便利性	企业形象	服务设备	服务人员	服务过程	模型配适度
百货服饰业	1.00	1.01	0.83	0.76	0.79	0.08	0.08	0.64
汽车维修业	1.01	1.03	0.92	0.78	0.88	0.92	0.38	0.68
商业银行业	1.05	0.94	0.95	0.29	0.54	- 0.05	0.01	0.59
人寿保险业	1.00	0.96	0.88	0.80	0.72	0.12	0.15	0.67
航空运输业	0.98	1.01	0.79	0.98	0.95	0.15	0.21	0.74
医疗保健业	1.02	1.03	0.81	0.86	0.89	0.00	- 0.01	0.75

续表

行业类别 \ 感知的绩效	服务内容	价格	便利性	企业形象	服务设备	服务人员	服务过程	模型配适度
职业教育业	1.03	0.73	0.72	0.75	1.04	0.18	0.19	0.71
补习教育业	0.67	0.97	1.02	0.39	0.64	0.04	0.06	0.57

行业类别 \ 绩效与期望的差距	服务内容	价格	便利性	企业形象	服务设备	服务人员	服务过程	模型配适度
百货服饰业	1.02	1.02	0.65	0.77	0.67	0.15	0.19	0.66
汽车维修业	0.92	1.00	0.76	0.82	0.78	0.22	0.16	0.70
商业银行业	1.02	1.01	0.93	0.39	0.58	0.08	0.08	0.58
人寿保险业	1.00	0.99	0.79	0.91	0.68	-0.03	0.01	0.69
航空运输业	0.90	1.04	0.86	0.97	0.95	0.22	0.20	0.72
医疗保健业	0.98	1.02	0.84	0.88	0.90	0.03	0.05	0.76
职业教育业	0.98	0.93	0.94	0.82	0.87	0.08	0.05	0.71
补习教育业	0.95	1.21	0.78	0.39	0.61	0.39	0.09	0.66

（五）顾客满意评估维度对整体满意度影响效果分析

问题思考

当使用探索性因素分析，无法确认评估维度与题项时，有什么方法可以解决这个问题?

问题提示

由于探索性因素分析基本上是数据导向的，会随着所投入变量的不同而有所改变，以致无法确认评估维度与题项。

问题解答

可以将每个评估维度内所包含的评估项目平均数予以加总，再除以题项数，算出每个评估维度的平均值之后，再进行分析。

由于使用探索性因素分析与验证性因素分析，均无法确认主要的评估维度。因此，将每个评估维度内所包含的评估项目予以加权平均，算出七个顾客满意评估维度的平均值（表9-11）。

表9-11 顾客满意评估维度平均数分析表

顾客的期望 / 行业类别	服务内容	价格	便利性	企业形象	服务设备	服务人员	服务过程
百货服饰业	8.19	8.07	0.50	8.02	8.11	8.16	8.41
汽车维修业	8.75	8.50	8.61	8.60	8.64	8.64	8.65
商业银行业	7.64	7.71	7.74	7.83	7.40	7.88	7.68
人寿保险业	7.77	7.65	7.72	7.70	7.65	7.99	8.08
航空运输业	7.80	7.56	7.96	8.07	7.80	8.14	8.04
医疗保健业	8.23	8.52	8.23	8.00	8.30	8.22	8.12
职业教育业	7.19	6.85	7.17	6.83	7.26	7.12	7.08
补习教育业	7.62	6.95	6.86	6.70	7.08	7.45	7.30

感知的绩效 / 行业类别	服务内容	价格	便利性	企业形象	服务设备	服务人员	服务过程
百货服饰业	7.01	6.89	7.31	6.85	6.94	6.96	7.06
汽车维修业	8.19	7.96	8.07	8.01	8.03	8.22	8.17
商业银行业	7.49	7.41	7.50	7.95	7.15	7.79	7.59
人寿保险业	6.65	6.46	6.85	7.11	6.99	7.03	7.09
航空运输业	6.82	6.51	6.81	6.90	6.69	7.01	7.02
医疗保健业	7.82	8.25	7.71	7.63	7.76	7.80	7.65
职业教育业	5.68	4.84	5.32	5.55	5.47	5.45	5.71
补习教育业	6.83	5.64	5.55	6.18	6.01	6.54	6.28

绩效与期望的差距 / 行业类别	服务内容	价格	便利性	企业形象	服务设备	服务人员	服务过程
百货服饰业	-1.16	-1.17	-1.19	-1.17	-1.18	-1.19	-1.35
汽车维修业	-0.56	-0.55	-0.53	-0.58	-0.61	-0.43	-0.48
商业银行业	-0.14	-0.32	-0.24	-0.11	-0.25	-0.08	-0.28
人寿保险业	-1.14	-1.18	-0.87	-0.60	-0.66	-0.96	-0.99
航空运输业	-0.98	-1.06	-1.15	-1.17	-1.10	-1.13	-1.03
医疗保健业	-0.42	-0.27	-0.52	-0.40	-0.54	-0.43	-0.49

续表

行业类别 \ 绩效与期望的差距	服务内容	价格	便利性	企业形象	服务设备	服务人员	服务过程
职业教育业	-1.86	-2.80	-1.83	-1.28	-1.77	-1.65	-1.36
补习教育业	-0.80	-1.30	-1.30	-0.52	-1.07	-0.92	-1.01

然后，使用SPSS 统计软件进行相关分析，发现除了航空运输业在顾客的期望中，服务内容、价格与服务设备维度与整体满意度未达0.10的显著水平之外，其余均有极为显著的正相关。其中，以感知的绩效与整体满意度的相关性最高，绩效与期望的差距次之，顾客的期望较差（表9-12）。

表9-12 顾客满意评估维度与整体满意度相关分析

行业类别 \ 顾客的期望	服务内容	价格	便利性	企业形象	服务设备	服务人员	服务过程
百货服饰业	0.34**	0.28**	0.35**	0.27**	0.36**	0.36**	0.39**
汽车维修业	0.32**	0.35**	0.34**	0.41**	0.29**	0.29**	0.30**
商业银行业	0.24**	0.35**	0.23**	0.15**	0.28**	0.33**	0.35**
人寿保险业	0.24**	0.29**	0.26**	0.24**	0.25**	0.25**	0.30**
航空运输业	-0.01	0.03	0.12*	0.16**	0.08	0.20**	0.14**
医疗保健业	0.30**	0.35**	0.31**	0.24**	0.24**	0.27**	0.25**
职业教育业	0.20**	0.18**	0.17**	0.19**	0.13*	0.18**	0.21**
补习教育业	0.31**	0.33**	0.29**	0.34**	0.31**	0.34**	0.34**

行业类别 \ 感知的绩效	服务内容	价格	便利性	企业形象	服务设备	服务人员	服务过程
百货服饰业	0.63**	0.43**	0.49**	0.59**	0.62**	0.64**	0.62**
汽车维修业	0.65**	0.75**	0.62**	0.76**	0.64**	0.69**	0.72**
商业银行业	0.60**	0.63**	0.60**	0.40**	0.63**	0.71**	0.72**
人寿保险业	0.59**	0.62**	0.55**	0.56**	0.47**	0.61**	0.63**
航空运输业	0.40**	0.87**	0.42**	0.51**	0.44**	0.50**	0.53**
医疗保健业	0.61**	0.55**	0.59**	0.68**	0.62**	0.72**	0.69**
职业教育业	0.52**	0.57**	0.53**	0.49**	0.51**	0.56**	0.48**
补习教育业	0.57**	0.63**	0.58**	0.46**	0.45**	0.62**	0.61**

行业类别 \ 绩效与期望的差距	服务内容	价格	便利性	企业形象	服务设备	服务人员	服务过程
百货服饰业	0.40**	0.26**	0.23**	0.39**	0.41**	0.44**	0.37**
汽车维修业	0.32**	0.35**	0.34**	0.41**	0.29**	0.29**	0.31**
商业银行业	0.38**	0.35**	0.39**	0.26**	0.42**	0.42**	0.41**
人寿保险业	0.59**	0.62**	0.55**	0.56**	0.47**	0.61**	0.63**
航空运输业	0.40**	0.34**	0.31**	0.37**	0.37**	0.36**	0.42**
医疗保健业	0.34**	0.33**	0.38**	0.45**	0.44**	0.50**	0.47**
职业教育业	0.39**	0.34**	0.29**	0.16**	0.19**	0.35**	0.34**
补习教育业	0.37**	0.36**	0.34**	0.31**	0.36**	0.38**	0.28**

**p<0.05；*p<0.10

此外，为了了解顾客满意评估维度对整体满意度的影响效果，以整体满意度为因变量，个别顾客满意评估维度为自变量进行回归分析，发现除了航空运输业在顾客的期望中，服务内容、价格与服务设备维度未达0.10的显著水平之外，其余的维度对整体满意度均有显著的影响效果。其中，以感知的绩效对整体满意度的变异解释能力最高，绩效与期望的差距次之，顾客的期望较差（表9-13）。

表9-13 顾客满意评估维度对整体满意度回归分析

行业类别 \ 顾客的期望	服务内容 β_1	价格 β_2	便利性 β_3	企业形象 β_4	服务设备 β_5	服务人员 β_6	服务过程 β_7
百货服饰业	0.342**	0.284**	0.352**	0.269**	0.357**	0.356**	0.392**
汽车维修业	0.320**	0.351**	0.337**	0.408**	0.294**	0.288**	0.309**
商业银行业	0.242**	0.354**	0.228**	0.145**	0.275**	0.331**	0.350**
人寿保险业	0.244**	0.294**	0.263**	0.236**	0.250**	0.253**	0.302**
航空运输业	-0.010	0.026	0.122*	0.156**	0.078	0.199**	0.136**
医疗保健业	0.300**	0.351**	0.315**	0.242**	0.239**	0.272**	0.252**
职业教育业	0.201**	0.183**	0.169**	0.185**	0.132**	0.177**	0.208**
补习教育业	0.038**	0.327**	0.287**	0.341**	0.314**	0.343**	0.337**

行业类别 \ 顾客的期望	服务内容 R^2	价格 R^2	便利性 R^2	企业形象 R^2	服务设备 R^2	服务人员 R^2	服务过程 R^2
百货服饰业	0.117	0.080	0.124	0.072	0.127	0.127	0.154
汽车维修业	0.102	0.123	0.114	0.166	0.087	0.083	0.095
商业银行业	0.058	0.126	0.052	0.021	0.075	0.109	0.123
人寿保险业	0.060	0.087	0.069	0.056	0.062	0.064	0.091

续表

行业类别 \ 顾客的期望	服务内容 R^2	价格 R^2	便利性 R^2	企业形象 R^2	服务设备 R^2	服务人员 R^2	服务过程 R^2
航空运输业	0.000	0.001	0.015	0.024	0.002	0.040	0.019
医疗保健业	0.009	0.123	0.099	0.058	0.057	0.074	0.063
职业教育业	0.040	0.034	0.029	0.034	0.017	0.031	0.043
补习教育业	0.095	0.107	0.082	0.117	0.099	0.118	0.173

行业类别 \ 感知的绩效	服务内容 β_1	价格 β_2	便利性 β_3	企业形象 β_4	服务设备 β_5	服务人员 β_6	服务过程 β_7
百货服饰业	0.625**	0.426**	0.492**	0.588**	0.624**	0.636**	0.615**
汽车维修业	0.651**	0.748**	0.622**	0.757**	0.642**	0.686**	0.720**
商业银行业	0.596**	0.628**	0.600**	0.404**	0.633**	0.706**	0.716**
人寿保险业	0.589**	0.623**	0.555**	0.561**	0.473**	0.610**	0.630**
航空运输业	0.401**	0.368**	0.416**	0.505**	0.441**	0.503**	0.530**
医疗保健业	0.607**	0.549**	0.592**	0.680**	0.622**	0.721**	0.687**
职业教育业	0.518**	0.573**	0.529**	0.490**	0.508**	0.560**	0.484**
补习教育业	0.571**	0.634**	0.579**	0.460**	0.454**	0.616**	0.611**

行业类别 \ 感知的绩效	服务内容 R^2	价格 R^2	便利性 R^2	企业形象 R^2	服务设备 R^2	服务人员 R^2	服务过程 R^2
百货服饰业	0.390	0.181	0.242	0.346	0.389	0.405	0.378
汽车维修业	0.426	0.560	0.387	0.572	0.412	0.471	0.518
商业银行业	0.356	0.394	0.360	0.163	0.401	0.499	0.513
人寿保险业	0.347	0.389	0.308	0.315	0.224	0.372	0.397
航空运输业	0.160	0.135	0.173	0.255	0.194	0.253	0.281
医疗保健业	0.368	0.301	0.351	0.462	0.387	0.520	0.472
职业教育业	0.268	0.328	0.280	0.241	0.259	0.313	0.234
补习教育业	0.326	0.402	0.336	0.211	0.206	0.380	0.374

行业类别 \ 绩效与期望的差距	服务内容 β_1	价格 β_2	便利性 β_3	企业形象 β_4	服务设备 β_5	服务人员 β_6	服务过程 β_7
百货服饰业	0.402**	0.263**	0.232**	0.392**	0.407**	0.438**	0.368**
汽车维修业	0.383**	0.444**	0.352**	0.447**	0.392**	0.389**	0.439**
商业银行业	0.383**	0.351**	0.390**	0.259**	0.421**	0.417**	0.406**

续表

行业类别 \ 绩效与期望的差距	服务内容 β_1	价格 β_2	便利性 β_3	企业形象 β_4	服务设备 β_5	服务人员 β_6	服务过程 β_7
人寿保险业	0.346**	0.367**	0.328**	0.362**	0.250**	0.405**	0.386**
航空运输业	0.398**	0.343**	0.312**	0.365**	0.369**	0.357**	0.426**
医疗保健业	0.338**	0.326**	0.383**	0.447**	0.436**	0.498**	0.467**
职业教育业	0.368**	0.360**	0.341**	0.308**	0.357**	0.381**	0.278**
补习教育业	0.388**	0.340**	0.289**	0.164**	0.194**	0.349**	0.339**

行业类别 \ 绩效与期望的差距	服务内容 R^2	价格 R^2	便利性 R^2	企业形象 R^2	服务设备 R^2	服务人员 R^2	服务过程 R^2
百货服饰业	0.162	0.069	0.054	0.154	0.166	0.192	0.135
汽车维修业	0.147	0.197	0.124	0.200	0.154	0.152	0.193
商业银行业	0.147	0.123	0.152	0.067	0.177	0.174	0.165
人寿保险业	0.120	0.135	0.108	0.131	0.063	0.164	0.149
航空运输业	0.158	0.118	0.097	0.133	0.136	0.128	0.181
医疗保健业	0.114	0.106	0.147	0.199	0.191	0.248	0.218
职业教育业	0.135	0.130	0.116	0.095	0.127	0.145	0.077
补习教育业	0.150	0.115	0.084	0.027	0.038	0.122	0.115

$^{**}p<0.05$；$^{*}p<0.10$

（六）线性结构关系模型分析

1. 完整模型

依据研究架构，以服务内容、价格、便利性、企业形象、服务设备、服务人员与服务过程七个维度，作为顾客的期望、感知的绩效、绩效与期望的差距三个潜在变项的观测指标；以消费者感知的服务质量、服务价值与整体满意度三个整体评估项目，作为潜在变项顾客满意的观测指标。然后，以顾客的期望作为感知的绩效、绩效与期望的差距与顾客满意的前因变项，以感知的绩效作为绩效与期望的差距与顾客满意的前因变项，以绩效与期望的差距作为顾客满意的前因变项，建立完整的顾客满意评估模型，使用LISREL统计软件进行线性结构关系模型分析（图9–3），以检验各项研究假设。

由完整模型线性结构关系模型分析表（表9–14）可知，标准化回归系数γ_{11}介于0.09～0.44，可见顾客的期望对感知的绩效有正向的影响。研究假设H1，全部获得支持；γ_{21}除了航空服务业为0.08之外，其余介于–0.05～–0.53，可见顾客的期望对绩效与期望的差距有负向的影响。研究假设H2，除了航空服务业之外，其余获得支持；γ_{31}除了补习教育业为–0.17之外，其余介于0.07～1.03，可见顾客的期望对顾客满意有正向的影响。研究假设H3，除了补习教育业之外，其余获得支持；β_{21}介于0.33～0.70，可见感知的绩效对绩效与期望的差距有正向的影响。研究假设H4，全部获得支持；β_{31}除了航空服务业为–0.33之外，其余介于0.25～0.83，可见感知的绩效对顾客满意有正向的影响，研究假设H5，除了航空服务业之外，其余获得支持；β_{32}除了百货服饰业与医疗保健业为–0.01与–0.09之外，其余介于0.01～0.37，可见绩效与期望的差距对顾客满意有正向的影响，研究假设H6，除了百货服饰业与医疗保健业之外，其余获得支持。然而，由于模型配适度仅在0.42～0.68，配适情形未臻理想，还有待进一步的改善。

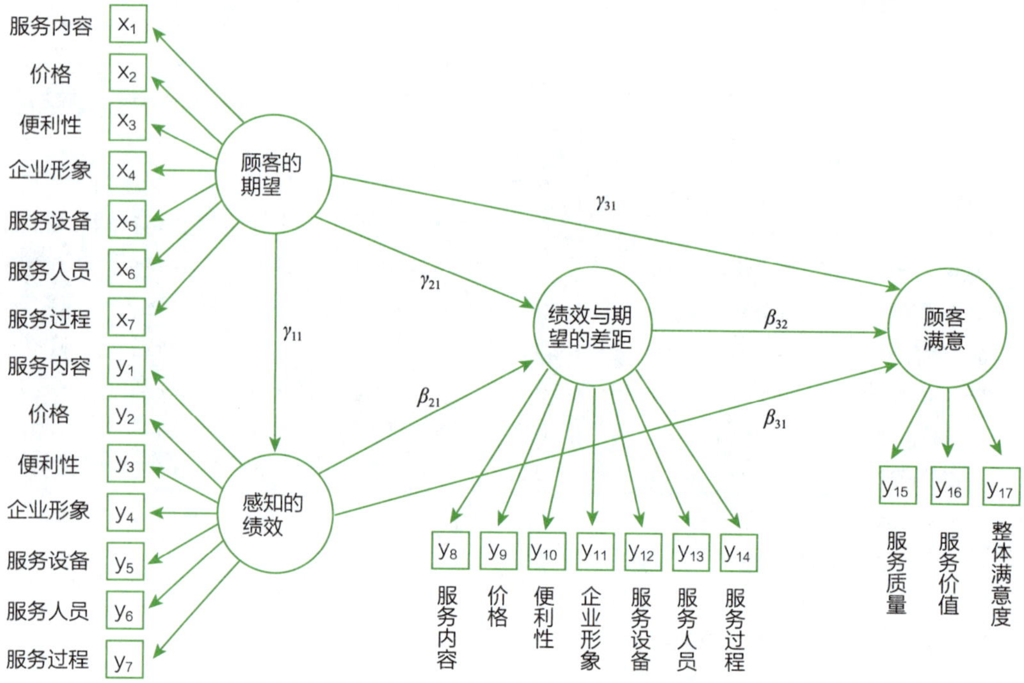

图9-3 完整模型线性结构关系模型图

表9-14 完整模型线性结构关系模型分析表

评估维度	服务内容			价格			便利性			企业形象		
行业类别	期望	绩效	差距	期望	绩效	差距	期望	绩效	差距	期望	绩效	差距
百货服饰业	0.90[a]	0.91	0.83	0.75	0.83	0.83	0.80	0.83	0.80	0.84	0.80	0.75
汽车维修业	0.87	0.86	0.69	0.86	0.84	0.84	0.86	0.82	0.80	0.87	0.83	0.83
商业银行业	0.55	0.76	0.51	0.66	0.74	0.55	0.73	0.79	0.60	0.83	0.46	0.58
人寿保险业	0.62	0.81	0.78	0.67	0.90	0.80	0.76	0.90	0.81	0.82	0.70	0.71
航空运输业	0.85	0.84	0.88	0.89	0.80	0.82	0.85	0.80	0.72	0.86	0.84	0.88
医疗保健业	0.87	0.86	0.75	0.91	0.81	0.76	0.80	0.78	0.76	0.70	0.71	0.84

续表

评估维度	服务内容			价格			便利性			企业形象		
行业类别	期望	绩效	差距	期望	绩效	差距	期望	绩效	差距	期望	绩效	差距
职业教育业	0.73	0.89	0.87	0.80	0.74	0.81	0.79	0.73	0.80	0.83	0.76	0.81
补习教育业	0.72	0.81	0.64	0.64	0.77	0.65	0.73	0.75	0.61	0.74	0.62	0.51

评估维度	服务设备			服务人员			服务过程		
行业类别	期望	绩效	差距	期望	绩效	差距	期望	绩效	差距
百货服饰业	0.83 [a]	0.82	0.85	0.76	0.93	0.74	0.58	0.75	0.73
汽车维修业	0.56	0.78	0.80	0.48	0.78	0.64	0.43	0.41	0.65
商业银行业	0.87	0.78	0.71	0.74	0.77	0.96	0.17	0.63	0.97
人寿保险业	0.71	0.82	0.67	0.62	0.79	0.70	0.43	0.43	0.71
航空运输业	0.76	0.86	0.81	0.40	0.96	0.87	0.61	0.93	0.85
医疗保健业	0.45	0.74	0.89	0.43	0.61	0.67	0.07	0.50	0.45
职业教育业	0.69	0.79	0.76	0.61	0.86	0.75	0.55	0.66	0.73
补习教育业	0.63	0.81	0.80	0.52	0.87	0.59	0.29	0.65	0.59

行业类别	服务质量	服务价值	整体满意度	γ_{11}	γ_{21}	γ_{31}	β_{21}	β_{31}	β_{32}	模型配适度
百货服饰业	0.88 [a]	0.71	0.18	0.13 [b]	-0.06	0.07	0.67	0.78	-0.01	0.55
汽车维修业	0.47	0.50	0.75	0.44	-0.39	0.80	0.60	0.25	0.37	0.51
商业银行业	0.84	0.72	0.13	0.21	-0.52	0.09	0.33	0.79	0.26	0.45
人寿保险业	0.88	0.80	0.11	0.09	-0.23	0.06	0.58	0.65	0.11	0.37
航空运输业	0.15	0.70	0.70	0.15	0.08	1.03	0.70	-0.33	0.20	0.60
医疗保健业	0.82	0.84	0.53	0.22	-0.53	0.32	0.36	0.60	-0.09	0.30
职业教育业	0.88	0.63	0.15	0.14	-0.05	0.12	0.48	0.70	0.11	0.46
补习教育业	0.88	0.81	0.06	0.21	-0.15	-0.17	0.43	0.83	0.01	0.45

a：因素负荷量；b：标准化回归系数。

2. 直接绩效评估模型

由于完整模型的配适情形未臻理想，因此使用直接绩效评估模型，以服务内容、价格、便利性、企业形象、服务设备、服务人员与服务过程七个维度，作为潜在变项感知的绩效的观测指标，以服务质量、服务价值与整体满意度三个整体评估项目，作为潜在变项顾客满意的观测指标，以感知的绩效作为顾客满意的前因变项，建立直接绩效评估模型，进行线性结构关系模型分析（图9-4）。由直接绩效评估模型线性结构关系模型分析表可知，标准化回归系数γ_{11}介于0.70～0.87，模型配适度介于0.84～0.94（表9-15），配适情形相当良好。

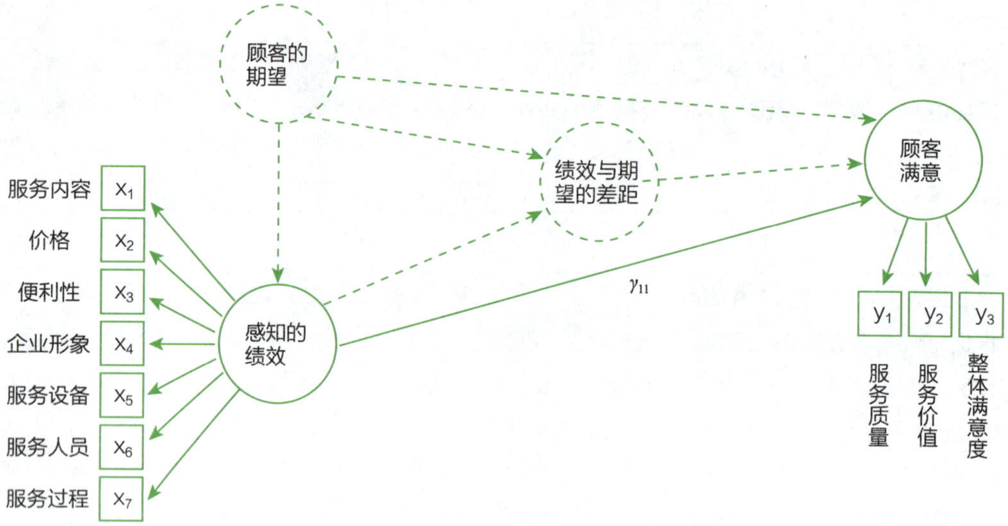

图9-4 直接绩效评估模型线性结构关系模型图

表9-15 感知的绩效模型线性结构关系模型分析表

行业类别	服务内容	价格	便利性	企业形象	服务设备	服务人员	服务过程
百货服饰业	0.91 [a]	0.76	0.79	0.80	0.83	0.94	0.95
汽车维修业	0.85	0.87	0.85	0.87	0.82	0.90	0.85
商业银行业	0.83	0.74	0.83	0.55	0.81	0.87	0.88
人寿保险业	0.81	0.80	0.83	0.73	0.85	0.93	0.84
航空运输业	0.80	0.75	0.82	0.88	0.86	0.92	0.93
医疗保健业	0.88	0.78	0.80	0.78	0.83	0.86	0.79
职业教育业	0.85	0.77	0.78	0.76	0.84	0.90	0.78
补习教育业	0.75	0.75	0.72	0.66	0.74	0.91	0.88

行业类别	服务质量	服务价值	整体满意度	γ_{11}	模型配适度
百货服饰业	0.82 [a]	0.83	0.90	0.77 [b]	0.84
汽车维修业	0.77	0.79	0.90	0.87	0.90
商业银行业	0.87	0.74	0.91	0.82	0.91
人寿保险业	0.80	0.85	0.85	0.71	0.85
航空运输业	0.87	0.87	0.84	0.70	0.94
医疗保健业	0.73	0.77	0.88	0.82	0.84
职业教育业	0.84	0.76	0.83	0.82	0.87
补习教育业	0.80	0.83	0.90	0.76	0.89

a：因素负荷量；b：标准化回归系数

3. 绩效与期望差距模型

使用绩效与期望差距评估法，以服务内容、价格、便利性、企业形象、服务设备、服务人员与服务过程七个维度，作为潜在变项绩效与期望的差距的观测指针，以服务质量、服务价值与整体满意度三个整体评估项目，作为潜在变项顾客满意观测指标，以绩效与期望的差距作为顾客满意的前因变项，建立绩效与期望差距模型，进行线性结构关系模型分析（图9-5）。由绩效与期望差距模型线性结构关系模型分析表（表9-16）可知，模型配适度介于0.81～0.91，配适情形相当良好，但是标准化回归系数γ_{11}仅在0.47～0.56。因此，绩效与期望差距模型对顾客满意的影响效果，不如直接绩效评估模型。

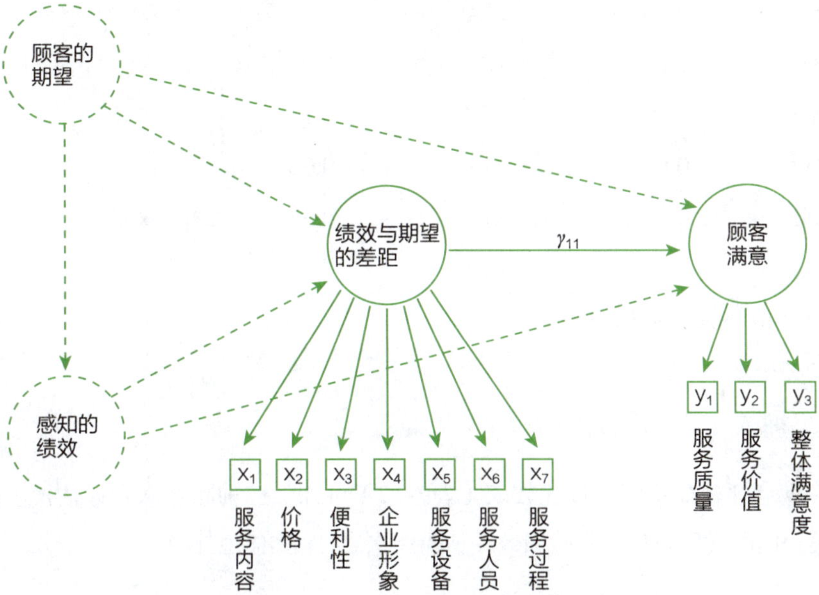

图9-5　绩效与期望差距模型线性结构关系模型图

表9-16　绩效与期望差距模型线性结构关系模型分析表

行业类别	服务内容	价格	便利性	企业形象	服务设备	服务人员	服务过程
百货服饰业	0.85[a]	0.72	0.68	0.79	0.83	0.91	0.69
汽车维修业	0.82	0.80	0.82	0.77	0.82	0.77	0.51
商业银行业	0.74	0.64	0.80	0.63	0.79	0.75	0.56
人寿保险业	0.81	0.75	0.81	0.73	0.78	0.84	0.56
航空运输业	0.84	0.82	0.81	0.87	0.87	0.87	0.85
医疗保健业	0.77	0.67	0.78	0.74	0.84	0.61	0.39

续表

行业类别	服务内容	价格	便利性	企业形象	服务设备	服务人员	服务过程
职业教育业	0.82	0.78	0.82	0.66	0.83	0.83	0.60
补习教育业	0.75	0.70	0.73	0.45	0.68	0.80	0.48

行业类别	服务质量	服务价值	整体满意度	γ_{11}	模型配适度
百货服饰业	0.79[a]	0.84	0.91	0.52[b]	0.83
汽车维修业	0.79	0.83	0.84	0.47	0.86
商业银行业	0.86	0.74	0.92	0.50	0.84
人寿保险业	0.79	0.87	0.83	0.46	0.82
航空运输业	0.86	0.87	0.85	0.56	0.91
医疗保健业	0.81	0.72	0.93	0.53	0.81
职业教育业	0.79	0.76	0.87	0.50	0.81
补习教育业	0.80	0.83	0.90	0.52	0.89

a：因素负荷量；b：标准化回归系数

（七）三种顾客满意评估模型评估效果比较

由顾客满意评估模型配适度比较表（表9–17）可知，三种顾客满意评估模型，以绩效与期望差距模型的配适度较佳，直接绩效评估模型次之，完整模型较差。

表9–17 顾客满意评估模型配适度比较表

行业别	完整模型	直接绩效评估模型	绩效与期望的差距模型
百货服饰业	0.55	0.84	0.89
汽车维修业	0.51	0.90	0.92
商业银行业	0.55	0.91	0.90
人寿保险业	0.49	0.85	0.89
航空运输业	0.68	0.94	0.94
医疗保健业	0.42	0.84	0.88
职业教育业	0.56	0.87	0.88
补习教育业	0.55	0.89	0.93

此外，对于商家而言，评估顾客满意的主要目的，在于了解所提供产品或服务满足消费者

需求的程度，并以此作为顾客行为的预测指标。因此，分别以感知的绩效与绩效与期望的差距，作为再购倾向、介绍意愿与价格容忍度的前因变项，进行线性结构关系模型分析，以比较两种模型对购买后行为的预测效果（图9–6）。

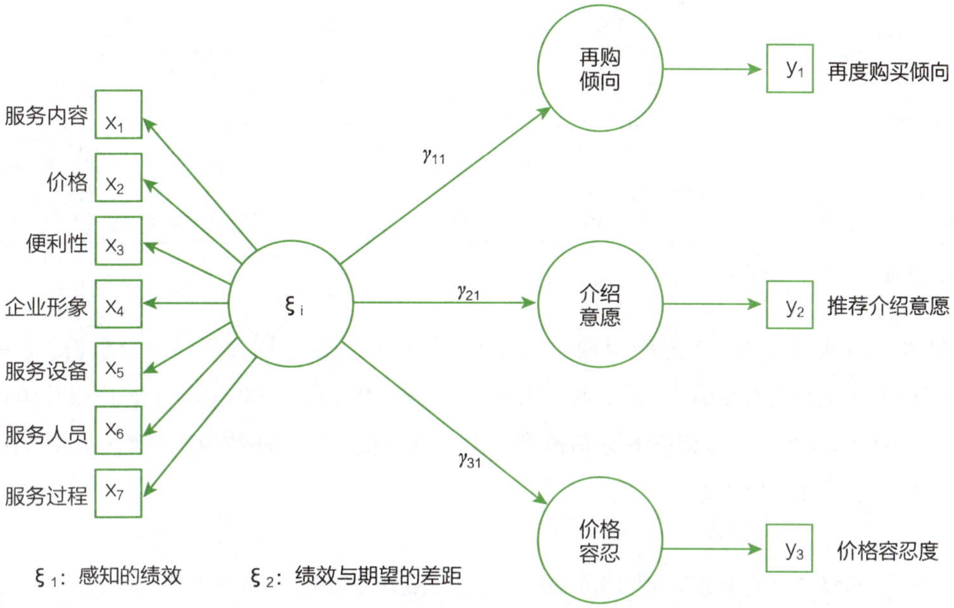

图9–6　不同评估模型对购买后行为预测效果线性结构关系模型

由感知的绩效对购买后行为预测模式线性结构关系模型分析表（表9–18）可知，模式配适度介于0.68～0.90，标准化回归系数γ_{11}介于0.69～0.86，γ_{21}介于0.71～0.81，γ_{31}介于0.42～0.82，可见顾客满意对再购倾向、介绍意愿与价格容忍，均有正向的影响。

表9–18　感知的绩效对购买后行为预测模型线性结构关系模型分析

行业类别	服务内容	价格	便利性	企业形象	服务设备	服务人员	服务过程
百货服饰业	0.91 [a]	0.76	0.79	0.79	0.84	0.94	0.94
汽车维修业	0.85	0.87	0.86	0.86	0.80	0.91	0.84
商业银行业	0.83	0.75	0.85	0.57	0.81	0.84	0.81
人寿保险业	0.81	0.81	0.82	0.72	0.85	0.92	0.04
航空运输业	0.80	0.75	0.83	0.87	0.86	0.92	0.92
医疗保健业	0.86	0.79	0.80	0.79	0.83	0.84	0.71
职业教育业	0.83	0.78	0.77	0.76	0.84	0.88	0.77
补习教育业	0.74	0.75	0.72	0.66	0.72	0.91	0.87

行业类别	再度购买倾向	推荐介绍意愿	价格容忍度	γ_{11}	γ_{21}	γ_{31}	模型配适度
百货服饰业	0.85 [a]	0.82	0.74	0.79 [b]	0.71	0.42	0.80
汽车维修业	0.89	0.84	0.87	0.86	0.77	0.82	0.80
商业银行业	0.86	0.87	0.79	0.80	0.81	0.62	0.90
人寿保险业	0.83	0.83	0.79	0.73	0.73	0.62	0.72
航空运输业	0.81	0.82	0.75	0.69	0.71	0.45	0.84
医疗保健业	0.82	0.86	0.79	0.72	0.81	0.62	0.74
职业教育业	0.85	0.85	0.85	0.78	0.78	0.78	0.68
补习教育业	0.85	0.85	0.81	0.78	0.79	0.68	0.77

a：因素负荷量；b：标准化回归系数

此外，由绩效与期望的差距对购买后行为预测模型线性结构关系模型分析表（表9-19）可知，模式配适度介于0.67～0.84，标准化回归系数γ_{11}介于0.49～0.66，γ_{21}介于0.52～0.66，γ_{31}介于0.35～0.68，均不如直接绩效评估模型。由此可知直接绩效评估模型对购买后行为的预测效果，要优于绩效与期望差距模型。

表9-19 绩效与期望的差距对购买后行为预测模型线性结构关系模型分析表

行业类别	服务内容	价格	便利性	企业形象	服务设备	服务人员	服务过程
百货服饰业	0.84 [a]	0.71	0.68	0.79	0.83	0.90	0.70
汽车维修业	0.83	0.80	0.83	0.76	0.81	0.73	0.50
商业银行业	0.74	0.64	0.79	0.64	0.77	0.68	0.48
人寿保险业	0.81	0.75	0.80	0.72	0.76	0.83	0.57
航空运输业	0.84	0.81	0.82	0.86	0.87	0.87	0.85
医疗保健业	0.77	0.70	0.77	0.75	0.82	0.61	0.39
职业教育业	0.81	0.78	0.81	0.66	0.83	0.82	0.63
补习教育业	0.72	0.70	0.72	0.44	0.65	0.79	0.50

行业类别	再度购买倾向	推荐介绍意愿	价格容忍度	γ_{11}	γ_{21}	γ_{31}	模型配适度
百货服饰业	0.78 [a]	0.78	0.73	0.59 [b]	0.60	0.37	0.82
汽车维修业	0.77	0.76	0.75	0.54	0.52	0.49	0.72
商业银行业	0.78	0.80	0.73	0.58	0.66	0.35	0.81
人寿保险业	0.80	0.79	0.77	0.66	0.63	0.56	0.73
航空运输业	0.78	0.79	0.73	0.59	0.62	0.36	0.84
医疗保健业	0.75	0.77	0.74	0.49	0.56	0.44	0.74

续表

行业类别	再度购买倾向	推荐介绍意愿	价格容忍度	γ_{11}	γ_{21}	γ_{31}	模型配适度
职业教育业	0.79	0.79	0.81	0.64	0.62	0.68	0.67
补习教育业	0.80	0.79	0.77	0.65	0.65	0.56	0.76

a：因素负荷量；b：标准化回归系数

（八）顾客满意差异分析

1. 不同类型服务业差异分析

由不同类型服务业整体满意度分析表（表9-20）可知，在以事为主的服务业中，整体满意度介于6.70～7.98，产业平均值为7.27；在以人为主的服务业中，整体满意度介于5.15～7.55，产业平均值为6.34；在有形活动的服务业中，整体满意度介于6.44～7.98，产业平均值为7.23；在无形活动的服务业中，整体满意度介于5.15～7.43，产业平均值为6.37。由此可知，以事为主的服务业，顾客满意度要高于以人为主的服务业，而有形活动的服务业，顾客满意度要高于无形活动的服务业。此外，由不同类型服务业整体满意度变异数分析表（表9-21）可知，不同服务对象与服务本质服务业，在整体满意度上有显著差异，且二者之间有显著的交互作用。

表9-20 不同类型服务业整体满意度分析表

行业类别	服务对象	服务本质	互动与顾客化程度	服务传送方式	风险性	整体满意度
百货服饰业	以事为主	有形活动	高	间断交易型	低	6.98
汽车维修业	以事为主	有形活动	高	间断交易型	高	7.98
商业银行业	以事为主	无形活动	低	连续传送型	低	7.43
人寿保险业	以事为主	无形活动	高	连续传送型	高	6.70
航空运输业	以人为主	有形活动	低	间断交易型	高	6.44
医疗保健业	以人为主	有形活动	高	间断交易型	高	7.55
职业教育业	以人为主	无形活动	低	连续传送型	低	5.15
补习教育业	以人为主	无形活动	低	连续传送型	低	6.22

表9-21 不同类型服务业整体满意度变异数分析表

变异来源	平方和	自由度	均方	F值	显著水平
服务对象	457.05	1	457.05	112.63	0.00
服务本质	420.96	1	420.96	103.73	0.00
服务对象*服务本质	108.67	1	108.67	26.78	0.00
残差	8781.73	2164	4.06	77.90	
总变异	9730.06	2167	4.49		

2. 不同特性服务业差异分析

由不同类型服务业整体满意度分析表可知，在低互动与顾客化程度的服务业中，整体满意度介于5.15～7.43，产业平均值为6.31，在高互动与顾客化程度的服务业中，整体满意度介于6.70～7.98，产业平均值为7.30；在间断交易型的服务业中，整体满意度介于6.44～7.98，产业平均值为7.23，在连续传送型的服务业中，整体满意度介于5.15～7.43，产业平均值为6.31；在低风险性的服务业中，整体满意度介于5.15～7.43，产业平均值为6.44，在高风险性的服务业中，整体满意度介于6.44～7.98，产业平均值为7.17。

由此可知，高互动与顾客化程度的服务业，由于能够提供较个人化的服务，以满足不同需求的消费者，整体满意度要高于低互动与顾客化程度的服务业；间断交易型的服务业，由于商家必需高度依赖顾客满意，以维系顾客忠诚度，整体满意度要高于连续传送型的服务业；高风险性的服务业，由于涉及较高的风险性，消费者会比较重视商家的服务质量，并且愿意付出较高的价格，整体满意度要高于低风险性的服务业。此外，由不同特性服务业整体满意度变异数分析表（表9-22）可知，不同互动与顾客化程度、服务传送方式与风险性服务业，在整体满意度上有显著的差异，且互动与顾客化程度与服务传送方式之间有显著的交互作用。

表9-22 不同特性服务业整体满意度变异数分析表

变异来源	平方和	自由度	均方	F值	显著水平
互动与顾客化程度	66.17	1	66.17	15.99	0.00
服务传送方式	12.94	1	12.94	3.13	0.08
风险性	122.17	1	122.17	29.52	0.00
互动与顾客化程度＊服务传送方式	158.54	1	158.54	38.31	0.00
残差	8952.38	2163	4.14		
总变异	9730.06	2167	4.49		

五、服务业顾客满意度评估指标

利用前述的线性结构关系模型分析结果，可以建立服务业顾客满意度评估指标，其公式如下：

$$服务业顾客满意度评估指标=\sum_{i=1}^{n}\lambda_i * y_i$$

i：可观测指标个数　　λ_i：可观测指标因素负荷量　　y_i：可观测指标平均值

但是，为了使服务业顾客满意度评估指标能够更简单易懂，可将其标准化并且转化成百分数，其公式如下：

$$标准化服务业顾客满意度评估指标=\frac{E[y_i]-Min[y_i]}{Max[y_i]-Min[y_i]}\times 100$$

i：可观测指标个数　　λ_i：可观测指标因素负荷量　　y_i：可观测指标平均值

$$E[y_i]=\sum_{i=1}^{3}\lambda_i\times y_i，Min[y_i]=\sum_{i=1}^{n}\lambda_i * Min[y_i]，Max[y_i]=\sum_{i=1}^{n}\lambda_i * Max[y_i]$$

因此，使用上述的标准化服务业顾客满意度评估指标公式，利用模型配适度最高的绩效与期望差距模型的线性结构关系模型分析结果，将顾客满意的三个观测指标的因素负荷量乘以其平均值，再除以其最大期望值与最小期望值的差距，可以计算出八种服务业的标准化顾客满意度评估指标。在实证研究的八种服务业中，以汽车维修业的顾客满意度评估指标最高，医疗保健业次之，然后依序是商业银行业、百货服饰业、人寿保险业、航空运输业、补习教育业、职业教育业（表9-23）。

表9-23　服务业顾客满意度评估指标分析

行业类别	服务质量		服务价值		整体满意度		标准化顾客满意度评估指标
	因素负荷量	平均值	因素负荷量	平均值	因素负荷量	平均值	
百货服饰业	0.79	7.08	0.84	6.67	0.91	6.98	76.73
汽车维修业	0.79	7.89	0.83	7.74	0.84	7.98	87.40
商业银行业	0.86	7.08	0.74	7.08	0.92	7.43	80.11
人寿保险业	0.79	6.66	0.87	6.44	0.83	6.70	72.69
航空服务业	0.86	6.45	0.87	6.38	0.85	6.44	71.36
医疗服务业	0.81	7.38	0.72	7.34	0.93	7.55	82.57
职业教育业	0.79	4.60	0.76	4.57	0.87	5.15	53.17
补习教育业	0.80	6.00	0.83	6.19	0.90	6.22	68.25

六、管理实务内涵

（一）影响服务业顾客满意的主要因素

由实证研究的结论可知，影响服务业顾客满意的主要因素，可以归纳为与商家所提供服务有关的服务内容，与货币性价格有关的价格，与服务的销售渠道有关的便利性，与商家的沟通推广有关的企业形象，与实体设备有关的服务设备，与服务人员技能有关的服务人员，以及与服务接触过程有关的服务过程七大维度。

（二）探索性因素分析／验证性因素分析

由探索性因素分析的结论可知，在缺乏明确的理论架构指引下，探索性因素分析基本上是数据导向的，所得到的因素维度缺乏一致性与稳定性，无法建立稳定的顾客满意评估维度。但是，由验证性因素分析的结论可知，维度的排列顺序会影响因素粹取量大小，使得排列顺序较后维度的因素负荷量偏低。

（三）各项变量之间的因果关系因为服务业类型的不同而有差异

由完整模型线性结构关系模型分析的结论可知，在服务业顾客满意评估模型中，除了少数行业之外（例如：航空运输业由于空难事件频传，使得研究结果受到严重干扰），顾客的期望对感知的绩效有正向的影响，对绩效与期望的差距有负向的影响，对顾客满意有正向的影响；感知的绩效对绩效与期望的差距有正向的影响，对顾客满意有正向的影响；绩效与期望的差距对顾客满意有正向的影响。

（四）绩效与期望差距模型/直接绩效评估模型

由线性结构关系模型分析结论可知，在顾客满意评估方法中，就模型配适度而言，以绩效与期望差距模型较佳。但是，就购买后行为的预测效果而言，以直接绩效评估模型较佳。因此，绩效与期望差距模型与直接绩效评估模型各有所长，二者的评估效果难分伯仲。

（五）不同类型的服务业在顾客满意度上有所差异

由不同类型服务业整体满意度分析的结论可知，以事为主的服务业，顾客满意度高于以人为主的服务业，而有形活动的服务业，顾客满意度高于无形活动的服务业。高互动与顾客化程度的服务业，整体满意度高于低互动与顾客化程度的服务业，间断交易型的服务业，整体满意度高于连续传送型的服务业，高风险性的服务业，整体满意度高于低风险性的服务业。此外，由变异数分析的结论可知，不同服务对象与服务本质的服务业，在整体满意度上有显著的差异，且二者之间有显著的交互作用。不同互动与顾客化程度、服务传送方式与风险性的服务业，在整体满意度上有显著的差异，且互动与顾客化程度与服务传送方式之间有显著的交互作用。

第三篇

研究发展篇

随着时代的进步，顾客满意理论也不断地从其他学科领域引进新的观念与方法，持续研究发展与技术创新。所以，第三篇研究发展篇，将介绍服务管理理论的发展与技术的创新，内容包含：第十章服务管理理论发展、第十一章剧场理论在服务接触互动过程的应用、第十二章顾客满意、服务失误与服务补救类型分析、第十三章难缠顾客类型分析。学会本篇的研发创新，将可以让你对于服务管理的未来发展，有不一样的观念与启发。

- 第十章　服务管理理论发展
- 第十一章　剧场理论在服务接触互动过程的应用
- 第十二章　顾客满意、服务失误与服务补救类型分析
- 第十三章　难缠顾客类型分析

第十章

服务管理理论发展

问题思考

顾客满意理论的发展，最早从20世纪60、70年代的期望—不一致理论开始，到Parasuraman、Zeithamal 与Berry（1985）的服务质量绩效与期望差距模型与SERVQUAL量表，被广泛应用在各种服务业顾客满意的评估上，是不是已经发展到极致了？

问题提示

虽然，Parasuraman、Zeithamal与Berry（1985）所提出的服务质量绩效与期望差距模型与SERVQUAL量表，有效解决了期望—不一致理论评估主体不一致，与缺乏具体评估工具的问题，被广泛应用在各种服务业顾客满意的评估上，但是还是有许多人提出严厉的批评。Swan与Bowers（1998）认为服务质量的研究有三项缺点：①对于服务的评估是封闭性的；②顾客犹如态度的记账员；③服务质量只看到过程的一部分，而无法得知服务互动的状况。所以，有学者尝试从不同的学科领域，引进新的观念与技术，希望能够有所突破与创新。

问题解答

Grove 与Fisk（1983）认为服务营销涉及服务提供商与接受者双方之间的互动，在行为面的观点上与剧场理论之间有许多相似之处，因此引进剧场理论的观点来诠释服务营销的现象。Grove、Fisk 与Bitner（1992）以①演员（员工）—服务的提供者；②观众（顾客）—服务的接受者；③服务场景（实体环境）—服务发生的地点；④服务表演（服务本身）—商家所提供的服务，建立服务剧场观念架构，将服务接触比喻为在服务剧场中的一项表演。

一、服务业顾客满意理论的发展

由营销相关文献的回顾可知，顾客满意理论建立在期望—不一致（expectation-disconfirmation）的典范上，由消费者比较购买前的期望与购买后感知的产品绩效二者之间一致性的程度来评估对产品的满意度。但是，在服务业兴起之后，由于服务业具有无形性、生产与消费同时性、顾客与商家互动性等不同于有形产品的特性。因此，Parasuraman、Zeithamal 与Berry（1985）以期望—不一致理论为基础加以修正，提出服务质量绩效与期望差距模型来说明服务质量的形成过程，并且发展出SERVQUAL（Service Quality）量表作为评估工具，被广泛应用在各种服务业顾客满意的评估上，使得服务质量几乎成为服务业顾客满意的代名词。

然而，Swan与Bowers（1998）认为服务质量的研究有三项缺点：（1）对于服务的评估是封闭性的；（2）顾客犹如态度的记账员；（3）服务质量只看到过程的一部分，而无法得知服务互动的状况。此外，早期的学者大多使用量化的归因（attribute）方法来进行研究，只能了解是什么（what）因素在影响顾客满意度，而无法了解这些因素是如何（how）影响顾客满意度。因此，近年来学者开始从其他学科领域引进新的观点与方法，试图更深入地了解服务业顾客满意的形成过程，主要可分为以下三种观点。

（一）角色观点（role perspective）

Solomon、Surprenant、Crepiel与Gutman（1985）认为服务接触是服务提供商与接受者双方之间互动的心理现象，每一个行动都是有目的的，而结果依双方协调的行动而定，双方皆扮演特定的角色，去达成特定的目的，引用角色理论的观点，来说明服务接触的动态互动关系，将顾客满意定义为：感知与期望的角色行为一致性的函数。

（二）脚本观点（script perspective）

Smith 与Houston（1983）结合期望—不一致理论与脚本结构，将服务满意定义为：脚本期望被符合的程度。Alford（1993）引用脚本观点，将服务满意定义为：若供应者所提供的服务与顾客心中的认知脚本有着相同的动作、顺序，则顾客心中会因为脚本符合而形成满意，而脚本不符合的原因有三：（1）服务供应者加入了非顾客心中的脚本；（2）顾客心中认知的脚本动作被服务供应者删除；（3）服务供应者虽然表现了顾客心中认知的脚本，但是次序却与顾客不相同。Alford（1998）以牙医服务进行实验研究，发现在服务接触中，顾客期望认知脚本的差异会影响服务满意度与再购意愿。

（三）剧场观点（theater perspective）

Grove 与Fisk（1983）认为服务营销涉及服务提供商与接受者双方之间的互动，在行为面的观点上与剧场理论之间有许多相似之处，因此引进剧场理论的观点来诠释服务营销的现象。但是，剧场理论是否能够应用于服务营销中，必须考虑两个因素：（1）此种服务业是否同时服务很多人；（2）服务提供商是否与顾客有高度的接触程度。例如：餐厅、旅馆、医院、娱乐事业等产业，服务提供商与顾客之间有高度的服务接触与互动，而且如果服务失误很容易同时为许多人所目睹，服务失误的风险很高，剧场理论可以提供最佳的分析架构。Grove、Fisk与

Bitner（1992）以（1）演员（员工）—服务的提供者；（2）观众（顾客）—服务的接受者；（3）服务场景（实体环境）—服务发生的地点；（4）服务表演（服务本身）—商家所提供的服务，建立服务剧场观念架构，将服务接触比喻为在服务剧场中的一项表演。

二、服务业顾客满意研究主题的发展

早期的服务业顾客满意研究焦点，集中在顾客满意如何形成与评估。

Parasuraman、Zeithamal与Berry（1988）提出五个差距的绩效与期望差距模型来说明服务质量的形成过程，并且将影响因素归纳为有形性、可靠性、反应性、保障性、移情性五大维度。到了20世纪90年代，由于正面的服务业顾客满意研究已经相当成熟，开始将研究的焦点转移到负面的顾客满意研究，探讨服务失误的分类与服务补救的方法。Bitner、Booms与Tetreault（1990）以餐厅、旅馆、航空业为对象进行实证研究，探讨服务失误的类型，将其分为员工对于服务传送系统或产品失误的反应（无法提供服务、不合理延迟时间、其他核心服务失误）、员工对于顾客需求和要求的反应（顾客特殊需求、顾客特别偏好、顾客自承错误、干扰其他顾客）与员工自发行为（对顾客的关照、不寻常的员工行为、文化规范下的员工行为、整体的经验、处于逆境下的反应）三大类。Bitner、Booms 与Tetreault（1994）在原有的三种服务失误类型之外，再加入员工的观点，增加问题顾客（酒醉、言词挑衅或身体的碰撞、违反公司规定及政府法规、不合作的顾客）构成四大类。

Hoffman、Kelley 与Rotalsky（1995）以Bitner 等人（1990）的分类架构为基础，以餐饮业进行实证研究，探讨服务失误的分类与服务补救的方法，证实此一分类架构可适用于其他的服务业。在服务失误的三大类型中，以员工对于服务传送系统或产品失误的反应（44.4%）发生的比例最高，其次是员工自发行为（37.2%），员工对于顾客需求和要求的反应（18.4%）发生的比例最低。在服务失误的严重性方面，在10点的服务失误严重程度量表中，以座位问题（8.00）、售完（7.33）、设备问题（7.25）三项严重程度较高；在服务补救的方法中，以食物免费（8.05 ）、折扣（7.75 ）、优惠券（7.00 ）、管理者出面解决（7.00 ）、替换（6.35）、更正（6.35）五项满意度较高，以不作任何处理（1.71）、道歉（3.72）的满意度较低。此外，Keavency（1995）将研究的焦点延伸到顾客转移行为，将导致顾客转移行为发生的原因，归纳为价格、不便利、核心服务失败、服务接触失误、服务失误之反应、竞争、道德与非志愿性移转八种因素。

三、服务业顾客满意研究方法的发展

早期的服务业顾客满意研究，学者们大多使用量化的归因方法，来找出影响顾客满意的相关因素。但是，Stauss与Hentschel（1992）比较使用量化的归因基础（attribute-based）衡量方法与质性的关键事例技术法（Critical Incident Technique，CIT）进行相同的研究，发现量化的归因导向衡量方法，只能捕捉到服务质量的例行面貌，但是质性的关键事例技术法，却能给予服务质量的非例行性面貌。因此，近年来在服务业顾客满意的相关研究中，关键事例技术法被大量引用，用以探讨服务失误的分类与服务补救的方法。

Flanagan（1954）所提出的关键事例技术法，最初的形式是监督者记录员工的重要行为，可适用于不同的员工评估与工作分析架构，及视其是否为工作上所期待的行为，再将这些记录的行为分类为特定的类别。然而，早期的关键事例技术法，以不连续的正向或负向关键事例作为访谈内容，使用归因的方法来分析感知的质量或满意度，无法了解顾客满意或不满意之后的行为。因此，Stauss 与Weinlich（1997）提出CIT 的变形结果事例技术法（Sequential Incident Technique，SIT），以不连续正向或负向关键事例的结果作为访谈内容，来探讨顾客满意或不满意之后的行为。Keavency（1995）使用此种方法探讨导致顾客转移行为发生的原因。Roos（1999）更将此种方法应用在顾客转移行为过程的研究，发展出转移路径分析技术法（Switching Path Analysis Technique，SPAT），以分析顾客转移行为的动态过程。

虽然，Roos（1999）所提出的转移路径分析技术法，可以让研究者了解顾客转移行为的过程，但是由于顾客转移的实际行为已经发生，对于商家而言已经无法挽回。所以，Edvardsson与Roos（2001）提出转折点关键事例技术法（Criticality Critical Incident Technique，CCIT），来探讨导致顾客转换行为的关键事例，希望能在顾客转移行为实际发生之前，予以事先预防或挽回。

表10-1为关键事例技术法比较表。

表10-1 关键事例技术法比较表

持续的关系 ←→ 转换的关系

倾向的行为 ←→ 实际的行为

学者	Flanagan（1954）	Stauss & Weinlich（1995；1997）	Edvardsson & Roos（2001）	Roos（1999）
研究方法	关键事例技术法（CIT）	系列事例技术法（SIT）	转折点关键事例技术法（CCIT）	转移路径分析技术法（SPAT）
研究主题	感知的质量 感知的满意度	感知的质量 感知的满意度	关系强度	转移路径的因素
研究焦点	持续的关系	持续的关系	持续的关系	由何处转移到何处的关系
研究内容	正向或负向的不连续关键事例	一系列不连续的正向和负向关键事例	负向的关键事例包含关系结果的决定	负向的关键事例以及转移的结果
研究结果	归因	归因的结果	形成此种关系的归因与结果	转移的路径包含转移决定性因素的形成

数据来源：整理自Edvardsson & Roos (2001)，p.262.

四、服务管理理论与技术的发展趋势

综合前述的文献回顾可知，服务业顾客满意理论，是以期望—不一致理论为基础，由静态的角色观点扩大为互动的脚本观点，再扩大为动态的剧场观点。研究主体由单个体（服务接受者）的服务评估，扩大为双个体（服务接受者与服务提供商）的服务接触，再扩大为整体（服务接受者、服务提供商、服务场景）的服务演出。研究主题由原因→过程→结果→行为持续向前推展，研究焦点也由正向的顾客满意→负向的服务失误→服务失误补救→顾客保留或转移行为不断向后延伸，研究方法则由量化的归因方法→关键事例技术法→系列事例技术法→转移径路分析技术法→转折点关键事例技术法不断突破创新，试图由被动的接受事后行为结果，走向主动的掌控事前行为意图，以期能在服务失误发生之前予以有效预防，避免发生顾客转移行为。

第十一章

剧场理论在服务接触互动过程的应用

问题思考

Grove 与Fisk（1983）认为在服务接触的过程中，涉及顾客与服务人员之间的互动，从行为面的角度来看与剧场有许多相似之处，引进剧场观点来诠释服务接触的互动过程，指引出服务接触顾客满意的研究方向。之后，Parasuraman、Zeithamal 与Berry（1985）才提出服务质量绩效与期望差距模型，时间相对比较晚。但是，为什么服务业顾客满意的相关研究，后来反而由服务质量观念所主导？

问题提示

因为Grove 与Fisk（1983）所提出的服务剧场不易进行操作化与评估，而且缺乏一套具体的量表，以致后续的理论发展非常缓慢。

问题解答

Parasuraman、Zeithamal与Berry（1985）提出服务质量绩效与期望差距模型，由消费者主观地评估购买前的期望与购买后的绩效，有效解决了期望—不一致理论评估主体不一致的问题。

Parasuraman、Zeithamal 与Berry（1988）又提出SERVQUAL 量表，解决缺乏具体评估工具的问题，后继学者陆续引用并且加以验证，引发服务业顾客满意的研究风潮，才会使得服务质量几乎成为服务业顾客满意的代名词。

一、研究背景动机

近年来随着服务业的发展，使得服务接触的议题格外受到重视，被视为服务营销中的核心成分。Solomon、Surprenant、Crepiel与Gutman（1985）认为所谓服务接触（serviceencounter），是指在服务的消费过程中，顾客与服务供应者之间的互动，强调让顾客有机会去评估所接受到的服务，也让服务供应者有机会去管理顾客对服务质量的感知。然而，由相关文献可知，顾客满意研究的理论基础，主要建立在期望—不一致（expectation-disconfirmation）的典范上，由消费者比较购买前的期望与购买后感知的绩效二者之间一致性的程度来评估满意度（Oliver，1980）。但是，Grove 与Fisk（1983）认为在服务接触的过程中，涉及顾客与服务人员之间的互动，从行为面的角度来看，与剧场有许多相似之处，因此引进剧场观点来诠释服务接触的互动过程，指引出服务接触顾客满意的研究方向。

然而，由于服务剧场不易进行操作化与评估，后来反而由Parasuraman、Zeithamal与Berry（1985；1988）以期望—不一致理论为基础加以修正，提出服务质量绩效与期望差距模型，并且发展出量化的SERVQUAL量表，由消费者主观地比较购买前的期望与购买后感知的绩效二者之间的差距，来评估对服务的满意度，引领服务业顾客满意的研究风潮。但是，Swan与Bowers（1998）指出服务质量的研究有三项缺点：（1）对于服务的评估是封闭性的；（2）顾客犹如态度的记账员；（3）服务质量只看到过程的一部分，而无法得知服务互动的状况。此外，Stauss与Hentschel（1992）的研究显示，使用量化的归因方法，只能了解是什么（what）因素在影响顾客满意度，而无法了解这些因素是如何（how）影响顾客满意度。因此，如何引用剧场理论的观点来探讨服务接触的互动过程，并且克服服务剧场不易操作化与评估的问题，将是服务接触研究能否有所创新与突破的主要关键。

问题思考

以往在服务业顾客满意的相关研究，有什么样的缺失？

问题提示

以往在服务业顾客满意的相关研究，大多只从消费者的角度，使用量化的归因方法，进行静态的横断面分析。但是，Stauss与Hentschel（1992）指出使用量化的归因方法进行研究，只能了解是什么（what）因素在影响顾客满意度，而无法了解这些因素是如何（how）影响顾客满意度。

问题解答

由于服务业具有无形性，服务的传递过程看不见、摸不着，不易清楚地具体描述，而且服务接触是消费者与服务人员互动的过程。因此，Shostack（1985）建议使用服务蓝图来描述服务的传递过程，分别从消费者与服务人员的角度，进行双向动态的连续研究。

Solomon 等人（1985）认为在建立以人员为核心的服务接触时，有三个主要的观点：（1）服务接触是双边的；（2）服务接触是人际互动；（3）服务接触是角色表现。但是，以往在服务接触的相关研究中，学者大多以参与服务接触的个别成员作为分析单位，分别从顾客或服务人员的角度进行单边分析，很少同时从顾客与服务人员的角度进行双边分析。其次，服务接触是人际互动的过程，无法仅由一方的表现来预测结果，如果能够通过沟通，相互了解对方可能的行为模式，将可避免发生非预期的冲突行为。再者，服务接触是一种角色表现，如果能够将服务接触的过程，转换成例行性的仪式化行为，让参与服务接触的双方，学习如何表现出适当的角色行为，将有助于控制整个服务接触过程与质量。因此，引用服务剧场观点，以西餐厅进行实证研究，分别从顾客与服务人员的角度，找出顾客与服务人员心中的认知服务脚本，比较二者之间的差异性，并且引用服务蓝图概念来描述服务接触的互动过程。

Grove 与Fisk（1983）认为剧场理论特别适合餐厅、旅馆、医院、娱乐等产业，因为在这些产业中，服务提供商与顾客之间有高度的服务接触，如果发生服务失误很容易为许多人所目睹，服务失误所承受的风险很高，剧场观点可以提供一个最佳的分析架构。所以，以服务提供商与顾客之间有高度服务接触的西餐厅为对象进行实证研究，以验证剧场理论在服务接触的应用效果。所谓西餐厅，指提供欧式或美式餐食为主，正餐内容包含开胃菜（appetizer）、汤（soup）、主菜（entree）、副菜（main course）、甜点（dessert）等项目，采取美式服务（plate service）或银器服务（silver service），并由服务人员提供完整的点餐、送餐与上菜服务的餐厅。

二、相关文献回顾

（一）剧场理论在服务接触的相关研究

Grove 与Fisk（1983）认为服务接触涉及服务供应者与接受者双方的互动，在行为面的观点上与剧场有许多相似之处，引进剧场观点来诠释服务接触的互动过程，强调在服务剧场中，演员与观众（服务供应者与顾客）会带着各自的角色来编织剧本，并且依照剧本来进行表演。Grove 与Fisk（1992）的剧场观点为基础，使用（1）演员：服务的提供者（服务人员）；（2）观众：服务的接受者（顾客）；（3）场景：服务发生的地点（服务环境）；（4）表演：服务本身（服务接触）四个剧场组成元素，提出服务剧场的观念性架构，将服务接触比喻为在服务剧场中的一项表演。Grove、Fisk 与Dorsch（1998）以旅游服务进行实证研究，发现四个剧场组成元素对服务满意度都有相当程度的影响效果。

（二）角色理论在服务接触的相关研究

Solomon 等人（1985）认为服务接触是服务供应者与接受者双方之间互动的心理现象，双方皆扮演特定的角色，去达成特定的目的，引用角色理论的观点，来说明服务接触的动态互动关系，将顾客满意定义为：感知与期望的角色行为一致性的函数。Bitner、Booms 与Tetreault（1990；1994）认为，当顾客与服务人员分享共同的角色期望与良好定义的服务脚本愈多，二者在服务接触的共同性也愈高，在许多例行性的服务接触中，尤其是有经验的顾客与服务人员，其所扮演的角色经过良好的定义，顾客与服务人员都知道彼此的期望是什么，Bither等人并且以美国的航空、旅馆、餐饮业进行实证研究，将导致服务接触顾客满意／不满意的主要因素归纳为：员工对服务传递系统失误的响应、员工对顾客需要与要求的响应、员工自发行为与问题顾客行为四大类，但是由顾客观点所获得的结论，与由服务人员观点所获得的结论有明显的差异。

（三）脚本理论在服务接触的相关研究

Smith 与Houston（1983）从认知心理学的观点来探讨顾客期望的形成，将顾客的期望视为顾客心中一系列有顺序的认知脚本，结合期望—不一致理论与脚本结构，将服务满意定义为：脚本期望被符合的程度。Alford（1993）进一步引用脚本观点，将服务满意定义为：若供应者所提供的服务与顾客心中之认知脚本有着相同的动作、顺序，则顾客心中会因为脚本符合而形成满意，而脚本不符合的原因有三：（1）服务供应者加入了非顾客心中的脚本；（2）顾客心中认知的脚本动作被服务供应者删除；（3）服务供应者虽然表现了顾客心中认知的脚本，但是次序却与顾客不相同。Leong、Busch与Deboah（1989）运用脚本分析方法，比较有效益与无效益销售人员，在典型与非典型情境下的表现差异，发现有效益的寿险销售人员的脚本堆砌较多，也较有能力找到脚本特点，其脚本应变能力亦较强，并且会由不同的销售经验中摘录出共同的规则性。Bitner 等人（1994）认为许多形态的服务接触，例如顾客在一家餐厅中的情境，是一个人终其一生，经过无数次重复的强化、标准化、充分预演过的脚本。所以，当服务接触较强的脚本，顾客与服务人员对于将会发生的事件与顺序会有共同的期望，因此建议顾客与服务人员在服务经验上尽可能地分享共同的观点。

凌仪玲（2000）使用顾客认知服务脚本对牙科就诊与美发进行实证研究，证实对于熟悉的服务而言，无论是服务供应者或顾客心中都存有认知服务脚本，但双方的脚本步骤不尽一致。服务供应者的脚本堆砌要较顾客的脚本更为详细，但是双方的脚本起点并不相同，顾客的脚本起点要早于服务供应者，而且顾客对脚本期望失验的结果，会影响其对服务供应者的印象、专业表现、服务满意以及再购意图。郭德宾（2004）以正式西餐厅进行实证研究，证实一位有经验的顾客或服务人员，在服务接触之前，心中确实存有认知服务脚本，但是二者的认知服务脚本，会因为在服务传递过程中所扮演角色的不同而有所差异。

（四）服务蓝图在服务接触的相关研究

由于服务业具有无形性，服务的传递过程看不见、摸不着，不易清楚地具体描述。因此，Shostack（1985）使用服务蓝图来描述服务的传递过程。服务蓝图源自工业工程、决策理论及系统分析三个领域，综合应用（1）工业工程所发展出完善的图标语言并赋予特殊符号意义，以客观量化方式描述工作流程和作业活动；（2）决策理论的完整符号语言解析过程以描述性过程帮助判断、评估或选择最适方案；（3）系统分析提供特殊的图标符号和描述语言，有效处理相关性、顺序和依存关系（谢宝媛，1997）。由于使用服务蓝图可以清晰地描述服务接触的步骤与过程，使无形的服务变得更为具体有形化。因此，李铨、黄旭男与陈慧如（2001）以服务蓝图来建构国家公园解说服务流程，找出服务蓝图的失误点，研拟改善服务质量策略。

经由前述的文献回顾可知，在Grove 与Fisk（1983）提出服务剧场的观点来隐喻服务接触的互动过程，指引出服务接触顾客满意的研究方向之后，虽然有学者提出类似的观点予以呼应。但是，Solomon 等人（1985）只提出角色理论的观念与命题，并未提出具体的研究架构与方法。Bitner 等人（1990；1994）虽然引用角色理论的观点，分别从顾客与服务人员的角度来探讨服务接触顾客满意 / 不满意的形成原因，但只提出一个静态的分类架构，而未能显示动态的互动过程。凌仪玲（2000）、Alford（1993）虽然使用认知脚本来探讨服务接触的互动过程，但是郭德宾（2004）的研究指出，以往学者只提取超过40%受访者提及的动作来发展核心服务脚本，过于简化服务接触的复杂过程，只能得到极为粗略的认知服务脚本，无法反映实际的服务流程。由此可见，虽然有许多学者尝试引用不同的理论与方法来探讨服务接触的互动过程，但是仍有美中不足之处。所以，如果能够整合不同学者的观点，建立一个剧场观点下的服务接触分析架构，不但能够具体描述服务接触的互动过程，而且可以让参与服务接触的双方学习如何表现出适当的角色行为，将有助于控制整个服务接触过程与质量，不论在学术研究或实务应用上，均有相当大的帮助与贡献。

三、实证研究方法

（一）研究架构

依据前述的文献回顾，引用Grove与Fisk（1992）的剧场观点，以演员（服务的提供者、服务人员）、观众（服务的接受者、顾客）、场景（服务发生的地点、服务环境）、表演（服务本身、服务接触），四个剧场组成要素来建构西餐厅的服务剧场。然后，引用Solomon等人（1985）的角色观点，分别从顾客与服务人员的角度，来探讨西餐厅服务接触的互动过程，使用Alford（1993）的认知脚本方法，找出顾客与服务人员心中的认知服务脚本，并且比较二者之间的差异性，建立研究架构（图11-1），并且提出下列三个研究假设。

H1：在西餐厅的例行性服务接触中，一位有消费经验的顾客，在服务接触之前心中已经存有认知服务脚本。

H2：在西餐厅的例行性服务接触中，一位有服务经验的服务人员，在服务接触之前心中已经存有认知服务脚本。

H3：在西餐厅的例行性服务接触中，顾客与服务人员的认知服务脚本，会因为角色扮演的不同而有所差异。

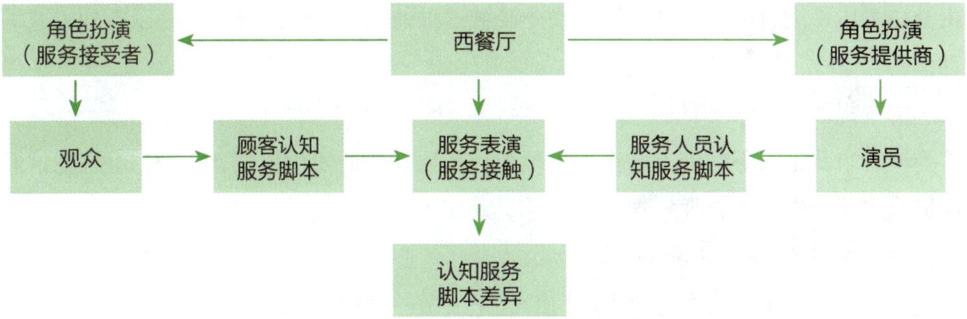

图11-1　研究架构图

（二）研究方法

1. 问卷设计

本研究的问卷分为顾客与服务人员两种，分别使用白色与黄色纸张印制加以区别，问卷内容包含以下三大部分。

（1）研究说明

由于受访者必须是具有消费或服务经验的西餐厅顾客或服务人员。因此，于问卷开头使用文字叙述方式，说明研究范围与对象，并且以开放式问项请受访者列出餐厅名称，以供研究人员确认是否符合研究范围，不符合者列为无效问卷。

（2）认知服务脚本

由于认知服务脚本是一个非常抽象的概念，为了避免受访者不知如何填答问卷，因此使用举例方式加以说明。但是，为了避免所举的案例会诱导受访者，所以列举与本研究无关的到火车站搭火车为例，以①察看火车时刻表；②打电话预订车票；③坐出租车到火车站；④到售票柜台取票；⑤在候车室等候；⑥检票进入月台；⑦火车准时到站；⑧上车寻找座位；⑨将行李放上行李架；⑩坐在位置上休息；⑪取用茶水；⑫上厕所；⑬火车到站；⑭拿行李；⑮下车过月台；⑯出站台验票；⑰坐上出租车；⑱离开火车站18个脚本动作，说明如何描述认知服务脚本。然后，使用30个连续编号的开放式问项，请受访者描述到西餐厅用餐的步骤与服务人员的服务过程。

（3）受访者基本数据

使用名目尺度，调查顾客的性别、年龄，以及服务人员的性别、年龄、工作年资等基本数据。

2. 认知服务脚本的收集

目前在认知脚本的相关研究中，学者大多使用Bower、Black与Turner（1979）所提出的回溯自我评估法（retrospective self-measures method）来发展认知服务脚本（凌仪玲，2000；Alford，1993），其主要步骤如下。

（1）自我记录（self report）

由受试者以回溯自由联想方式，将服务接触过程的步骤，依照前后顺序以条列方式写出所有的动作。

（2）脚本提取（script elicit）

将受试者自我记录下的脚本动作，整理统计各项动作所发生比例，将超过40%受试者提及的动作提取出来，作为核心服务脚本。

（3）脚本配对（comparison pair）

将核心服务脚本中，动作与动作之间的优先级做一番检视，以行列图记录各项动作的发生次数，比较其出现频率的高低，调整动作的先后顺序。

3. 认知服务脚本的检核

由于认知服务脚本的纪录、提取与配对属于质性研究，无法使用量化的统计分析方法来验证研究假设。所以，参考Bower 等人（1979）的方法，在记录顾客与服务人员的认知服务脚本之后，先由两位具有餐饮业实务经验的研究人员，独立检视受访者自我记录的认知服务脚本，使用行列图记录各项动作的优先发生次数。然后，由第三位研究人员进行比对，将两人统计不一致的项目提出讨论，再由两人重新审视并且加以调整，以提高内在判定信度。最后，由研究人员将超过40%受访者提及的核心认知服务脚本，使用脚本配对表，检核各项核心认知服务脚本是否符合时间上的先后顺序，并且进行必要的脚本动作顺序调整，以检测外在判定信度与内容效度。

4. 服务蓝图的绘制

由于郭德宾（2004）的研究指出，以往学者只提取超过40%受访者提及的动作来发展核心服务脚本的方法，过于简化服务接触的复杂过程，只能得到极为粗略的认知服务脚本，不但无法反映实际的服务流程，而且可能遗漏许多有用的管理信息。所以，参考Abbott Black与Smith（1985）的方法，将脚本分为三个层次，最上层为脚本起头（script header），第二层为脚本活动（script activity），最下层为脚本动作（script actions）。然后，以到西餐厅用餐作为第一层的脚本起头，以超过40%受访者提及的核心认知服务脚本作为第二层的脚本活动，以超过10%受访者提及的认知服务脚本作为最下层的脚本动作，绘制西餐厅的服务接触蓝图，并且请三位餐饮业的学者专家检视，是否符合西餐厅的实际服务流程，以提升研究结果的内容效度与外部效度。

（三）资料收集

由于研究对象必须是具有特定消费或服务经验的西餐厅顾客或服务人员，而且受访者必须详细描述服务接触的步骤与过程，如果采取概率抽样法，受限于研究时间与经费，恐怕不易执行。所以，使用立意抽样法，以便迅速过滤不具研究主题经验的受访者，以提高数据收集的速度与正确性。然后，由高雄餐旅学院餐饮管理科系学生300人，在进行访谈训练与前驱测试之后，利用三明治教学校外餐厅实习期间，每人访问西餐厅的服务人员1人与顾客2人，以收集研究所需资料，总共发出900份问卷，扣除无效问卷163份之后，回收有效问卷737份，有效问卷回收率81.9%。在473份顾客有效问卷中，男性占38%，女性占62%，年龄在16～65岁；在264份服务人员有效问卷中，男性占39%，女性占61%，年龄在20～50岁，工作时间在3个月至5年，经检视后并未发现与研究母体之间有重大的差异。

四、数据处理分析

（一）顾客与服务人员认知服务脚本的自我记录

将问卷调查所获得的资料，由两位具有餐饮业实务经验的研究人员，独立检视受访者自我记录的认知服务脚本，使用行列图记录各项动作的优先发生次数，分别得到102个顾客认知服务脚本，以及111个服务人员认知服务脚本（表11-1）。

表11-1　顾客与服务人员认知服务脚本记录表

	顾客	（n=473）		认知服务脚本	服务人员		（n=264）
	百分比	次数	编号		次数	百分比	
○	10.8	51	1	电话询问（预约订位）	31	11.7	○
			2	事前准备（环境清洁）	7	2.7	

续表

	顾客	（n=473）		认知服务脚本	服务人员		（n=264）
	百分比	次数	编号		次数	百分比	
			3	查看、安排订位	8	3.0	
	1.9	9	4	寻找停车位			
	1.5	7	5	代客泊车	1	0.4	
◎	44.6	211	6	迎宾	207	78.4	◎
○	13.1	62	7	询问有无订位	75	28.4	○
	3.4	16	8	查询订位（有订位者）	14	5.3	
	3.4	16	9	请客人稍坐一下（无订位者）	3	1.1	
○	23.9	113	10	询问用餐人数	47	17.8	○
	6.7	32	11	询问吸烟区或非吸烟区	38	14.4	○
	1.9	9	12	询问有无理想座位	5	2.9	
◎	82.2	389	13	带位	226	85.6	◎
	1.1	5	14	询问座位是否满意	9	3.4	
	7.0	33	15	拉椅子	35	13.3	○
○	16.5	78	16	协助客人入座	63	23.9	○
	8.7	41	17	摊口布	87	33.0	○
◎	66.6	315	18	倒水	203	76.9	◎
	7.0	33	19	递冰（热）毛巾	18	6.9	
	0.4	2	20	服务员自我介绍	6	2.3	
	6.3	30	21	介绍消费方式	22	8.3	
◎	58.6	277	22	递菜单	169	64.0	◎
	3.8	18	23	递酒单或饮料单	25	9.5	
○	17.3	82	24	介绍及解说菜单	46	17.4	○
	9.7	46	25	推荐菜单	32	12.1	○
	3.4	16	26	推荐酒或饮料	45	17.0	○
	1.9	9	27	询问客人有无特殊口味偏好	2	0.8	
	6.8	32	28	给客人时间决定餐点	19	7.2	
◎	74.0	350	29	点菜	173	65.5	◎
	0.8	4	30	询问牛排熟度及佐料	77	29.2	○

续表

	顾客	（n=473）		认知服务脚本	服务人员		（n=264）
	百分比	次数	编号		次数	百分比	
	7.2	34	31	点酒、饮料	26	9.8	
	1.9	9	32	询问饮料餐前、餐中、餐后上	7	2.7	
	7.4	35	33	复诵菜单	26	9.8	
	1.1	5	34	收菜单、酒单	2	0.8	
	5.3	25	35	请客人等候上菜	2	0.8	
			36	送点餐单至吧台、厨房及出菜口	45	17.0	○
○	15.2	72	37	依所点菜肴更换正确餐具	49	18.6	○
			38	至出菜口出菜	7	2.7	
	1.1	5	39	巡桌一（随时注意客人的需求）	4	1.5	
			40	开酒之前将酒拿给客人确认	2	0.8	
	1.1	5	41	开酒	2	0.8	
	0.8	4	42	试酒	1	0.4	
	1.1	5	43	倒酒	3	1.1	
○	10.1	45	44	服务酒或饮料	50	18.9	○
	1.3	6	45	巡桌二（随时注意客人的需求）	8	3.0	
○	16.7	79	46	上面包、奶油	61	23.1	○
	3.8	18	47	收面包篮	8	3.0	
○	10.4	49	48	上开胃菜	38	14.4	○
	3.8	18	49	收开胃菜的餐具	29	11.0	○
○	22.6	107	50	上汤	85	32.2	○
	8.7	41	51	收汤的餐具	49	18.6	○
○	15.4	73	52	上沙拉	48	18.2	○
	4.4	21	53	收沙拉盘及餐具	27	10.2	○
	5.9	28	54	巡桌三（随时注意客人的需求）	28	10.6	○
	7.0	33	55	上前菜	33	12.5	○
	2.3	11	56	收前菜的餐具	20	7.6	

续表

	顾客	（n=473）			服务人员		（n=264）
	百分比	次数	编号	认知服务脚本	次数	百分比	
			57	收秀盘（Show Plate）	5	1.9	
	2.1	10	58	上佐餐酒、饮料	4	1.5	
	0.4	2	59	上菜前通知一下客人	3	1.1	
◎	88.2	417	60	上主菜	193	73.1	◎
	1.7	8	61	告知客人此道菜名	5	1.9	
	4.7	22	62	解释吃法及分菜服务	6	2.3	
	2.3	11	63	提供主菜酱汁	7	2.7	
	0.8	4	64	上配菜	4	1.5	
	4.9	23	65	请客人慢用	5	1.9	
○	23.5	111	66	巡桌四（随时注意客人的需求）	99	37.5	○
	9.5	45	67	询问客人对菜色的意见	28	10.6	○
	2.5	12	68	注意客人餐点是否已用完毕	4	1.5	
◎	45.2	214	69	收主菜的餐具	159	60.2	◎
○	20.7	98	70	清理桌面	95	36.0	○
			71	收佐餐酒杯	5	1.9	
			72	撤盐和胡椒罐	2	0.8	
			73	让客人稍做休息	2	0.8	
	0.4	2	74	提供牙签给客人	4	1.5	
○	10.4	49	75	询问、介绍餐后甜点、饮料	45	17.0	○
	1.7	8	76	摆设甜点餐具	25	9.5	
◎	45.2	214	77	上餐后甜点	123	46.6	◎
◎	40.6	192	78	上餐后饮料	118	44.7	◎
	0.6	3	79	注意是否有菜没出	2	0.8	
	2.3	11	80	收甜点的餐具	16	6.0	

续表

	顾客	（*n*=473）		认知服务脚本	服务人员		（*n*=264）
	百分比	次数	编号		次数	百分比	
	7.8	37	81	上水果	8	3.0	
	5.5	26	82	收水果盘	10	3.8	
	7.4	35	83	巡桌五（随时注意客人的需求）	18	6.8	
	0.6	3	84	告知客人餐点已全部上完	1	0.4	
	1.5	7	85	注意客人是否用餐完毕	8	3.0	
	4.2	20	86	询问客人是否加点东西	10	3.8	
	3.0	14	87	指引客人至化妆室	1	0.4	
	0.2	1	88	送来要打包的东西			
	7.2	34	89	用餐结束	5	1.9	
	4.0	19	90	将账单送至客人桌上	19	7.2	
○	14.2	67	91	询问客人满意度、意见	57	21.6	○
	0.4	2	92	回答客人问题	4	1.5	
	0.2	1	93	有问题或意见者回报主管处理	1	0.4	
	3.0	14	94	请客人填写顾客意见表	13	4.9	
	3.2	15	95	指引客人至柜台结账	10	3.8	
	4.0	19	96	帮客人买单	35	13.3	○
	2.3	11	97	客人自行买单	15	5.7	
	1.3	6	98	说明及确认账单内容	4	1.5	
	1.5	7	99	询问付款方式	15	5.7	
	0.8	4	100	询问客人有无会员卡、优惠券	1	0.4	
	0.6	3	101	询问统一编号	6	2.3	
◎	76.7	363	102	结账（开具发票、找零）	198	75.0	◎
	0.2	1	103	客人给予服务人员小费			
	0.6	3	104	核对签账卡、信用卡	3	1.1	

续表

	顾客	（n=473）		认知服务脚本	服务人员		（n=264）
	百分比	次数	编号		次数	百分比	
	1.1	5	105	盖停车券	10	3.8	
	2.1	10	106	送赠品或优惠券	2	0.8	
			107	查看客人有无遗漏东西	4	1.5	
	0.8	4	108	与客人交换名片	1	0.4	
○	16.3	77	109	微笑致谢	68	25.8	○
◎	39.5	187	110	送客人至门口	190	72.0	◎
	0.6	3	111	泊车人员将车开至门口	1	0.4	
			112	客人给予泊车人员小费	1	0.4	
○	12.7	60	113	离开	9	3.4	
			114	清理桌面，等待下一位客人	78	29.5	○

◎：40%以上受访者提及，○：10%以上受访者提及

（二）顾客与服务人员认知服务脚本的提取

参考Bower 等人（1979）的建议，将在顾客与服务人员认知服务脚本记录表中，超过40%受访者提及的动作提取出来，得到迎宾、带位、倒水、递菜单、点菜、上主菜、收主菜的餐具、上餐后甜点、上餐后饮料、结账、送客人至门口11个核心认知服务脚本。

（三）顾客与服务人员认知服务脚本的配对

将前述11个顾客与服务人员的核心认知服务脚本，以行列图记录各项动作的优先发生次数，使用配对法检核是否符合时间上的先后顺序。例如：在顾客核心认知服务脚本配对表中，（第4行，第3列）=151的含意是：在473位受访者中，认为倒水应出现在递菜单之前的受访者有151人，而对角线位置（第3行，第4列）=66的含意是：在473位受访者中，认为递菜单应出现在倒水之前的受访者有66人。由此可见，认为倒水应出现在递菜单之前的受访者（151人），要比认为递菜单应出现在倒水之前的受访者（66人）来得多，所以倒水应列在递菜单之前。反之，如果认为递菜单应出现在倒水之前的受访者较多，则倒水与递菜单两个动作出现的先后顺序就应该互调。因此，经由顾客与服务人员核心认知服务脚本配对表（表11-2、表11-3）的检核可知，并无任何需要变更顺序的动作。

表11-2 顾客核心认知服务脚本配对表（n=473）

脚本	迎宾	带位	倒水	递菜单	点菜	上主菜	收餐具	上甜点	上饮料	结账	送客
迎宾	/	157	144	111	124	123	141	72	92	151	136
带位		/	198	155	170	173	191	111	126	205	183
倒水			/	116	168	178	173	112	129	195	170
递菜单			45	/	163	168	137	108	114	152	142
点菜			8		/	181	145	113	118	173	153
上主菜						/	154	117	109	171	158
收餐具						2	/	97	93	178	160
上甜点							2	/	78	108	97
上饮料					3	15	26	21	/	122	114
结账										/	184
送客							1			3	/

表11-3 服务人员核心认知服务脚本配对表（n=264）

脚本	迎宾	带位	倒水	递菜单	点菜	上主菜	收餐具	上甜点	上饮料	结账	送客
迎宾	/	151	130	113	158	157	120	86	82	162	106
带位		/	283	247	319	336	266	165	166	350	167
倒水			/	151	238	283	211	162	157	278	143
递菜单			66	/	251	262	177	146	142	238	121
点菜			42		/	361	235	179	176	329	156
上主菜			9			/	240	191	174	335	162
收餐具						6	/	126	111	258	135
上甜点							9	/	93	171	93
上饮料						17	27	44	/	171	96
结账										/	169
送客										2	/

（四）顾客与服务人员认知服务脚本的建立

参考Abbott等人（1985）的方法，将脚本分为三个层次，以到西餐厅用餐作为第一层的脚本起头，以超过40%受访者提及的核心认知服务脚本作为第二层的脚本活动，以超过10%受访者提及的认知服务脚本作为最下层的脚本动作，得到西餐厅服务接触顾客与服务人员认知服务脚本对照表（表11-4），其中包含迎宾、带位、倒水、递菜单、点菜、上主菜、收主菜的餐具、上餐后甜点、上餐后饮料、结账、送客11个主要的脚本活动，以及28个顾客脚本动作与42个服务人员脚本动作。由此可见，在西餐厅的例行性服务接触过程中，顾客与服务人员在经历多次的行为重复与经验强化之后，对将会发生的事件与事件发生的顺序会有所期望，进而形成特定的认知服务脚本。所以，研究假设一：在西餐厅的例行性服务接触中，一位有消费经验的顾客，在服务接触之前心中已经存有认知服务脚本，以及研究假设二：在西餐厅的例行性服务接触中，一位有服务经验的服务人员，在服务接触之前心中已经存有认知服务脚本，分别获得支持。

表11-4　西餐厅服务接触顾客与服务人员认知服务脚本对照表

脚本活动	脚本动作	顾客	服务人员
迎宾	电话询问（预约订位）	○	○
↓	迎宾	○	○
带位	询问有无订位	○	○
↓	询问用餐人数	○	○
↓	询问吸烟区或非吸烟区		○
↓	带位	○	○
↓	拉椅子		○
↓	协助客人入座	○	○
↓	摊口布		○
倒水	倒水	○	○
递菜单	递菜单	○	○
↓	介绍及解说菜单	○	○
↓	推荐菜单		○
↓	推荐酒或饮料		○
点菜	点菜	○	○
↓	询问牛排熟度及佐料		○
↓	送点餐单至吧台、厨房及出菜口		○
↓	依所点菜肴更换正确餐具	○	○
上主菜	服务酒或饮料	○	○
↓	上面包、奶油	○	○

续表

脚本活动	脚本动作	顾客	服务人员
↓	上开胃菜	○	○
↓	收开胃菜的餐具		○
↓	上汤	○	○
↓	收汤的餐具		○
↓	上沙拉	○	○
↓	收沙拉盘及餐具		○
↓	巡桌三（随时注意客人的需求）		○
↓	上前菜		○
↓	上主菜	○	○
↓	巡桌四（随时注意客人的需求）	○	○
↓	询问客人对菜色的意见		○
收主菜的餐具	收主菜的餐具	○	○
↓	清理桌面	○	○
上餐后甜点	询问、介绍餐后甜点、饮料	○	○
↓	上餐后甜点	○	○
上餐后饮料	上餐后饮料	○	○
结账	询问客人满意度、意见	○	○
↓	帮客人买单		○
↓	结账（开具发票、找零）	○	○
送客	微笑致谢	○	○
↓	送客人至门口	○	○
↓	离开	○	
↓	清理桌面，等待下一位客人		○

（五）顾客与服务人员认知服务脚本的比较

由前述顾客与服务人员认知服务脚本对照表可知，在西餐厅的服务接触中，顾客的认知服务脚本包含28个脚本动作，服务人员的认知服务脚本包含42 个脚本动作，但是两者的脚本步骤并不一致，例如：离开只出现在顾客的认知服务脚本中，而询问吸烟区或非吸烟区、拉椅子、摊口布、推荐菜单、推荐酒或饮料、询问牛排熟度及佐料、送点餐单至吧台、厨房及出菜口、收开胃菜的餐具、收汤的餐具、收色拉盘及餐具、巡桌三（随时注意客人的需求）、上前菜、询问客人对菜色的意见、询问客人对菜色的意见、帮客人买单、清理桌面，等待下一位客人等16个脚本动作，只出现在服务人员的认知服务脚本中。由此可见，在西餐厅的服务接触

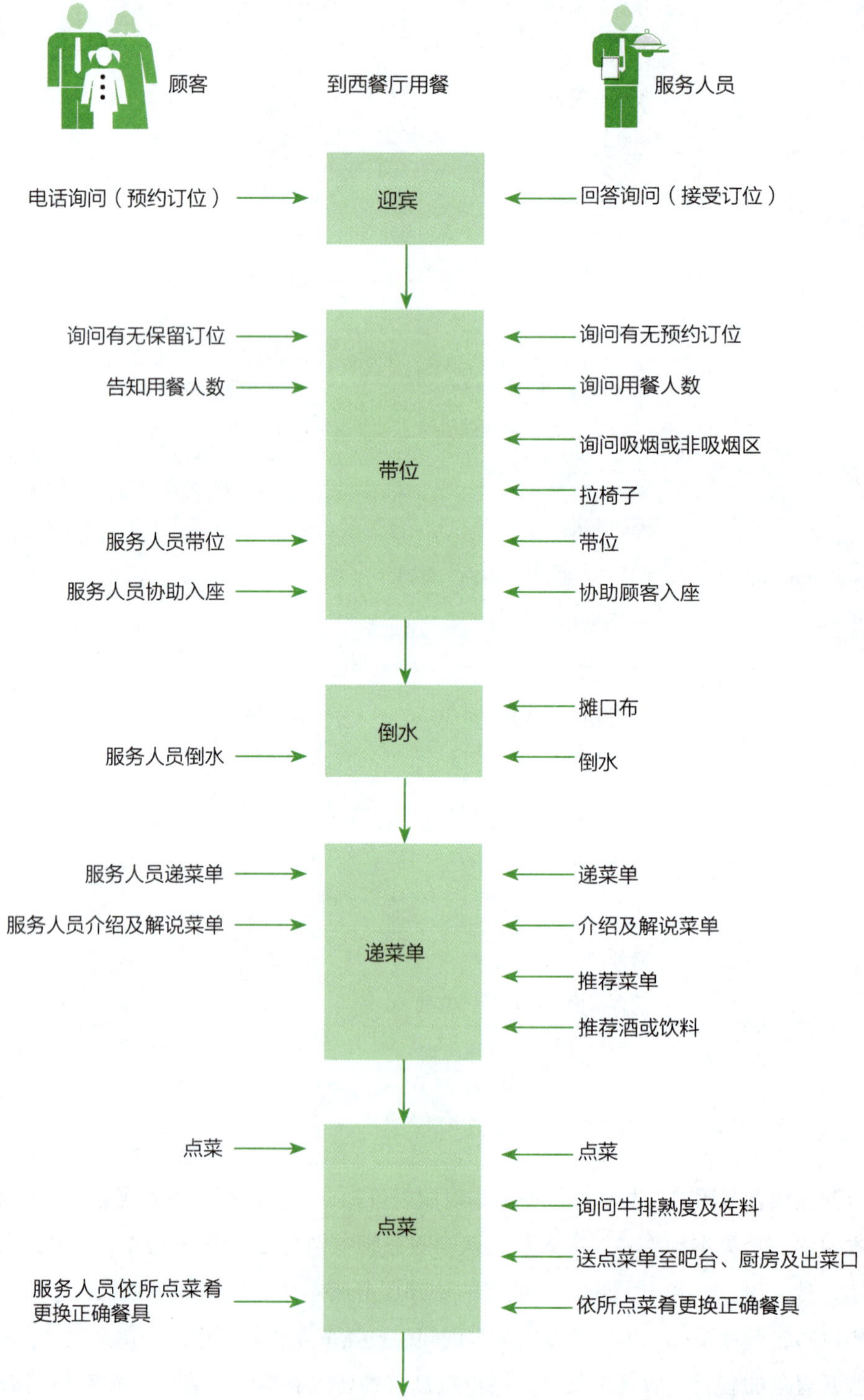

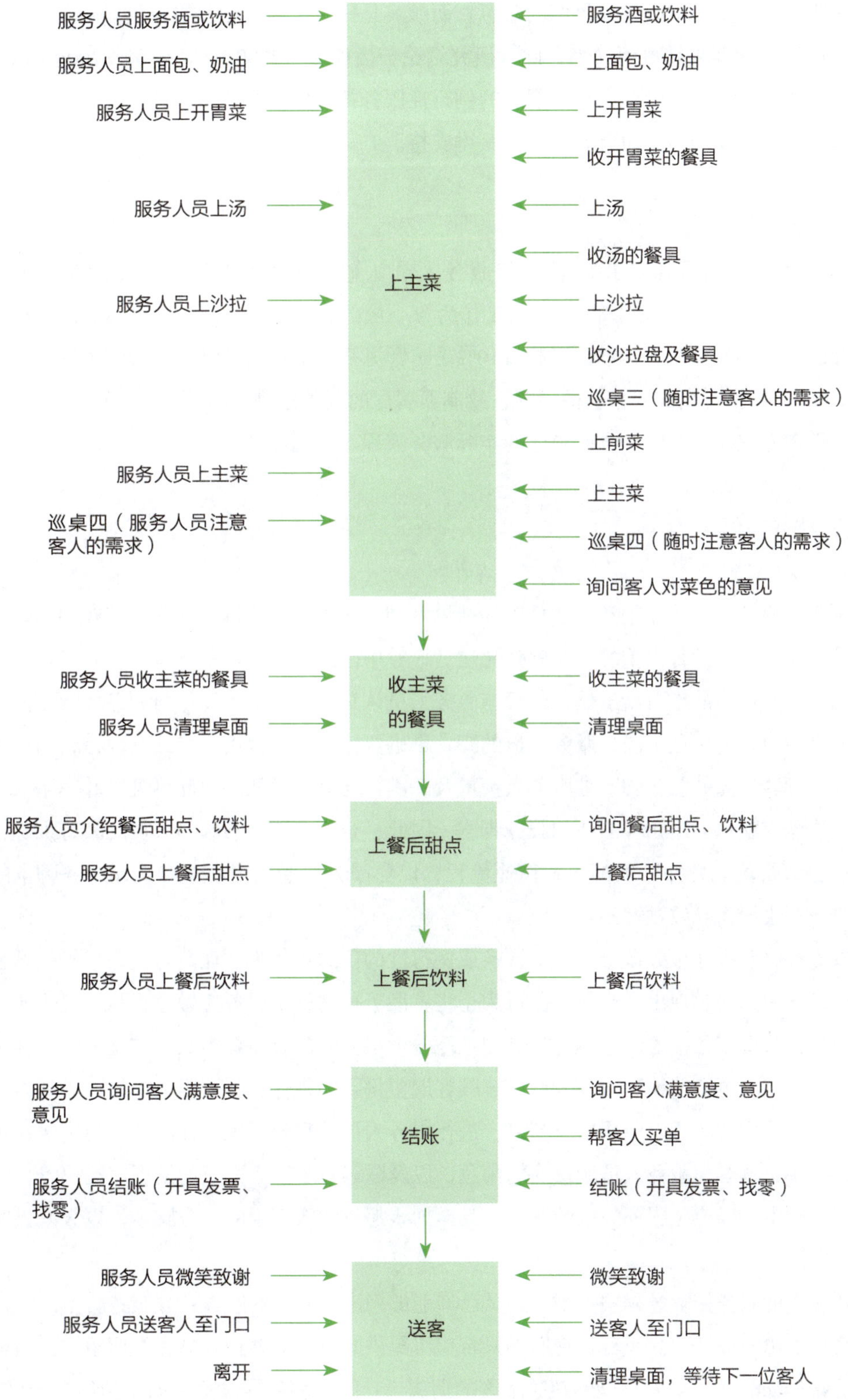
服务人员服务酒或饮料
服务人员上面包、奶油
服务人员上开胃菜
服务人员上汤
服务人员上沙拉
服务人员上主菜
巡桌四（服务人员注意客人的需求）
上主菜
服务酒或饮料
上面包、奶油
上开胃菜
收开胃菜的餐具
上汤
收汤的餐具
上沙拉
收沙拉盘及餐具
巡桌三（随时注意客人的需求）
上前菜
上主菜
巡桌四（随时注意客人的需求）
询问客人对菜色的意见
服务人员收主菜的餐具
服务人员清理桌面
收主菜的餐具
收主菜的餐具
清理桌面
服务人员介绍餐后甜点、饮料
服务人员上餐后甜点
上餐后甜点
询问餐后甜点、饮料
上餐后甜点
服务人员上餐后饮料
上餐后饮料
上餐后饮料
服务人员询问客人满意度、意见
服务人员结账（开具发票、找零）
结账
询问客人满意度、意见
帮客人买单
结账（开具发票、找零）
服务人员微笑致谢
服务人员送客人至门口
离开
送客
微笑致谢
送客人至门口
清理桌面，等待下一位客人

中，由于服务人员是扮演服务提供商的角色，而顾客是扮演服务接受者的角色，所以服务人员的脚本堆砌要比顾客来得更为详细，此一研究结论与凌仪玲（2000）、郭德宾（2004）的研究结果相符。所以，研究假设三，在西餐厅的例行性服务接触中，顾客与服务人员的认知服务脚本，会因为角色扮演的不同而有所差异，获得支持。

（六）绘制服务流程图

依据前述的西餐厅服务接触顾客与服务人员认知服务脚本对照表，依照Abbott 等人（1985）的脚本三个层次，以到西餐厅用餐作为第一层的脚本起头，以超过40%受访者提及的核心认知服务脚本作为脚本活动，以超过10%受访者提及的认知服务脚本作为脚本动作，使用Shostack（1985）所提出的服务蓝图概念，绘制西餐厅的服务接触蓝图（图11-2），并且请三位餐饮业的学者专家检视，以符合西餐厅的实际服务流程。

五、管理实务内涵

由顾客与服务人员认知服务脚本分析的结果可知，在西餐厅的例行性服务接触中，顾客与服务人员在经历多次的行为重复与经验强化之后，心中已经存有认知服务脚本，并且依据此认知服务脚本作为行为的指引。虽然，顾客与服务人员认知服务脚本的动作与顺序大致相同，但是由于二者所扮演的角色不同，服务人员的脚本堆砌要比顾客来得更为详细。但是，值得注意的是，部分顾客认知的服务脚本被服务人员提及的次数与比例偏低。由此可见，并不是每一个服务人员均能完整地列出顾客的认知服务脚本。因此，企业应该加强服务人员的教育训练，让每一位服务人员均能熟知标准的服务作业流程，以免因为遗漏或更动顾客认知服务脚本的顺序，造成服务失误而导致顾客不满。

如果能够将西餐厅服务接触过程，转换成例行性的仪式化行为，让参与服务接触的顾客与服务人员，学习如何表现出适当的角色行为，将有助于控制整个服务接触过程与质量。所以，西餐厅业者在管理服务接触时，不应只是抽象地告诉服务人员要以客为尊，或是要让顾客感到宾至如归，而是要更清楚地让服务人员了解顾客期望得到的是什么，而服务人员又必须做些什么。因此，西餐厅业者可以应用研究结果，进行服务人员的教育训练，让服务人员了解在服务接触的过程中，顾客与服务人员所扮演的角色，以及顾客对于服务人员的期望，演出符合顾客期望的服务脚本，以避免服务失误的发生，甚至加入超越顾客期望的服务脚本，以大幅提升顾客满意度。

在西餐厅的服务接触过程中，服务人员已经能够列出大部分的顾客认知服务脚本。但是，对许多表现杰出的标杆企业而言，它们不只希望所提供的服务能够符合顾客的期望，让顾客感到满意（satisfaction），更希望能够超越顾客的期望，让顾客感到喜悦（cheer）。所以，在顾客与服务人员认知服务脚本记录表中，虽然有些认知服务脚本被服务人员提及的比例未达10%，例如：询问有无理想座位、询问座位是否满意、服务员自我介绍、介绍消费方式、询问客人有无特殊口味偏好、给客人时间决定餐点、请客人等候上菜、上菜前通知客人、解释吃法及分菜服务、请客人慢用、提供牙签给客人、告知客人餐点已全部上完、送赠品或优惠券、查看客人有无遗漏东西等脚本动作，但是如果服务人员能够主动将其列入认知服务脚本中，将可超越顾客的期望，形成正向的期望—不一致，让顾客感到喜悦。反之，虽然有些顾客认知服务脚本被提及的比例未达10%，例如：询问吸烟区或非吸烟区、复诵菜单、询问牛排熟度及佐料、开酒之前将酒拿给客人确认、试酒、注意是否有菜没出、送来要打包的东西、回答客人问题、有问题或意见者回报主管处理、询问客人有无会员卡、优惠券、停车券等脚本动作，但是如果服务人员将其遗漏未列入认知服务脚本中，可能会因为未能符合顾客的期望，形成负向的期望—不一致，导致服务失误而让顾客感到不满意。

第十二章

顾客满意、服务失误与服务补救类型分析

问题思考

所有服务业的最终目标，都是希望能够让顾客满意。但是，究竟什么事情会让顾客感到满意？什么事情会让顾客感到不满意？

问题提示

所有科学知识最基本的要件，就是建立一套完整的分类架构，就像生物学将所有的生物分门别类，化学将所有的元素建立一套化学元素表一样。

问题解答

Bitner、Booms与Tetreault（1990）使用关键事例技术法，将导致服务接触顾客满意／不满意的主要因素分为：员工对服务传递系统失误的响应（无法提供服务、不合理延迟时间、其他核心服务失误）、员工对顾客需要与要求的响应（顾客特殊需求、顾客特别偏好、顾客自承错误、干扰其他顾客）与员工自发行为（对顾客的关照、不寻常的员工行为、文化规范下的员工行为、整体的经验、处于极大压力下的反应）三大类12项，为服务业建立了一套完整的分类架构。

一、研究背景动机

20世纪80年代中期的服务业顾客满意研究，研究的焦点主要集中在服务质量的形成与评估，并且使用量化的研究方法，企图找出影响服务业顾客满意的主要因素与构面（Parasuraman，Zeithamal&Berry，1985; 1988）。到了20世纪90年代，由于顾客满意的相关研究已经相当成熟，学者们开始将研究的焦点转到顾客不满意议题的研究，并且引进质性的关键事例技术法（Critical Incident Technique，CIT），探讨服务失误的分类与服务补救的方法，试图对服务业顾客满意/不满意的形成进行更深入的分析。

Bitner、Booms与Tetreault（1990）首先以美国的航空、旅馆、餐厅进行研究，从顾客的观点探讨导致服务接触顾客满意/不满意的主要因素。Bitner、Booms 与Mohr（1994）再从员工的观点进行分析，并且比较二者之间的差异性。Hoffman、Kelley 与Rotalsky（1995）参考Bitner 等人（1990）的分类架构，以美国的餐厅进行研究，提出餐饮业服务失误与服务补救的分类架构。刘宗其、李奇勋、黄吉村与渥顿（2001）引用Hoffman 等人（1995）的分类架构，以台湾地区的餐厅进行研究，发现此种分类架构在台湾地区虽可适用，但是在不同的文化背景下，各种类型所占的比例会略有差异。林玥秀、黄文翰与黄毓伶（2003）延续Bitner 等人（1990）与Hoffman 等人（1995）的研究，以台湾地区的餐厅进行研究，但是所得到的结论却与二者有明显的差异。

二、相关文献回顾

问题思考

什么事情会让顾客感到满意或不满意？从顾客的观点或服务人员的观点来看，是否一样？

问题提示

Bitner、Booms与Tetreault（1990）从顾客的观点进行分析，Bitner、Booms与Mohr（1994）从服务人员的观点进行分析，得到了非常有趣的答案。

问题解答

Bitner、Booms与Tetreault（1990）将导致服务接触顾客满意/不满意的主要因素分为：员工对服务传递系统失误的响应、员工对顾客需要与要求的响应与员工自发行为三大类。Bitner、Booms与Mohr（1994）在原有的三种类型之外，再增加问题顾客行为（醉酒、言语或身体的侮辱、违反公司政策及法令、不合作的顾客），将导致服务接触顾客满意／不满意的主要因素分为四大类。

（一）服务接触顾客满意／不满意相关研究

Bitner 等人（1990）使用关键事例技术法以美国的航空、旅馆、餐厅进行研究，将导致服务接触顾客满意／不满意的主要因素分为：员工对服务传递系统失误的响应（无法提供服务、不合理延迟时间、其他核心服务失误）、员工对顾客需要与要求的响应（顾客特殊需求、顾客特别偏好、顾客自承错误、干扰其他顾客）与员工自发行为（对顾客的关照、不寻常的员工行为、文化规范下的员工行为、整体的经验、处于极大压力下的反应）三大类12项。然而，Bitner 等人（1990）的研究是由顾客的观点进行分析，因此Bitner 等人（1994）再增加员工的观点，在原有的三种类型之外，再增加问题顾客行为（醉酒、言语或身体的侮辱、违反公司政策及法令、不合作的顾客），将导致服务接触顾客满意／不满意的主要因素分为四大类16项，如表12-1所示。

表12-1　员工与顾客观点服务接触顾客满意／不满意类型比较表

	满意		不满意		列合计	
	次数	百分比	次数	百分比	次数	百分比
1.员工对服务传递系统失误的响应						
员工	109	27.5	195	51.7	304	39.3
顾客	81	23.3	151	42.9	232	33.2
2.员工对顾客需要与要求的响应						
员工	196	49.4	62	16.4	258	33.3
顾客	114	32.9	55	15.6	169	24.2
3.员工自发行为						
员工	89	22.4	37	9.8	126	16.3
顾客	152	43.8	146	41.5	298	42.6
4.问题顾客行为						
员工	3	0.8	83	22.0	86	11.1
顾客	0	0.0	0	0.0	0	0.0

续表

	满意		不满意		列合计	
	次数	百分比	次数	百分比	次数	百分比
行合计						
员工	397	51.3	377	48.7	774	100.0
顾客	347	49.6	352	50.4	699	100.0

数据来源：Bitner, Booms & Mohr (1994), p.101.

（二）餐饮业服务失误与服务补救相关研究

问题思考

Bitner、Booms与Mohr（1994）将导致服务接触顾客满意／不满意的主要因素分为：员工对服务传递系统失误的响应、员工对顾客需要与要求的响应与员工自发行为、问题顾客行为四大类。这样的分类架构能否适用于台湾地区的服务业？

问题提示

服务业受到社会文化因素的影响很大，在不同文化背景下，可能会有所差异。

问题解答

Bitner、Booms与Mohr（1994）的分类架构，经过几位学者的研究证实，依然可适用于台湾地区的服务业，只是在不同的文化背景下，二者的服务失误与服务补救类型比例会略有差异。

Hoffman、Kelley与Rotalsky（1995）参考Bitner 等人（1990）的分类架构，使用关键事例技术法以美国的餐厅进行研究，将服务失误分为：员工对服务传送系统失误的响应（产品缺失、服务缓慢／未获得服务、设备缺失、餐食售完、政策不清、其他）、员工对顾客需要与要求的响应（座位问题、烹饪程序错误、其他）、员工自发行为（员工行为、点错餐食、送错餐食、账目错误、其他）三大类14项，并且将服务补救分为：食物免费、管理者出面解决、送优惠券、更换餐食、折扣、更正、道歉、不做任何处理八大类，其中以送优惠券、折扣、管理者出面解决比较能为顾客所接受，但是业者大多以更换餐食方式进行服务补救居多。

刘宗其、李奇勋、黄吉村与渥顿（2001）以台湾地区的餐厅为例，重复Hoffman等人

（1995）的研究，将服务失误分为：员工对服务传递系统失误的响应（产品缺失、缓慢/未获得服务、设备缺失、餐食售完、政策不清、未依来客顺序服务、其他）、员工对顾客需要与要求的响应（座位问题、烹饪程序错误、其他）、员工自发行为（员工行为、点错餐食、送错餐食、餐点溢出、账目错误）三大类15项，并且将服务补救分为：食物免费、管理者出面解决、送优惠券、更换餐食、折扣、更正、道歉、不做任何处理、责备顾客、其他十大类，其中以食物免费、管理者出面解决、送优惠券、更换餐食的平均满意度较高，以不做任何处理、责备顾客的平均满意度较低。在与Hoffman 等人（1995）的研究结论相对照之后，发现Hoffman 等人（1995）的分类架构亦可适用于台湾地区的餐饮业，只是在不同的文化背景下，二者的服务失误与服务补救类型比例会略有差异。

林玥秀、黄文翰与黄毓伶（2003）参考Bitner 等人（1990）的分类架构，以台湾地区的餐厅进行研究，将服务失误分为：服务传递系统失误（订位失误、接待餐点和准备工作、送错餐食、部分餐食遗漏、餐食饮料完全未得到、餐食售完或无法提供、送餐速度不当、餐饮卫生缺失、餐饮质量缺失、餐中服务不佳、餐具问题、环境问题、设备缺失、政策认知差异、账单失误）、员工对顾客需要与要求的响应（要求特定座位、要求更换菜色、其他顾客问题）与员工自发行为（专业知识与卫生习惯欠佳、服务态度不佳、专业技术欠佳、欺骗客人）三大类22 项，并且将服务补救分为：全部消费免费、提供折扣、更正错误、额外补偿、更换餐食、重新烹调、主管主动介入处理、顾客主动提出更正、顾客要求主管出面处理、换人服务、只有道歉、只有口头说明、不满更正错误方式、不做任何处理、错误扩大、欺骗或敷衍顾客十六大类，其中以不做任何处理、更正错误、更换餐食三种服务补救最为普遍，以全部消费免费、提供折扣、额外补偿、主管主动介入处理四种服务补救的平均满意度较高，而错误扩大、不做任何处理的平均满意度较低。然而，大多数的受访者对于业者所进行的服务补救，平均满意度与再购意愿均不高。

表12-2和表12-3分别汇总了餐饮服务失误分类和补救分类的比较。

表12-2 餐饮业服务失误分类比较表

学者	Hoffman, Kelley, Rotalsky（1995）	刘宗其、李奇勋、黄吉村、渥顿（2001）	林玥秀、黄文翰、黄毓伶（2003）
研究对象	美国餐饮业	台湾地区餐饮业	台湾地区餐饮业
一、员工对于服务传递系统失误的响应			
产品缺失	√	√	
餐饮卫生缺失			√
餐饮质量缺失			√

续表

学者	Hoffman, Kelley, Rotalsky（1995）	刘宗其、李奇勋、黄吉村、渥顿（2001）	林玥秀、黄文翰、黄毓伶（2003）
研究对象	美国餐饮业	台湾地区餐饮业	台湾地区餐饮业
服务缓慢／未获得服务	√	√	
送餐速度不当			√
餐食饮料完全未得到			√
部分餐食遗漏			√
设备缺失	√	√	√
餐具问题			√
环境问题			√
餐食售完	√	√	√
政策不清	√	√	√
未依来客顺序服务		√	
订位失误			√
接待餐点和准备工作			√
餐中服务不佳			√
账单失误			√
其他	√	√	
二、员工对于顾客需要与要求的响应			
座位问题	√	√	√
烹饪程序错误	√	√	
要求更换菜色			√
其他顾客问题			√
其他	√	√	
三、员工自发行为			
员工行为	√	√	
点错餐食	√	√	
送错餐食	√	√	
账目错误	√	√	

续表

学者	Hoffman, Kelley, Rotalsky（1995）	刘宗其、李奇勋、黄吉村、渥顿（2001）	林玥秀、黄文翰、黄毓伶（2003）
研究对象	美国餐饮业	台湾地区餐饮业	台湾地区餐饮业
餐点溢出		√	
专业知识与卫生欠佳			√
服务态度不佳			√
专业技术欠佳			√
欺骗客人			√
其他	√	√	

表12-3　餐饮业服务补救分类比较表

学者	Hoffman, Kelley, Rotalsky（1995）	刘宗其、李奇勋、黄吉村、渥顿（2001）	林玥秀、黄文翰、黄毓伶（2003）
研究对象	美国餐饮业	台湾地区餐饮业	台湾地区餐饮业
食物免费	√	√	√
管理者出面解决	√	√	√
送优惠券	√	√	
更换餐食	√	√	√
折扣	√	√	√
更正	√	√	√
道歉	√	√	√
不做任何处理	√	√	√
责备顾客		√	
额外补偿			√
重新烹调			√
顾客主动提出更正			√
顾客要求主管出面处理			√
只有口头说明			√
不满更正错误方式			√
错误扩大			√

续表

学者	Hoffman, Kelley, Rotalsky（1995）	刘宗其、李奇勋、黄吉村、渥顿（2001）	林玥秀、黄文翰、黄毓伶（2003）
研究对象	美国餐饮业	台湾地区餐饮业	台湾地区餐饮业
欺骗或敷衍顾客			√
其他		√	

三、实证研究方法

（一）研究架构

早期的服务业顾客满意研究，学者们大多使用定量研究的方法来进行分析，以找出影响顾客满意的相关因素。但是，Stauss与Hentschel（1992）认为使用定量研究的分析方法，只能了解是什么（what）因素在影响顾客满意度，而无法了解这些因素是如何（how）影响顾客满意度。因此，近年来学者们开始引用定性研究的方法，从不同的角度对服务业顾客满意进行研究。Dickens（1987）指出定性研究的目的并不是要提供有关顾客的数量性信息，而是要发掘顾客的情感与动机。所以，使用定性研究的关键事例技术法（CIT），来收集餐饮业的顾客满意、服务失误与服务补救关键事例，以了解在服务传递的过程中，顾客为什么会感到满意或不满意的主要原因。

所谓关键事例技术法，系由Flanagan（1954）所提出，最初的形式是由监督者记录员工的重要行为，用于不同的员工评估与工作分析架构，视其是否为工作上所期待的行为，再将这些记录的行为分类为特定的类别。由于CIT在工作分析与心理学方面的应用甚广，近年来被许多学者运用于服务业营销相关议题的研究。并且CIT是以开放式的问卷，记录特定事件发生的过程，进行质性的分析，而非以结构式的问卷，进行一般性的量化分析，对于服务接触互动过程中，顾客满意／不满意的形成能够提供更多的信息，被认为是最适合使用于服务接触顾客满意／不满意的研究方式（Nyquist，Bitner&Booms，1985）。

所以，使用关键事例技术法，分别从顾客与员工的观点，收集餐饮业服务接触顾客满意与服务失误事件，并且参考Bitner等人（1994）的分类模式，分别建立顾客满意与服务失误的分类架构。其次，将服务失误事件分为顾客未抱怨与顾客抱怨两大类。然后，将顾客抱怨事件依照餐厅的处理方式，分为没有补救与服务补救两大类。最后，将服务补救事件分为顾客满意与顾客不满意两大类，建立服务补救的分类架构（图12-1），并且分析不同顾客满意、服务失误、顾客抱怨／未抱怨、服务补救／没有补救、补救后顾客满意／不满意类型的整体满意度、再度惠顾倾向与口碑宣传意愿。

主要分析步骤如下：（1）将所收集的关键事例进行过滤，去除语意不清或无法判别的问卷，并将问卷进行编号；（2）由二位具有营销及基本分类知识，而且具有餐饮业实务经验的研

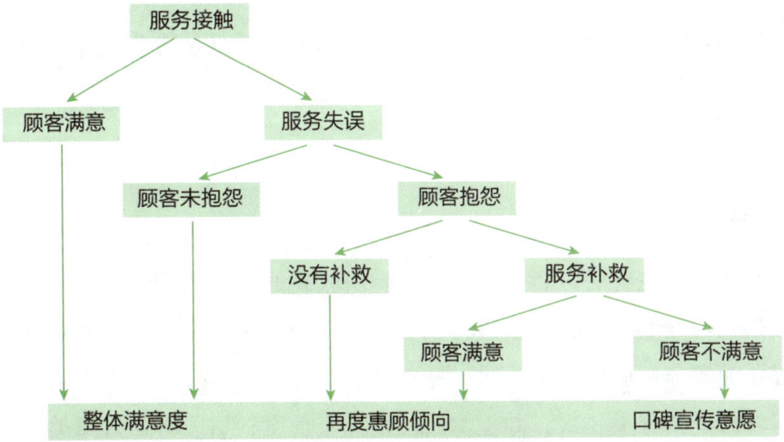

图12-1　研究架构图

究人员，独立作业进行分类；（3）十天之后，两位研究人员就原问卷再重新分类一次，并检测其内在判定信度；（4）将二人归类不同的项目提出讨论，由二人重新审视并且加以调整；（5）将所有问卷交给资深餐饮业专业人士，就二位研究人员的分类进行判定，以检测外在判定信度与内容效度。

（二）研究方法

由于餐饮业涵盖的范围甚广，以台湾地区拥有固定的营业场所，提供室内座位，并且有服务人员为顾客提供点餐与送餐服务的餐厅为研究范围，不包含快餐店、平价自助餐、啤酒屋、山／海产店、小吃店、泡沫红茶店、路边摊等。然而，由于研究对象必须是具有餐饮业服务接触顾客满意或服务失误特定经验的顾客或服务人员，而且要求受访者详细描述事件发生的过程。所以，采用立意抽样法进行问卷调查，以便迅速过滤不具研究主题经验的受访者，提升数据收集的速度与正确性。问卷分为顾客与服务人员两大类，分别使用白色与黄色纸张印制，问卷内容包含以下三大部分。

1. 顾客满意与服务失误关键事例

问题思考

何谓关键事例技术法？如何使用关键事例技术法进行质性的实证研究？

问题提示

Flanagan（1954）所提出的关键事例技术法，最初的形式是监督者记录员工的重要行为，可适用于不同的员工评估与工作分析架构，及视其是否为工作上所期待的行为，再将这些记录的行为分类为特定的类别。后来，被许多学者引用，用来进行事物的分类。

问题解答

关键事例技术法主要的分析步骤：（1）将所收集的关键事例进行过滤，去除语意不清或无法判别的问卷，并将问卷进行编号；（2）由两位具有营销及基本分类知识，而且具有餐饮业实务经验的研究人员，独立作业进行分类；（3）十天之后，二位研究人员就原问卷再重新分类一次，并检测其内在判定信度；（4）将二人归类不同的项目提出讨论，由二人重新审视并且加以调整；（5）将所有问卷交给资深餐饮业专业人士，就二位研究人员的分类进行判定，以检测外在判定信度与内容效度。

首先，以举例说明方式，分别列举顾客满意与服务失误关键事例，说明如何描述顾客满意与服务失误事件。然后，使用开放式问项，请受访者描述在餐厅的服务接触过程中，曾经发生过的顾客满意、服务失误或服务补救重大事件，并将当时的具体行为或言谈内容写出来。例如：（1）是何种特殊原因导致这样的状况；（2）当时服务人员、顾客或其他人说了或做了什么；（3）在服务失误发生之后，该餐厅如何进行服务补救。

2. 行为倾向

使用5点评价尺度（1：非常不同意，5：非常同意），请受访者评估在经历这次事件之后，顾客对这家餐厅的整体满意度、再度惠顾倾向与口碑宣传意愿。

3. 基本数据

使用名目尺度，调查顾客的性别、年龄，以及服务人员的性别、服务年限等基本数据。

（三）资料收集

由台湾高雄餐旅学院餐饮管理科系学生300人，在进行访谈训练与前驱测试之后，利用三明治教学校外餐厅实习期间，每人访问符合本研究定义的餐饮业服务人员1人与顾客2人，以收集研究所需资料，总计发出900份问卷，扣除无效问卷182份之后，回收有效问卷718份，有效问卷回收率79.8%。在264份服务人员问卷中，男性占39%，女性占61%，服务年限在3个月至5年（平均年资约6个月）。在454份顾客问卷中，男性占37%，女性占63%，年龄在16～65岁（平均年龄约30岁）。

四、数据处理分析

（一）事件类型分析

将回收的718份问卷，依照事件类型予以归类，如表12-4所示，其中顾客满意事件321份（44.7%），服务失误事件397份（55.3%）。在服务失误事件中，顾客未抱怨事件57份（14.4%），顾客抱怨事件340份（85.4%）。在顾客抱怨事件中，餐厅未进行服务补救事件102份（30.0%），有进行服务补救事件238份（70.0%）。在服务补救事件中，补救后顾客满意事件161份（67.6%），补救后顾客不满意事件77份（32.4%）。

表12-4 事件类型分析表（n=718）

事件类型	顾客满意			服务失误	
次数	321			397	
百分比	44.7%			55.3%	
事件类型		顾客未抱怨		顾客抱怨	
次数		57		340	
百分比		14.4%		85.6%	
事件类型			没有补救	服务补救	
次数			102	238	
百分比			30.0%	70.0%	
事件类型				补救后顾客满意	补救后顾客不满意
次数				161	77
百分比				67.6%	32.4%

（二）顾客满意类型分析

问题思考

Bitner、Booms与Mohr（1994）将导致服务接触顾客满意／不满意的主要因素分为：员工对服务传递系统失误的响应、员工对顾客需要与要求的响应、员工自发行为与问题顾客行为四大类。哪一种类型占顾客满意的比例最高？

问题提示

一般人总会认为服务传递系统是服务业的核心，只要核心服务传递系统做得好，顾客就会感到满意，占的比例会最高。但是，实证研究的结果，得到了非常有趣的答案。

问题解答

在餐饮业服务接触的过程中，导致顾客满意的主要因素，以员工自发行为所占比例最高（53.0%），服务传递系统良好次之（29.6%），员工对顾客需要与要求的响应最低（17.4%）。由此可知，虽然顾客到餐厅的主要目的是用餐，但只是提供美味的餐食是不够的，必须由员工细心观察顾客的需要，并且主动地提供超越顾客期望的服务，才能真正让顾客感到满意。

将321份顾客满意事件，参考Bitner 等人（1994）的分类架构予以归类，得到服务传递系统良好、员工对顾客需要与要求的响应，以及员工自发行为三大类15项（表12-5）。Latham 与Saari（1983）认为CIT 两位人员的判断相同度超过0.8，其分类结果即属可信。两位研究人员分类的重复信度分别为0.87与0.84，交互信度为0.80。此外，由第三者（资深餐饮专业人士）对此分类架构进行分析，并将所有问卷进行归类，归类相似度为0.85，可见此一顾客满意类型的分类，已达研究信度与专家效度的要求。

1. 服务传递系统良好

服务传递系统良好，指餐厅的服务传递系统能满足顾客的期望，共有95份问卷（29.6%），分为服务人员态度亲切（15.0%）、服务人员迅速响应顾客（7.8%）、服务人员耐心的回应及服务（5.3%）、餐食品质超乎顾客期望（1.6%）四项。

2. 员工对顾客需要与要求的响应

员工对顾客需要与要求的响应，指服务人员对于顾客要求服务传递系统去配合他们的特殊需要或提供顾客化服务的响应，共有56份问卷（17.4%），分为顾客要求特殊餐食（6.2%）、顾客要求提供餐食以外的服务（3.1%）、顾客要求赠予免费餐食（2.5%）、顾客要求给予餐食优惠或贵宾卡（2.5%）、顾客要求特殊座位或更换座位（1.9%）、顾客要求更换餐饮（1.2%）六项。

3. 员工自发行为

员工自发行为，指非顾客预期的员工行为，共有170份问卷（53.0%），分为细心观察客人用餐状况并主动提供服务（23.7%）、详细介绍菜色并给予适当建议（10.3%）、细心观察客人用餐状况并主动招待餐食（9.7%）、熟记客人的称谓、基本数据及用餐习惯（8.4%）、主动给予餐食折扣或折价券（0.9%）五项。

表12-5　顾客满意类型分析表（n=321）

顾客满意类型	次数	百分比	整体满意度	再度惠顾倾向	口碑宣传意愿
一、服务传递系统良好					
1. 服务人员态度亲切	48	15.0	4.63	4.65	4.44
2. 服务人员迅速响应顾客	25	7.8	4.44	4.72	4.56
3. 服务人员耐心的回应及服务	17	5.3	4.47	4.65	4.41
4. 餐食品质超乎顾客期望	5	1.6	4.20	4.40	4.60
小计	95	29.6	4.53	4.65	4.47
二、员工对顾客需要与要求的响应					
1. 顾客要求特殊餐食	20	6.2	4.55	4.65	4.40
2. 顾客要求提供餐食以外之服务	10	3.1	5.00	4.80	4.60
3. 顾客要求赠予免费餐食	8	2.5	4.63	4.75	4.63
4. 顾客要求给予餐食优惠或贵宾卡	8	2.5	4.25	4.63	4.25
5. 顾客要求特殊座位或更换座位	6	1.9	4.83	4.50	4.67
6. 顾客要求更换餐食及饮料	4	1.2	4.75	5.00	4.50
小计	56	17.4	4.64	4.70	4.48
三、员工自发行为					
1. 细心观察顾客用餐状况并主动提供服务	76	23.7	4.58	4.55	4.47
2. 详细介绍菜色并给予适当建议	33	10.3	4.61	4.64	4.58
3. 细心观察顾客用餐状况并主动招待餐食	31	9.7	4.81	4.77	4.58
4. 熟记客人的称谓、基本数据及用餐习惯	27	8.4	4.63	4.78	4.52
5. 主动给予餐食折扣或折价券	3	0.9	4.00	4.33	4.33
小计	170	53.0	4.62	4.64	4.52
合计	321	100.0	4.60	4.65	4.50

在餐饮业服务接触的过程中，导致顾客满意的主要因素，以员工自发行为比例最高（53.0%），服务传递系统良好次之（29.6%），员工对顾客需要与要求的响应较少（17.4%）。在顾客满意的15个细项中，细心观察顾客用餐状况并主动提供服务是导致顾客满意的最主要因素

（23.7%），其次是服务人员态度亲切（15.0%），以及详细介绍菜色并给予适当建议（10.3%），三项合计就已经占顾客满意类型的49.0%，而且顾客的整体满意度（4.85～4.63）、再度惠顾倾向（4.55～4.65）与口碑宣传意愿（4.44～4.58）均相当高。

由此可见，虽然顾客到餐厅的主要目的是用餐，但只是提供美味的餐食是不够的，必须由员工细心观察顾客的需要，并且主动地提供超越顾客期望的服务，才能真正让顾客感到满意，愿意再度惠顾并且广为宣传。因此，餐厅应该首先重视员工的招募与甄选，找出具有高度服务特质的人员，并且施以良好的岗前培训，才能够让员工以发自内心的服务热诚，为顾客提供体贴入微的服务。此外，餐厅必须给予员工适度的授权，才能鼓励良性的员工自发行为，提供超越顾客期望的服务，提升顾客的整体满意度、再度惠顾的倾向与口碑宣传意愿。

（三）服务失误类型分析

问题思考

Bitner、Booms与Mohr（1994）将导致服务接触顾客满意/不满意的主要因素分为：员工对服务传递系统失误的响应、员工对顾客需要与要求的响应、员工自发行为与问题顾客行为四大类。哪一种类型占顾客不满意的比例最高？

问题提示

一般人总会认为导致服务接触顾客满意或不满意的主要因素，应该是相同的。但是，实证研究的结果，得到了令人相当意外的答案。

问题解答

在餐饮业服务接触的过程中，导致服务失误的主要因素，以员工对服务传送系统失误的响应所占比例最高（52.6%），员工自发行为次之（38.0%），员工对顾客特殊需求与偏好的响应较少（6.0%），问题顾客行为最少（3.4%）。由赫兹博格（Herzberg）所提出的双因素理论可知，服务传递系统属于保健因素，做得好顾客觉得是应该的，并不会感到满意，但是如果没做好，顾客马上会感到不满意。员工自发行为属于激励因素，如果没有做，顾客并不会感到不满意，但是如果做了，顾客会觉得很满意。

将397份服务失误事件，参考Bitner 等人（1994）的分类架构予以归类，分为：员工对服务传递系统失误的响应、员工对顾客需要与要求的响应与员工自发行为，以及问题顾客行为四大类17项（表12-6）。两位研究人员分类的重复信度分别为0.84与0.82，交互信度为0.80，第三位专业人士的分类信度为0.82，已达研究信度与专家效度的要求。

1. 员工对服务传递系统失误的响应

员工对服务传递系统失误的响应，指当服务传递系统失误时，服务人员对于顾客抱怨或失望未能实时响应所导致的服务失误，共有209份问卷（52.6%），分为餐食品质或卫生缺失（19.1%）、送餐延迟（13.9%）、未得到该有的服务（8.8%）、餐厅本身问题影响顾客用餐气氛（5.5%）、送错餐食（4.5%）、用餐环境及设备不佳导致顾客受伤（0.8%）六项。

2. 员工对顾客需要与要求的响应

员工对顾客需要与要求的响应，指服务人员对于顾客要求服务传递系统去配合他们的特殊需要或提供顾客化服务，未能及时响应所导致的服务失误，共有24份问卷（6.0%），分为未依顾客餐饮的特殊要求（3.5%）、座位安排未能符合顾客要求（2.5%）二项。

3. 员工自发行为

员工自发行为，指非顾客预期的员工行为所导致的服务失误，共有151份问卷（38.0%），分为服务态度不佳（20.7% ）、服务技术不佳（9.3%）、未告知顾客应知事项导致顾客权益受损（4.0%）、点错菜（2.5%）、漏掉客人所点的餐点（1.0%）、账目错误导致顾客权益受损（0.5%）六项。

4. 问题顾客行为

问题顾客行为，指因为顾客不合作，或是故意违反服务场所的规定，甚至违法、骚扰其他顾客，以致造成服务人员无法提供良好服务质量所导致的服务失误，共有13份问卷（3.4%），分为不接受公司营业政策规定（2.3%）、干扰其他客人（0.8%）、酒醉的顾客（0.3%）三项。

在餐饮业服务接触的过程中，导致服务失误的主要因素，以员工对服务传递系统失误的响应所占比例最高（52.6%），员工自发行为次之（38.0%），员工对顾客特殊需求与偏好的响应较少（6.0%），问题顾客行为最少（3.4%）。在服务失误类型的17个细项中，服务态度不佳为导致服务失误最主要的因素（20.7%），其次是餐食品质或卫生缺失（19.1%），以及送餐延迟（13.9%），三项合计就已经占服务失误类型的53.7%，而且顾客的整体满意度（2.12 ~ 3.20）与再度惠顾倾向（2.23 ~ 3.28）均偏低，口碑宣传意愿（4.09 ~ 4.39）却偏高。

由此可见，餐饮业在服务传递的过程中，导致服务失误的主要原因可分为两大部分：一是来自外场（服务人员）本身的专业训练不足与敬业态度不佳所导致的服务态度不佳；一是来自内场（厨房）餐食制作不佳所导致的餐食品质或卫生缺失，以及餐食制作不及时所导致的送餐延迟。因此，餐厅应该首先重视员工的招募与甄选，找出具有高度敬业精神的人员，并且施以良好的专业岗前培训，才能培养出具备良好服务态度的员工。此外，餐厅也应加强内场人员的餐食制作训练与安全卫生教育，检视厨房的设备与环境，是否符合规定与要求，并且重新评估人力的配置是否恰当，能否符合高峰时间的顾客需求，而不是把问题丢给外场的服务人员。

表12-6 服务失误类型分析表（n=397）

服务失误类型	次数	百分比	整体满意度	再度惠顾倾向	口碑宣传意愿
一、员工对服务传送系统失误的响应					
1. 餐食品质或卫生缺失	76	19.1	3.20	3.28	4.39
2. 送餐延迟	55	13.9	2.84	3.15	4.09
3. 未得到该有的服务	35	8.8	2.60	2.91	4.17
4. 餐厅本身问题影响顾客用餐气氛	22	5.5	2.55	3.00	4.18
5. 送错餐食	18	4.5	3.67	4.11	4.33
6. 用餐环境及设备不佳导致顾客受伤	3	0.8	2.67	3.33	4.67
小计	209	52.6	2.97	3.22	4.25
二、员工对顾客需要与要求的响应					
1. 未依顾客餐饮的特殊要求	14	3.5	3.00	3.50	4.36
2. 座位安排未能符合顾客要求	10	2.5	1.80	2.30	3.60
小计	24	6.0	2.50	3.00	4.04
三、员工自发行为					
1. 服务态度不佳	82	20.7	2.12	2.23	4.17
2. 服务技术不佳	37	9.3	3.35	3.57	4.19
3. 未告知顾客应知事项导致顾客权益受损	16	4.0	2.19	2.44	3.81
4. 点错菜	10	2.5	3.70	3.90	4.10
5. 漏掉客人所点的餐点	4	1.0	3.50	3.75	4.00
6. 账目错误导致顾客权益受损	2	0.5	3.00	3.00	5.00
小计	151	38.0	2.58	2.74	4.14
四、问题顾客行为					
1. 不接受公司营业政策规定	9	2.3	3.56	3.56	4.11
2. 干扰其他客人	3	0.8	3.67	3.67	2.67
3. 醉酒的顾客	1	0.3	5.00	4.00	3.00
小计	13	3.4	3.69	3.62	3.69
合计	**397**	**100.0**	**2.82**	**3.04**	**4.18**

（四）服务失误后顾客抱怨类型分析

将397份服务失误事件予以归类，分为顾客未抱怨与顾客抱怨两大类（表12-7），其中顾客未抱怨事件57份（14.4%），顾客抱怨事件340份（85.6%）。当服务失误事件发生时，有85.6%的顾客会向餐厅抱怨，有14.4%的顾客未向餐厅抱怨，所以餐厅并不知道顾客不满，以致丧失进行服务补救的机会。由此可见，在餐饮业的服务接触中，绝大部分的顾客在服务失误发生时，会向餐厅提出抱怨，使得餐厅因为顾客来抱怨，而知道服务失误之处，并且有机会加以补救。但是，还有小部分的餐厅未能建立良好的沟通渠道，使得顾客虽未抱怨却直接掉头而去，以致整体满意度（1.88）与再度惠顾倾向（2.09）低于提出抱怨者的整体满意度（2.97）与再度惠顾倾向（3.20），而口碑宣传意愿（4.33）高于提出抱怨者的口碑宣传意愿（4.15）。因此，餐厅应该重新检视与顾客之间的沟通渠道，并且以正面的态度去面对顾客的抱怨，特别是当顾客都没有抱怨，而营业状况却日益下滑的情形，因为这可能是与顾客沟通不良的警讯。

表12-7　服务失误后顾客抱怨类型分析表（n=397）

顾客抱怨类型	次数	百分比	整体满意度	再度惠顾倾向	口碑宣传意愿
一、顾客未抱怨	57	14.4	1.88	2.09	4.33
二、顾客抱怨	340	85.6	2.97	3.20	4.15
小计	397	100.0	2.81	3.04	4.18

（五）顾客抱怨后服务补救类型分析

将340份顾客抱怨事件予以归类，分为没有补救与服务补救两大类（表12-8），其中没有补救事件102份（30.0%），服务补救事件238份（70.0%）。在顾客向餐厅提出抱怨的事件中，有70.0%的餐厅有进行服务补救，有30.0%的餐厅并未进行服务补救，可见大部分的餐厅对顾客的抱怨相当重视，并且立即进行补救。但是，还有小部分的餐厅对顾客的抱怨并不重视，以致未能实时把握服务补救的机会，使得整体满意度（1.91）与再度惠顾倾向（2.00）只有进行服务补救餐厅整体满意度（3.58）与再度惠顾倾向（3.80）的一半，而口碑宣传意愿（4.76）却比有进行服务补救餐厅的口碑宣传意愿（4.19）高了许多。因此，餐厅应该以永续经营的观点来处理服务失误的问题，即使必须耗费额外的时间与成本，也要使服务失误的伤害降到最低，而不是以短视近利的观点，采取置之不理的方式来逃避，以致对餐厅的生意与信誉造成严重的伤害。

表12-8 顾客抱怨后服务补救类型分析表（n=340）

服务补救类型	次数	百分比	整体满意度	再度惠顾倾向	口碑宣传意愿
一、没有补救	102	30.0	1.91	2.00	4.76
二、服务补救	238	70.0	3.58	3.80	4.19
小计	340	100.0	2.81	3.04	4.18

（六）服务补救后顾客满意类型分析

将238份服务补救事件予以归类，分为补救后顾客满意与补救后顾客不满意两大类，其中补救后顾客满意事件161份（67.6%），补救后顾客不满意事件77份（32.4%）。

将161份服务补救后顾客满意事件予以归类，分为服务传递系统失误的补救、员工出面处理的补救、主管出面处理的补救、提供额外服务的补救四大类21项（表12-9）。两位研究人员分类的重复信度分别为0.89与0.88，交互信度为0.82，第三位专业人士的分类信度为0.85，可见此服务补救后顾客满意的分类，已达研究信度与专家效度的要求。

1. 服务传递系统失误的补救

服务传递系统失误的补救，是指在服务失误发生之后，由服务人员针对服务或产品缺失部分进行再处理的补救方式，分为餐食品质再处理（3.1%）、补送餐食或饮料（3.1%）、主动告知送餐延迟原因（0.6%）三项。

2. 员工出面处理的补救

员工出面处理的补救，是指在服务失误发生之后，由服务人员出面解释、道歉或提供补偿，分为道歉并招待水果、点心或餐食（18.6%），道歉并更换餐食（11.2%），道歉并给予餐食折扣或折价券（5.6%），道歉并解释原因（3.7%），道歉并给予餐食全额免费（1.2%），换人服务（0.6%）六项。

3. 主管出面处理的补救

主管出面处理的补救，是指在服务失误发生之后，由主管人员出面解释、道歉或提供补偿，分为道歉并招待水果、点心或餐食（16.8%），道歉并给予餐食折扣或折价券（14.3%），道歉并给予餐食全额免费（7.5%），道歉并解释原因（5.6%），道歉并更换餐食（3.7%），发函致歉（0.6%），登门拜访致歉（0.6%）七项。

4. 提供额外服务的补救

提供额外服务的补救，是指在服务失误发生之后，由餐厅提供正常服务传递系统之外的服务，分为提供衣服送洗（0.6%）、提供贵宾卡（0.6%）、提供住宿折价券（0.6%）、提供防蚊液（0.6%）、亲自送水果篮到顾客家（0.6%）五项。

在餐饮业的服务补救类型中，让顾客感到满意的以主管出面处理的补救最多（49.1%），员工出面处理的补救次之（41.0%），服务传递系统失误的补救较少（6.8%），提供额外服务的补救最少（3.1%）。在服务补救后顾客满意的21个细项中，员工出面道歉并招待水果、点心或餐食（18.6%），以及主管出面道歉并招待水果、点心或餐食（16.8%），道歉并给予餐食折扣或折价券（14.3%）三项合计，就已经占服务补救后顾客满意类型的49.7%，而且顾客的整体满意度（4.04～4.30）、再度惠顾倾向（4.17～4.47）与口碑宣传意愿（4.09～4.22）均相当高。

表12-9　服务补救后顾客满意类型分析表（n=161）

服务补救类型	次数	百分比	整体满意度	再度惠顾倾向	口碑宣传意愿
一、服务传递系统失误的补救					
1. 餐食品质再处理	5	3.1	4.40	4.40	4.20
2. 补送餐食或饮料	5	3.1	3.60	4.20	4.60
3. 主动告知送餐延迟原因	1	0.6	5.00	4.00	5.00
小计	11	6.8	4.09	4.27	4.45
二、员工出面处理的补救					
1. 道歉并招待水果、点心或餐食	30	18.6	4.20	4.47	4.17
2. 道歉并更换餐食	18	11.2	4.17	4.56	4.44
3. 道歉并给予餐食折扣或折价券	9	5.6	4.11	4.44	4.22
4. 道歉并解释原因	6	3.7	4.00	4.17	4.00
5. 道歉并给予餐食全额免费	2	1.2	4.50	4.50	4.00
6. 换人服务	1	0.6	4.00	4.00	4.00
小计	66	41.0	4.17	4.45	4.23
三、主管出面处理的补救					
1. 道歉并招待水果、点心或餐食	23	14.3	4.04	4.17	4.09
2. 道歉并给予餐食折扣或折价券	27	16.8	4.30	4.33	4.22
3. 道歉并给予餐食全额免费	12	7.5	4.33	4.33	4.42
4. 道歉并解释原因	9	5.6	4.00	4.11	3.67
5. 道歉并更换餐食	6	3.7	4.50	4.67	4.67
6. 发函致歉	1	0.6	5.00	5.00	5.00
7. 登门拜访致歉	1	0.6	4.00	4.00	5.00
小计	79	49.1	4.22	4.29	4.20

续表

服务补救类型	次数	百分比	整体满意度	再度惠顾倾向	口碑宣传意愿
四、提供额外服务的补救					
1. 提供衣服送洗	1	0.6	5.00	5.00	5.00
2. 提供贵宾卡	1	0.6	4.00	4.00	4.00
3. 提供住宿折价券	1	0.6	4.00	5.00	4.00
4. 提供防蚊液	1	0.6	5.00	4.00	4.00
5. 亲自送水果篮到顾客家	1	0.6	4.00	4.00	4.00
小计	5	3.1	4.40	4.40	4.20
合计	161	100.0	4.19	4.36	4.23

由此可见，在服务失误发生之后，如果餐厅能够进行适当的服务补救，不但可将服务失误所造成的伤害降到最低，有效维持顾客满意度与再度惠顾意愿，并可将负面的顾客抱怨转换成正面的口碑宣传。但是，由于餐厅大多将价格折扣与招待餐点的权限赋予主管，而未授权至第一线的服务人员，以致顾客满意的比例主管出面处理的补救（49.1%）高于员工出面处理的补救（41.0%），而整体满意度主管出面处理的补救（4.22）也高于员工出面处理的补救（4.17）。

（七）服务补救后顾客不满意类型分析

将77份服务补救后顾客不满意事件予以归类，分为服务传递系统失误的补救、员工出面处理的补救、主管出面处理的补救、提供额外服务的补救四大类16项（表12-10）。两位研究人员分类的重复信度分别为0.89与0.86，交互信度为0.81，第三位专业人士的分类信度为0.82，可见此种服务补救后顾客不满意的分类，已接近研究信度与专家效度的要求。

1. 服务传递系统失误的补救

服务传递系统失误的补救，是指在服务失误发生之后，由服务人员针对服务或产品缺失部分进行再处理的补救方式，分为餐食品质再处理（6.5%）、补送餐食或饮料（3.9%）两项。

2. 员工出面处理的补救

员工出面处理的补救，是指在服务失误发生之后，由服务人员出面解释、道歉或提供补偿，分为道歉并解释原因（11.7%）、道歉并招待水果、点心或餐食（7.8%）、道歉并更换餐食（6.5%）、换人服务（3.9%）、道歉并给予餐食全额免费（1.3%）五项。

3. 主管出面处理的补救

主管出面处理的补救，是指在服务失误发生之后，由主管人员出面解释、道歉或提供补偿，分为道歉并解释原因（18.2%），道歉并招待水果、点心或餐食（15.6%），道歉并给予餐食折扣或折价券（9.1%）、道歉并给予餐食全额免费（6.5%）、道歉并更换餐食（2.6%）、登门拜访致歉（1.3%）六项。

4. 提供额外服务的补救

提供额外服务的补救，是指在服务失误发生之后，由餐厅提供正常服务传递系统之外的服务，分为提供衣服送洗（1.3%）、提供医疗服务（1.3%）、其他服务（2.6%）三项。

在餐饮业的服务补救类型中，让顾客感到不满意的以主管出面处理的补救最多（53.2%），员工出面处理的补救次之（31.2%），服务传递系统失误的补救较少（10.4%），提供额外服务的补救最少（5.2%）。在服务补救后顾客不满意的16个细项中，主管出面道歉并解释原因（18.2%），道歉并招待水果、点心或餐食（15.6%），以及员工出面道歉并解释原因（11.7%）三项合计，就已经占服务补救后顾客不满意类型的45.5%，顾客的整体满意度（1.86～2.00）与再度惠顾倾向（2.22～2.75）均偏低，而口碑宣传意愿（4.00～4.42）却偏高。

由此可见，在服务失误发生后，不论是由主管或员工出面，口头道歉并解释原因是不够的，如果能够再给予顾客实质的补偿，即使无法让顾客感到满意，仍有助于降低顾客的不满。但是，即使由握有价格折扣与招待餐点权限的主管出面，如果处理方式不当，也无法让顾客感到满意，以致顾客不满意比例主管出面处理的补救（53.2%）高于员工出面处理的补救（31.2%），整体满意度（2.05；2.00）与再度惠顾倾向（2.51；2.50）不相上下，而口碑宣传意愿主管出面处理的补救（4.34）甚至高于员工出面处理的补救（4.17）。

表12-10 服务补救后顾客不满意类型分析表（n=77）

服务补救类型	次数	百分比	整体满意度	再度惠顾倾向	口碑宣传意愿
一、服务传递系统失误的补救					
1. 餐食品质再处理	5	6.5	2.00	2.20	4.00
2. 补送餐食或饮料	3	3.9	1.67	2.67	4.00
小计	8	10.4	1.88	2.38	4.00
二、员工出面处理的补救					
1. 道歉并解释原因	9	11.7	2.00	2.22	4.00
2. 道歉并招待水果、点心或餐食	6	7.8	1.67	2.67	4.50
3. 道歉并更换餐食	5	6.5	2.40	2.80	3.40
4. 换人服务	3	3.9	2.00	2.67	5.00
5. 道歉并给予餐食全额免费	1	1.3	2.00	2.00	5.00

续表

服务补救类型	次数	百分比	整体满意度	再度惠顾倾向	口碑宣传意愿
小计	24	31.2	2.00	2.50	4.17
三、主管出面处理的补救					
1. 道歉并解释原因	14	18.2	1.86	2.29	4.36
2. 道歉并招待水果、点心或餐食	12	15.6	1.92	2.75	4.42
3. 道歉并给予餐食折扣或折价券	7	9.1	2.43	2.43	3.86
4. 道歉并给予餐食全额免费	5	6.5	2.00	2.80	4.60
5. 道歉并更换餐食	2	2.6	3.00	2.00	5.00
6. 登门拜访致歉	1	1.3	2.00	3.00	4.00
小计	41	53.2	2.05	2.51	4.34
四、提供额外服务的补救					
1. 提供衣服送洗	1	1.3	3.00	3.00	4.00
2. 提供医疗服务	1	1.3	1.00	3.00	5.00
3. 其他服务	2	2.6	2.50	2.50	4.50
小计	4	5.2	2.25	2.75	4.50
合计	77	100.0	2.03	2.51	4.26

问题思考

在发生服务失误之后，由员工直接进行服务补救，还是由主管出面进行服务补救，哪一种顾客满意度比较高？

问题提示

在一般人的观念中，总会认为由主管出面进行服务补救，顾客满意度会比较高，但实证数据显示并不尽然。

问题解答

在发生服务失误之后，如果能由员工及时进行服务补救，处理效果的时效性会比较好。如果由主管出面进行服务补救，权限比较大则比较能够满足顾客的要求。但是，通常都是比较严重的事件，才会由主管出面进行服务补救，以致顾客满意度较低。

问题思考

在服务接触过程中，可能有两种情况。一种情况是，商家从头到尾都没有发生服务失误，所以顾客感到满意。另外一种情况是，发生服务失误之后，商家进行服务补救，服务补救之后顾客感到满意。在这两种情况下，哪一种情况的顾客满意度比较高？

问题提示

在一般人的观念中，总会认为服务失误在所难免，只要在发生服务失误之后，做好服务补救，还是可以达到一样的顾客满意度，但是实证数据显示并不尽然。

问题解答

由餐饮业的实证研究数据显示，未发生服务失误，顾客满意事件顾客的整体满意度（4.60）、再度惠顾倾向（4.65）与口碑宣传意愿（4.50），要高于服务失误补救后顾客满意事件顾客的整体满意度（4.19）、再度惠顾倾向（4.36）与口碑宣传意愿（4.23）。由此可知，在服务接触的过程中，第一次就把服务做好，不但可以节省许多额外的成本与支出，而且在顾客的整体满意度、再度惠顾倾向与口碑宣传意愿上，要优于发生服务失误后再进行服务补救。

五、管理实务内涵

（一）顾客满意、服务失误、顾客抱怨、服务补救，顾客整体满意度、再度惠顾倾向与口碑宣传意愿的比较

在所收集的718 份餐饮业服务接触关键事例中，顾客满意事件有321份，占44.7%，服务失误事件有397 份，占55.3%。由此可见，在餐饮业的服务接触过程中，服务失误事件经常发生，而且服务失误事件顾客的整体满意度（2.82）、再度惠顾倾向（3.04）与口碑宣传意愿（4.18），要低于顾客满意事件的整体满意度（4.60）、再度惠顾倾向（4.65）与口碑宣传意愿（4.50）许多。

当服务失误发生时，绝大部分的顾客会向餐厅提出抱怨（47.4%），只有小部分的顾客不会向餐厅提出抱怨（7.9%）。然而，向餐厅提出抱怨顾客的整体满意度（2.97）与再度惠顾倾向（3.20），要高于未向提出抱怨顾客的整体满意度（1.88）与再度惠顾倾向（2.09）许多，而口碑宣传意愿（4.15），要低于未提出抱怨顾客的口碑宣传意愿（4.33）。由此可见，顾客抱怨

对于餐厅而言，将有助于了解服务失误之处，并且有机会加以补救，以维持顾客的整体满意度与再度惠顾意愿。

在顾客向餐厅提出抱怨的事件中，大部分的餐厅有进行服务补救（33.1%），只有小部分的餐厅未进行服务补救（14.2%），以致顾客的整体满意度（1.91）与再度惠顾倾向（2.00），只有进行服务补救餐厅顾客整体满意度（3.58）与再度惠顾倾向（3.80）的一半，而口碑宣传意愿（4.76）却高于有进行服务补救餐厅顾客口碑宣传意愿（4.19）许多。由此可见，大部分的餐厅对于顾客的抱怨相当重视，并且立即进行补救，使得顾客的整体满意度与再度惠顾倾向能维持不坠，负面的口碑宣传意愿能够降低。但是，还是有少部分的餐厅对顾客的抱怨不够重视，未能实时把握服务补救的机会，以致顾客掉头而去不再惠顾，对餐厅造成无法弥补的损失。

在餐厅有进行服务补救的事件中，大部分的顾客对餐厅的服务补救感到满意（22.4%），小部分的顾客对餐厅的服务补救感到不满意（10.7%）。对餐厅的服务补救感到满意顾客的整体满意度（4.19）与再度惠顾倾向（4.36），将近不满意顾客整体满意度（2.03）与再度惠顾倾向（2.51）的两倍。虽然，满意顾客的口碑宣传意愿（4.23）与不满意顾客的口碑宣传意愿（4.26）不相上下，但是满意顾客是正面的口碑宣传，而不满意顾客却是负面的口碑宣传。由此可见，大部分的餐厅对于服务失误的补救相当成功，使得顾客的整体满意度、再度惠顾倾向与口碑宣传意愿都相当高，但是还有小部分的餐厅对于服务失误的补救未臻完善，虽然付出额外的努力与成本，但是依然无法挽回顾客的心。

此外，在全体服务接触关键事例中，未发生服务失误顾客满意事件有321份，占44.7%，服务失误补救后顾客满意事件有161份，占22.4%。未发生服务失误顾客满意事件顾客的整体满意度（4.60）、再度惠顾倾向（4.65）与口碑宣传意愿（4.50），要高于服务失误补救后顾客满意事件顾客的整体满意度（4.19）、再度惠顾倾向（4.36）与口碑宣传意愿（4.23）。

由此可见，在餐饮业的服务接触过程中，第一次就把服务做好，不但可以节省许多额外的成本与支出，而且在顾客的整体满意度、再度惠顾倾向与口碑宣传意愿上，要优于发生服务失误后再进行服务补救。兹将研究结果汇总于表12-11。

表12-11 研究结果汇总（n=718）

类型	次数	百分比	整体满意度	再度惠顾倾向	口碑宣传意愿
一、顾客满意					
1. 服务传递系统良好	95	13.2	4.53	4.65	4.47
2. 员工对顾客需要与要求的响应	56	7.8	4.64	4.70	4.48
3. 员工自发行为	170	23.7	4.62	4.64	4.52

续表

类型	次数	百分比	整体满意度	再度惠顾倾向	口碑宣传意愿
小计	321	44.7	4.60	4.65	4.50
二、服务失误					
1. 员工对服务传递系统失误的响应	209	29.1	2.97	3.22	4.25
2. 员工对顾客需要与要求的响应	24	3.3	2.50	3.00	4.04
3. 员工自发行为	151	21.0	2.58	2.74	4.14
4. 问题顾客行为	13	1.8	3.69	3.62	3.69
小计	397	55.3	2.82	3.04	4.18
三、服务失误后顾客抱怨					
1. 顾客未抱怨	57	14.4	1.88	2.09	4.33
2. 顾客抱怨	340	47.4	2.97	3.20	4.15
小计	397	55.3	2.81	3.04	4.18
四、顾客抱怨后服务补救					
1. 没有补救	102	14.2	1.91	2.00	4.76
2. 服务补救	238	33.1	3.58	3.80	4.19
小计	340	47.4	2.81	3.04	4.18
五、服务补救后顾客满意					
1. 服务传递系统失误的补救	11	1.5	4.09	4.27	4.45
2. 员工出面处理的补救	66	9.2	4.17	4.45	4.23
3. 主管出面处理的补救	79	11.0	4.22	4.29	4.20
4. 提供额外服务的补救	5	0.7	4.40	4.40	4.20
小计	161	22.4	4.19	4.36	4.23
六、服务补救后顾客不满意					
1. 服务传递系统失误的补救	8	1.1	1.88	2.38	4.00
2. 员工出面处理的补救	24	3.3	2.00	2.50	4.17
3. 主管出面处理的补救	41	5.7	2.05	2.51	4.34
4. 提供额外服务的补救	4	0.6	2.25	2.75	4.50
小计	77	10.7	2.03	2.51	4.26

（二）服务接触顾客满意／不满意类型的比较

在服务接触顾客满意的四种类型中，在顾客观点部分，Bitner 等人（1990）以员工自发行为（43.8%）所占比例最高，员工对顾客需要与要求的响应（32.9%）次之，员工对服务传递系统失误的响应（23.3%）较低。郭德宾（2004）以员工自发行为（52.1%）所占比例最高，服务传递系统良好（36.0%）次之，员工对顾客需要与要求的响应（11.8%）较少。由二者研究结果的比较可知，不论在美国或台湾地区，在顾客观点中，导致服务接触顾客满意的首要因素均为员工自发行为。然而，Bitner 等人（1990）是以服务失误后员工对服务传递系统失误的响应进行分类，而郭德宾（2004）是以未发生服务失误服务传递系统良好进行分类，以致二者所占的比例与排行顺序有所差异。此外，二者在员工对顾客需要与要求的响应所占比例差异颇大，可能是文化差异的关系，台湾地区的顾客比较不习惯提出个人需要或要求。

在员工观点部分，Bitner等人（1994）以员工对顾客需要与要求的响应（49.4%）占顾客满意的比例最高，员工对服务传递系统失误的回应（27.5%）次之，员工自发行为（22.4%）较少，问题顾客行为（0.8%）最少。郭德宾（2004）以员工自发行为（54.5%）占顾客满意的比例最高，员工对顾客需要与要求的响应（28.2%）次之，服务传递系统良好（17.3%）较低。然而，将员工与顾客观点所得到的结果加以比较之后发现，在美国或台湾地区，员工均有将顾客满意归因为自己良好表现的现象，以致在员工观点中，员工对顾客需要与要求的响应或员工自发行为占顾客满意类型的比例，要高于顾客观点中所占的比例。

此外，在服务接触顾客不满意的四种类型中，在顾客观点部分，Bitner等人（1990）以员工对服务传递系统失误的响应（42.9%）所占比例最高，员工自发行为（41.5%）次之，员工对顾客需要与要求的回应（15.6%）较低。郭德宾（2004）以员工对服务传递系统失误的响应（51.4%）所占比例最高，员工自发行为（43.2%）次之，员工对顾客需要与要求的响应（3.3%）较低，问题顾客行为（2.1%）最低。由二者研究结果的比较可知，不论在美国或台湾地区，在顾客观点中，导致服务接触顾客不满意的首要因素均为员工对服务传递系统失误的响应，其次为员工自发行为。但是，在员工对顾客需要与要求的响应部分，台湾地区的顾客可能因为文化差异的关系，比较不习惯提出个人需要或要求，以致有与顾客观点不同的现象发生。

在员工观点部分，Bitner等人（1994）以员工对服务传递系统失误的响应（51.7%）所占比例最高，问题顾客行为（22.0%）次之，员工对顾客需要与要求的响应（16.4%）较低，员工自发行为（9.8%）最低。郭德宾（2004）以员工对服务传递系统失误的响应（54.5%）所占比例最高，员工自发行为（29.9%）次之，员工对顾客需要与要求的响应（10.4%）较低，问题顾客行为（5.2%）最低。由二者研究结果的比较（表12-12）可知，不论在美国或台湾地区，在员工观点中，导致服务接触顾客不满意的首要因素均为员工对服务传递系统失误的响应，造成此一现象的原因可能有二：一是员工的归因心理，将顾客不满意的原因推给服务传递系统失误，而非本身的服务缺失所造成；二是与顾客服务接触的第一线员工可能真的受到极大的委屈，经常成为服务传递系统失误的代罪羔羊。但是，在问题顾客行为部分，二者所占的比例差异颇大，造成此现象的原因可能有二：一是文化差异的关系，使得台湾地区的顾客比较能够遵守社会文化的规范，不至于有逾矩的顾客行为；二是美国的员工实在太会推卸责任了，将服务失误的原因推给顾客，以致问题顾客行为所占比例偏高，而员工自发行为所占比例偏低。

表12-12　服务接触顾客满意 / 不满意类型比较表

	顾客观点				员工观点			
	BBT（1990）		郭德宾（2004）		BBM（1994）		郭德宾（2004）	
	次数	百分比	次数	百分比	次数	百分比	次数	百分比
服务满意分类								
1. 员工对服务传递系统失误的响应（本研究：服务传递系统良好）	81	23.3	76	36.0	109	27.5	19	17.3
2. 员工对顾客需要与要求的响应	114	32.9	25	11.8	196	49.4	31	28.2
3. 员工自发行为	152	43.8	110	52.1	89	22.4	60	54.5
4. 问题顾客行为	0	0.0	0	0.0	3	0.8	0	0.0
小计	347	100	211	100	397	100	110	100
服务不满意分类								
1. 员工对服务传递系统失误的响应	151	42.9	125	51.4	195	51.7	84	54.5
2. 员工对顾客需要与要求的响应	55	15.6	8	3.3	62	16.4	16	10.4
3. 员工自发行为	146	41.5	105	43.2	37	9.8	46	29.9
4. 问题顾客行为	0	0.0	5	2.1	83	22.0	8	5.2
小计	352	100	243	100	377	100	154	100

（三）餐饮业服务失误类型的比较

餐饮业服务失误类型所占的比例，均以员工对服务传递系统失误的回应最高，员工自发行为次之，员工对顾客需要与要求的响应较低，其中除了林玥秀等（2003）将外场服务流程与内场采购及厨房配合事项一并纳入，以致员工对服务传递系统失误的响应所占比例偏高（85.3%）之外，郭德宾（2004）与Hoffman等人（1995）和刘宗其等（2001）所获得的结论相近。但是，可能由于文化差异的关系，台湾地区的顾客比较不习惯提出个人需要或要求，以致郭德宾（2004）、刘宗其等人（2001），林玥秀等人（2003）的员工对顾客需要与要求的响应所占比例，要比Hoffman 等人（1995）的研究结果低了许多（表12-13）。

表12-13 餐饮业服务失误类型比较（顾客观点）

学者	Hoffman，Kelley，与Rotalsky（1995）	刘宗其、李奇勋、黄吉村、渥顿（2001）	林玥秀、黄文翰、黄毓伶（2003）	郭德宾（2004）
研究对象	美国餐饮业	台湾地区餐饮业	台湾地区餐饮业	台湾地区餐饮业
1. 员工对服务传递系统失误的响应	44.4%	56.3%	85.3%	51.4%
2. 员工对顾客需要与要求的响应	18.4%	7.0%	2.3%	3.3%
3. 员工自发行为	37.2%	36.7%	12.4%	43.2%
4. 问题顾客行为	0.0%	0.0%	0.0%	2.1%

（四）餐饮业服务补救类型的比较

不论美国或台湾地区的餐饮业在发生服务失误时，有20%～30%的餐厅不做任何处理，有7.8%～11.5%的餐厅只有道歉，可见餐饮业在服务补救方面还有很大的改善空间。除此之外，美国的餐饮业比较偏好以食物免费（23.5%）与更换餐食（33.4%）的方式来进行服务补救。但是，台湾地区餐饮业的研究结论不一，刘宗其等（2001）以食物免费（21.6%）与更正（17.3%）居多，林玥秀等（2003）以更正（20.1%）与更换餐食（19.9%）居多，郭德宾（2004）以额外补偿（22.1%）与折扣（11.5%）居多，主要的原因在于餐厅的服务补救可能同时包含数种方式，例如：除了招待水果或点心之外，还给予餐食折扣或赠送优惠券，不同学者的归类方式不同，导致研究结果的差异。

此外，在服务补救的满意度上，Hoffman等人（1995）认为送优惠券、折扣、管理者出面解决比较能为顾客所接受，而不做任何处理、道歉比较不能为顾客所接受。刘宗其等（2001）认为食物免费、管理者出面解决、送优惠券、更换餐食的平均满意度较高，而不做任何处理、责备顾客的平均满意度较低。林玥秀等（2003）认为食物免费、折扣、额外补偿、管理者出面解决的平均满意度较高，而错误扩大、不做任何处理的平均满意度较低。但是，从郭德宾（2004）所获得的结果可知，即使是相同的服务补救方式，顾客整体满意度却有很大的差异，例如：服务人员出面道歉并解释原因（满意顾客4.00；不满意顾客2.00），以及主管出面道歉并给予餐食全额免费（满意顾客4.33；不满意顾客2.00），可见服务补救方式的满意度可能受到服务失误的严重性或服务态度等因素的影响，很难以笼统的方式判断何种服务补救方式较佳。但是，整体而言有提供实质补偿的服务补救方式，皆优于只是口头道歉或不做任何处理（表12-14）。

表12-14　餐饮业服务补救类型比较表

学者	Hoffman, Kelley, 与Rotalsky（1995）	刘宗其、李奇勋、黄吉村、渥顿（2001）	林玥秀、黄文翰、黄毓伶（2003）	郭德宾（2004）
研究对象	美国餐饮业	台湾地区餐饮业	台湾地区餐饮业	台湾地区餐饮业
食物免费	23.5%	21.6%	0.3%	5.9%
管理者出面解决	2.7%	3.7%	2.3%	a
送优惠券	1.3%	1.8%		b
更换餐食	33.4%	10.8%	19.9%	9.1%
折扣	4.3%	2.9%	2.7%	11.5%
更正	5.7%	17.3%	20.1%	2.4%
道歉	7.8%	8.0%	11.5%	11.5%
不做任何处理	21.3%	26.3%	20.5%	30.0%
责备顾客		4.1%		
换人服务			0.6%	1.2%
额外补偿			6.8%	22.1%
重新烹调			0.3%	2.9%
顾客主动提出更正			1.4%	
顾客要求主管处理			4.5%	
只有口头说明			4.2%	
不满更正错误方式			4.3%	
错误扩大			0.5%	
欺骗或敷衍顾客			0.3%	
其他		3.5%		3.5%

a：包含送优惠券、折扣、道歉、额外补偿及其他项。
b：送优惠券、折扣二者合计。

（五）管理实务应用

以往在餐饮业顾客满意的实务应用上，商家大都只是以顾客至上或以客为尊等观念，来训勉员工提供符合顾客期望的服务。然而，此种教条式的口号过于抽象，员工未必了解具体的做法为何。然而，在接受调查的718位消费者中，有321位（44.7%）有满意的经验，有397位（55.3%）有不满意的经验，由此可知服务失误是经常发生的。在服务失误的397位消费者中，有57位（14.4%）没有提出抱怨，有340位（85.4%）有提出抱怨，由此可知在消费者意识高涨的时代，消费者不再只是默默承受，如果不满意大多数人会向商家提出抱怨。在提出抱怨的340位消费者中，有102位（30.0%）商家没有进行服务补救，有238位（70.0%）有进行服务补救，由此可知在消费者提出抱怨之后，有7成的商家会进行服务补救，但是还是有7成的商家没有进行服务补救，错失挽回消费者的机会，实在非常可惜。在有进行服务补救的238名消费者中，有77位（32.4%）还是感到不满意，有161位（67.6%）感到满意。由此可知，只要商家愿意进行服务补救，有三分之二的消费者还是可以挽回的，剩下的三分之一，即使无法挽回，对商家的杀伤力也会降低许多（图12-2）。

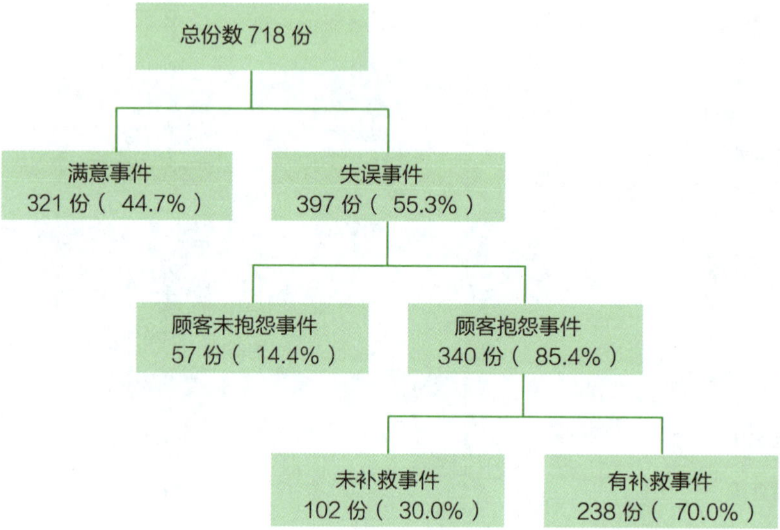

图12-2　顾客满意、服务失误与服务补救类型分析图

第十三章

难缠顾客类型分析

问题思考

现代企业莫不以客为尊，“顾客永远是对的”是每一位服务人员必须遵从的典范。但是，顾客真的永远是对的吗？如果顾客有错怎么办？

问题提示

Bitner、Boomsm与Mohr（1994）将导致服务接触顾客满意/不满意的主要因素分为：员工对服务传递系统失误的响应、员工对顾客需要与要求的响应、员工自发行为与问题顾客行为四大类。其中，问题顾客行为往往是导致服务失误的主要原因之一。由此可知，服务失误不见得都是服务人员的错，有时候是顾客本身的问题。

问题解答

根据Zemke与Anderson（1990）的研究显示，超过30%的产品或服务失误是由于顾客的错误所造成。此外，Bitner、Boomsm与Mohr（1994）的研究发现，有22%的服务失误是来自问题顾客行为，而非服务人员所造成。然而，在顾客至上的现代企业典范下，难缠顾客问题似乎被刻意忽视。

问题思考

虽然，大家言之凿凿。但是，是不是真的有奥客（台湾地区用词：意为难缠顾客）?

问题提示

奥客是否存在，高阶主管与一线服务人员的观点并不相同。

问题解答

前丽致管理顾问公司副总裁苏国垚认为："没有所谓的难缠顾客，只有选错目标市场的饭店。"但是，他也强调："我们服务客人，但不服侍客人。"君悦饭店的高阶主管认为："我们没有难缠顾客，只有比较不容易服务的顾客，因为他们的品味比较高，对于服务质量的要求也比较高。"

一、研究背景动机

在餐饮服务业中，由于服务人员与顾客之间有高度的服务接触，站在一线的服务人员，除了必须拥有一颗热忱的心之外，还必须练就骂不还口、打不还手、永葆笑容的超人技能。所以，王品台塑牛排董事长戴胜益认为："服务业第一线的特色是，操不死、骂不退、笑不停、穷不怕，不管是否乐此不疲，他们都必须站在第一线，和千奇百怪的顾客一对一肉搏。"所以，一线服务生根本不是人，而是无所不能的超人（王一芝，2004）。然而，有时候服务人员虽然哈弯了腰、笑僵了脸、跑断了腿，想尽各种方法来讨顾客的欢心，但是顾客似乎永远也无法满意。因此，服务人员就以"奥客"来称呼此类难缠顾客，在国外则以"地狱来的顾客"（customers from hell）来形容此类令服务人员感到头痛的顾客。

根据Zemke 与Anderson（1990）的研究显示，超过30%的产品或服务失误是由于顾客的错误所造成。此外，Bitner、Boomsm 与Mohr（1994）的研究发现，有22%的服务失误是来自问题顾客行为，而非服务人员所造成。然而，在顾客至上的现代企业典范下，难缠顾客问题似乎被刻意忽视。所以，以往在服务接触顾客满意的相关研究上，学者们大多从顾客的角度来进行分析，很少由员工的角度来思考问题。但是，顾客永远是对的吗？

由于餐饮业涵盖的范围甚广，有些中小型的餐饮业，人员素质参差不齐，服务质量未达一定的水平，所以以经台湾地区旅游局核准的国际观光旅馆餐厅为对象进行实证研究。所谓国际观光旅馆，指依国际观光旅馆建筑及设备标准要点兴建，以接待国际及国内观光旅客住宿及提供服务的旅馆（台湾地区旅游局网站，2005），不论在服务质量与服务传递系统的管理上，均已达一定的水平。

二、相关文献回顾

问题思考

我们常听到服务人员抱怨，某某客人是奥客，到底什么是奥客？

问题提示

什么是奥客？众说纷纭。例如：地狱来的顾客、问题顾客、蛮横顾客等，但是这类型顾客在本质上是相同的。

问题解答

所谓奥客：在整个服务传递过程中，服务人员或系统并未有任何明显失误的情况下，顾客因为个人情绪、自私心态等因素，故意违反服务场所的规定，甚至有违法行为、骚扰其他顾客，对服务人员做出不理性、不合作的行为或态度，以致服务人员无法提供良好服务质量的人。

（一）难缠顾客的定义

Zemke与Anderson（1990）发现一线服务人员经常会遭遇一些大声喧哗、自私或是心血来潮而制造问题的顾客，而非服务人员或是产品本身的问题，并且将这一类型顾客称为地狱来的顾客。Bitner等人（1994）将根本不合作，也没有意愿合作，或是故意违反服务场所的规定，甚至违法、骚扰其他顾客，以致造成服务人员无法提供良好的服务质量，这一类型的顾客称作问题顾客（problematic customers）。Simurda（1994）指出有一些可怕的顾客，会让服务人员一切努力失效，他们的态度有如地狱来的恶人，所以称之为地狱来的顾客。Lovelock与Wirtz（2004）指出，当一个人不当使用一项服务（Jayuse）或是不当消费一项产品（Jaycustomer），之后再不当处置这项产品（Jaydispose），即称之为蛮横顾客（Jaycustomers），代表轻率和滥用服务而造成企业、员工及其他顾客困扰的顾客。尹子平（2003）认为所谓难缠顾客，就是在服务人员或是系统上并未有失误，但顾客却因为个人情绪、自私等因素对服务人员做出不理性、不合作行为或态度的顾客。

此外，陈佩秀（2001）指出地狱来的顾客可分成：不满意的顾客（unsatisfied customer）和不可理喻的顾客（unreasonable customer）两类。一位不满意的顾客可能是正面的期望没有获得满足，或者抱有负面的期望结果成真；不可理喻的顾客则是抱有无理的期望，包括对你的不合理期望，或者不合理地期望他们的行为会被接受。顾客对服务人员不合理的期望包括：

（1）认为服务人员应该满足他们的每一个突发奇想。

（2）认为他们是服务人员最重要的顾客。

（3）认为他们的问题服务人员必须负起全部的责任。

（4）认为服务人员会忍受性别或种族歧视。

（5）认为服务场所能接受他们或是他们的小孩不守规矩。

（6）认为服务人员会与他们做台下交易。

（7）认为服务人员应该花很多时间陪他们。

（8）认为他们总是对的。

（9）认为服务人员会臣服于身体的威胁与欺侮。

（10）相信服务人员是被训练来好让他们占便宜的。

由此可见，虽然学者们对于难缠顾客的定义众说纷纭，例如：地狱来的顾客、问题顾客、蛮横顾客等，但是这类型顾客在本质上是相同的，也就是在服务传递的过程中，服务提供商并没有明显的失误，纯粹因为顾客本身的因素而造成问题。所以，将难缠顾客定义为：在整个服务传递过程中，服务人员或系统并未有任何明显失误的情况下，顾客因为个人情绪、自私心态等因素，故意违反服务场所规定，甚至有违法行为、骚扰其他顾客，对服务人员做出不理性、不合作的行为或态度，以致服务人员无法提供良好服务质量的人。

（二）难缠顾客的类型

Zemke 与Anderson（1990）观察美国的银行、餐厅、航空公司，将服务人员经常遇到的地狱来的顾客大略分为：自负、傲慢、凡事只对老板说、坏嘴、对他人残忍、言语粗鲁、大声尖叫、夸张、跋扈、永不满足、下最后通牒、需求超出服务范围、要求免费物、试图获得利益14种类型。Stephenson（1995）观察美国的餐厅将地狱来的顾客大致分为：只因他们认识老板，就期望获得特殊待遇、有种族偏见、以宠物之名叫服务人员、自认他是服务人员唯一必须等候的人、点特殊项目又退回、将食物吃了大半，再说他不喜欢、只因为他曾获得一次免费之物，就期望每次都应获得、经常改变心意、孩子不待在自己地方、放纵小孩乱跑10种类型。Knutson、Borchgrevink与Woods（1999）整合前述学者的观点，以美国的餐厅进行实证研究，使用因素分析验证出：不懂装懂、态度恶劣、威吓胁迫、专业苛求、捉摸不定5种地狱来的顾客类型。

Bitner等人（1994）使用质性的关键事例技术法（CriticalIncident Technique，CIT）对美国的餐厅、旅馆、航空公司进行研究，将导致服务失误的主要原因分为：员工对服务传递系统或产品失误的反应、员工对于顾客需求与要求的响应、员工自发行为与问题顾客行为四大类，发现有些服务失误发生的原因并非来自员工，而是来自顾客，并且归纳出醉酒、言语或身体的侮辱、违反公司政策或法令、不合作的顾客4种问题顾客类型。Belding（1996）观察美国的零售业，将服务人员经常遭遇的难缠顾客大略分为：时间吸血鬼、宽容的父母、性骚扰、流氓、满口脏话、讨价还价、胡乱退货、优柔寡断、紧张大师9种类型（陈秀佩，2001）。尹子平（2003）使用质性的关键事例技术法对台湾人出台团体旅游进行研究，将旅游业的难缠顾客大致归纳为：醉酒闹事、行为言语、性骚扰、自以为是、神经质、没反应、好插话、无理取闹、蓄意迟到、乱比价10种类型。

（三）难缠顾客的特质

问题思考

奥客到底长什么样子？

问题提示

其实奥客就是一般的消费者，跟平常人没什么区别，只是比较难以应付而已。

问题解答

目前在奥客的相关研究上，不同学者的研究结果并不尽相同。

由于目前国外在难缠顾客的相关研究上，除了Knutson、Borchgrevink与Woods（1999）使用客观的量化法进行验证研究之外，其余大多使用主观的观察法归纳出难缠顾客的主要类型，缺乏难缠顾客特质的实证数据。仅能由Knutson 等人（1999）的调查得知，在美国餐厅的难缠顾客中，有70.4%年龄在30～50岁，有68.6%属于中上阶层，有40.1%出现在女性服务员服务时，有22.1%出现在男性服务员服务时，有32.3%出现在男性或女性服务员服务时的机会均等，有3.9%是单独用餐，有45.4%是3～4人一起用餐，有37.6%是成对用餐，有13.2% 是5人以上团体用餐。在一个月中，难缠顾客出现的频率，平均大约每周光临一次。在一周中，难缠顾客出现的时间，有46.4%在非星期假日，有51%在周末假日，但二者的差异并不显著。

此外，学者尹子平（2003）调查发现，在台湾地区旅游业的难缠顾客中，性别上男女一样多，年龄大部分是青壮年，大都有出国经验，没有特定出国旅游时间，职业依序以老师、民意代表、记者、公务人员及高科技人员最多，主要来自北部地区，经常为三五成群或单独一人出游，其不理性行为经常发生于住宿地点、餐厅及购物地点，而难缠顾客的主要特征为：①脾气固执的年长者；②教育程度不佳的客人；③有钱有势的客人；④有旅游经验的老练旅客；⑤自私自利不合群的客人；⑥某科学园区员工；⑦体力劳动者；⑧中小企业老板；⑨老师；⑩不想花钱自助旅行的年轻人。

三、实证研究方法

（一）餐饮业难缠顾客的分类

问题思考

奥客可以分为哪些类型?

问题提示

目前在奥客的分类上，大家众说纷纭，并没有一致的共识。

问题解答

餐饮业常见的难缠顾客，可以归纳为：傲慢自大、言行粗暴、醉酒闹事、永不满足、贪小便宜、捉摸不定、父母纵容7种主要类型。

首先，将不同学者所提出的餐饮业难缠顾客类型，由两位具有餐饮实务经验的研究人员，依照每一种类型难缠顾客的属性，独立作业进行分类。然后，将二人归类不同的项目提出讨论，由二人重新审视并且加以调整。最后，将二人分类结果交给资深餐饮业专业人士进行检视，是否有需要调整或更正之处，以提高外在判定信度与内容效度。经由此分类过程，将餐饮业常见的难缠顾客行为归纳为：傲慢自大、言行粗暴、醉酒闹事、永不满足、贪小便宜、捉摸不定、父母纵容7种主要类型（表13-1），以作为进行验证性分析的理论基础。

表13-1 餐饮业难缠顾客行为类型分析

学者	Zemke & Anderson（1990）	Bitner, Booms, Mohr（1994）	Stephenson（1995）	Knutson, Borchgrevink, Woods（1999）
对象	美国银行、餐厅、航空业	美国旅馆、餐厅、航空业	美国餐厅	美国餐厅
傲慢自大	•自负 •傲慢 •凡事只对老板说		•只因他们认识老板，就期望获得特殊待遇	•不懂装懂
言行粗暴	•坏嘴 •对他人残忍 •言语粗鲁 •大声尖叫 •夸张	•言语或身体侮辱	•有种族偏见 •以宠物之名来叫服务人员	•态度恶劣 •威吓胁迫
醉酒闹事		•醉酒		
永不满足	•跋扈 •永不满足 •下最后通牒	•不合作	•自认他是服务人员唯一必须等候的人	•专业苛求
贪小便宜	•需求超出服务范围 •要求免费物 •试图获得利益	•违反公司政策或法令	•将食物吃了大半，再说他不喜欢 •只因他曾获得一次免费之物，就期望每次都应获得	
捉摸不定			•点特殊项目又退回 •经常改变心意	•捉摸不定
父母纵容			•小孩不待在自己的地方 •放纵小孩乱跑	

（二）人员访谈

由于目前在餐饮业难缠顾客的研究均为国外案例，台湾地区并无类似的研究。因此，为了对台湾地区餐饮业的难缠顾客有更深入的了解，使用Flanagan（1954）所提出的关键事例技术法，由访员对国际观光旅馆内餐厅的高阶主管5人，以及一线服务人员30人进行深度谈访，从过去经验中印象较为深刻、记忆较为强烈的难缠顾客事例作详尽的描述，以深入了解难缠顾客的行为内容。研究者在访谈之前事先准备一份访谈纲要，以确保受访者确实了解难缠顾客的定义与内涵，并且将访谈焦点集中在研究主题上，访谈内容除了事前所准备的开放式问卷外，以难缠顾客为主轴令受访者畅所欲言，研究者不做任何批判与引导，只是以适度同理心认同、鼓励发言，从各种不同的角度、现象、事件、人物特质、互动状态等，叙述曾遭遇过的难缠顾客事例，访谈过程全程以录音方式记录，访谈结束后再以逐字稿方式记录访谈全文。然后，由两位具有餐饮实务经验的研究人员，在众多访谈资料中逐行逐句分析，寻找反复出现的行为现象，将访谈所获得的数据进行归类。

经由上述的分析过程，由一线服务人员的访谈结果，得到43种餐饮业难缠顾客行为，并且发现难缠顾客会给一线服务人员带来工作压力，影响服务人员的工作情绪，降低服务人员的服务质量，甚至会有想要转换工作的念头。但是，由高阶主管的访谈结果，却发现二者的看法大不相同，例如：前丽致管理顾问公司副总裁苏国垚就认为："没有所谓的难缠顾客，只有选错目标市场的饭店。"但是，他也强调："我们服务客人，但不服侍客人。"此外，君悦饭店的高阶主管也认为："我们没有难缠顾客，只有比较不容易服务的顾客，因为他们的品味比较高，对于服务品质的要求也比较高。"因此，由访谈的结果可知，在餐饮业中是否存在着难缠顾客，高阶主管与一线服务人员的观点并不相同，还有待进一步的验证。

（三）研究架构

目前台湾地区并无餐饮业难缠顾客的相关研究，国外虽然有学者探讨餐饮业难缠顾客的类型，以及难缠顾客与服务人员的背景特质，但是并未分析难缠顾客对服务人员的影响效果。因此，以前述的傲慢自大、言行粗暴、醉酒闹事、永不满足、贪小便宜、捉摸不定、父母纵容七种餐饮业主要的难缠顾客类型为基础，参考Knutson 等人（1999）的难缠顾客与服务人员背景特质，以及由人员访谈所获得难缠顾客对第一线服务人员的影响，建立研究架构（图13-1），以验证在台湾地区的餐饮业中，是否也存在类似的难缠顾客，探讨这些难缠顾客的性别、年龄、惠顾频率、餐饮经验、消费形态、消费时间、消费时段、消费金额、服务人员性别等背景特质，分析不同类型难缠顾客对服务人员在带来工作压力、影响工作情绪、降低服务质量、想要转换工作的影响效果，比较不同性别、年龄、职位与资历的服务人员在面对难缠顾客时的差异性，并且提出下列五个研究假设：

H1：各种类型的难缠顾客行为，会给服务人员带来显著的工作压力。

H2：各种类型的难缠顾客行为，会显著影响服务人员的工作情绪。

H3：各种类型的难缠顾客行为，会显著降低服务人员的服务质量。

H4：各种类型的难缠顾客行为，会显著影响服务人员想要转换工作的意愿。

H5：不同背景特质的服务人员在面对难缠顾客时，在带来工作压力、影响工作情绪、降低服务质量、想要转换工作上会有显著差异。

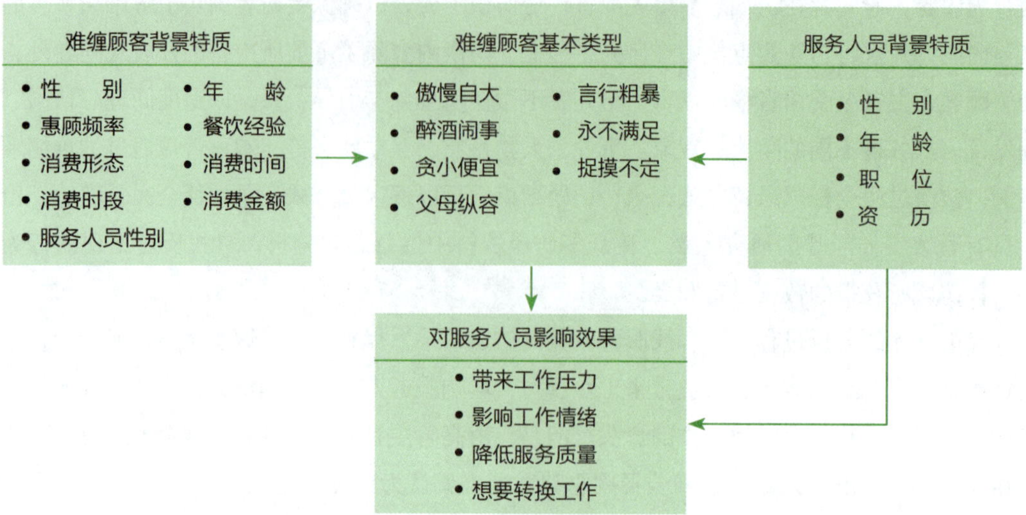

图13-1 研究架构

（四）问卷设计

依据文献回顾以及一线服务人员访谈所获得的数据，以43种餐饮业常见的难缠顾客行为来发展问卷初稿，问卷内容包含下列六大部分。

1. 服务人员背景特质

使用名目尺度，调查受访者的性别、年龄、职位与资历等背景特质资料。

2. 难缠顾客背景特质

使用名目尺度，调查难缠顾客的性别、年龄、惠顾频率、餐饮经验、消费形态、消费时间、消费时段、消费金额、服务人员性别等背景特质资料。

3. 难缠顾客出现频率

使用5点评价尺度（①不曾遇到，②很少遇到，③偶尔遇到，④经常遇到，⑤天天遇到），以43个餐饮业常见的难缠顾客行为题项，调查各种类型难缠顾客行为出现的频率。

4. 难缠顾客影响程度

使用5点评价尺度（①影响非常小，②影响小，③影响中等，④影响大，⑤影响非常大），以43个餐饮业常见的难缠顾客行为题项，调查各种类型难缠顾客行为对服务人员的影响程度。

5. 难缠顾客影响效果

使用5点评价尺度（①影响非常小，②影响小，③影响中等，④影响大，⑤影响非常大），以4个题项调查难缠顾客行为对服务人员在带来工作压力、影响工作情绪、降低服务质量、想要转换工作上的影响效果。

6. 难缠顾客应对策略

使用名目尺度，以3个题项调查服务人员对于难缠顾客的处理方式，餐厅是否有对服务人员进行难缠顾客的教育训练，以及餐厅是否有对服务人员充分授权去应对难缠顾客。

然后，由访员使用普查方式，以高雄地区7家国际观光旅馆餐厅进行前驱研究，总共发出240份问卷，回收175份有效问卷，使用SPSS 统计软件进行数据分析。最后，将前驱研究所获得的结果，与三位餐饮业的学者专家讨论，删除3个不易辨识的餐饮业常见难缠顾客行为题项，并且修正部分题项的文字叙述，建立包含40个餐饮业常见难缠顾客行为题项的正式问卷。

（五）问卷调查

于2005年寒假期间，通过高雄餐旅学院餐饮管理科系校外实习学生，由访员以普查方式，对台湾地区49家国际观光旅馆餐厅一线服务人员进行问卷调查，总共发出1000份问卷，回收407份问卷，剔除81份填答不完整问卷后，回收有效问卷326份，有效问卷回收率32.6%。在回收的问卷中，北部地区占48.8%，中部地区占6.7%，南部地区占44.5%；男性占36.5%，女性占63.5%；年龄在20岁以下占25.5%，21至30岁占58.1%，31至40岁占12.1%，41至50岁占3.4%，51岁以上占0.9%；职位为兼职人员占15.0%，实习生占15.3%，服务员占34.4%，组长占4.7%，领班占19.3%，主任占4.7%，副理占4.7%，经理以上占2.5%；工作资历6个月以下占25.1%，7个月至一年占20.4%，满1～2年占20.1%，满2～3年占10.7%，满3年以上占23.8%。

四、数据处理分析

（一）难缠顾客的出现频率与影响程度

将40 个餐饮业常见的难缠顾客行为题项，进行出现频率与影响程度分析，发现在出现频率题项中，以营业时间已过，却不愿离开；小孩于餐厅任意玩耍，大人不愿管教；小孩吵闹，影响顾客用餐，大人不愿理睬3项平均值大于3（偶尔遇到），但是坚持拒绝特定人员服务；恐吓威胁，暴力相向；结账时发票已印出，拒不付尾数；不当要求服务人员陪酒；对服务人员言语性骚扰；对服务人员毛手毛脚；服装仪容不符规定，却要强行硬闯；说谎冒充，招摇撞骗；偷窃现场器皿；蓄意破坏设备10项平均值小于2（很少遇到），其余27项平均值均介于2.13~2.93。此外，在影响程度题项中，以自以为了不起，想要怎样就怎样；自己有错，却怪罪服务人员；自视甚高，瞧不起服务人员；事事都要快，以为服务人员只服务他一人；态度恶劣，无理要求；无理要求遭拒，反而辱骂服务人员；恐吓威胁，暴力相向；酒后乱吐，制造脏乱；大声喧哗，影响现场安宁；快到打烊时间，才要进来用餐；用餐时间已过，却不愿离开；放任小孩不管，出事责怪服务人员；小孩于餐厅任意玩耍，大人不愿管教；小孩吵闹，影响顾客用餐，大人不愿理睬；对服务人员言语性骚扰；对服务人员毛手毛脚；假借认识主管，要求折扣或赠品17项平均值大于3（影响中等），其余23项平均值均介于2.43~2.94（表13-2）。由此可见，在台湾地区的国际观光旅馆餐厅中，偶尔会出现一些难缠顾客行为，并且对服务人员产生某种程度的影响。

表13-2 难缠顾客行为出现频率与影响程度分析表

题项	出现频率		影响程度	
	平均数	标准偏差	平均数	标准偏差
1. 什么事情都要找主管	2.93	0.86	2.91	0.92
2. 坚持指定特定人员服务	2.35	0.93	2.50	1.05
3. 坚持拒绝特定人员服务	1.81	0.89	2.44	1.18
4. 自以为了不起，想要怎样就怎样	2.91	0.94	3.19	1.00
5. 自己有错，却怪罪服务人员	2.80	0.90	3.17	1.05
6. 自视甚高，瞧不起服务人员	2.86	0.95	3.07	1.08
7. 事事都要快，以为服务人员只服务他一人	2.93	1.03	3.15	1.11
8. 言语粗鲁，满嘴脏话	2.22	0.92	2.89	1.19
9. 态度恶劣，无理要求	2.50	0.92	3.22	1.18
10. 无理要求遭拒，反而辱骂服务人员	2.17	0.95	3.22	1.22
11. 恐吓威胁，暴力相向	1.55	0.85	3.18	1.47
12. 不停抱怨，却无具体内容	2.50	1.00	2.94	1.08
13. 心情不佳，却迁怒服务人员	2.28	0.99	2.83	1.15
14. 假借酒意，无理取闹	2.13	1.00	2.95	1.20
15. 酒后乱吐，制造脏乱	2.14	1.05	3.01	1.26
16. 大声喧哗，影响现场安宁	2.74	1.04	3.11	1.21
17. 刻意点菜单上没有的菜	2.13	1.03	2.57	1.08
18. 处处都嫌，凡事皆不满意	2.47	0.96	2.88	1.06
19. 餐食吃完一大半，才东嫌西嫌	2.61	0.97	2.86	1.01
20. 借故找理由，贪小便宜	2.75	1.00	2.84	1.02
21. 借故抱怨，根本不想付钱	2.15	1.02	2.94	1.21
22. 结账时发票已打印，拒不付尾数	1.74	0.97	2.72	1.31
23. 儿童已超过收费标准，却不愿付费	2.51	1.23	2.80	1.19
24. 没有主见，根本不知到底要什么	2.37	1.09	2.43	1.12
25. 已开始上菜，却又要求服务人员改菜单	2.31	1.04	2.86	1.20
26. 快到打烊时间，才要进来用餐	2.86	1.13	3.00	1.21
27. 用餐时间已过，却不愿离开	3.23	1.11	3.07	1.19
28. 放任小孩不管，出事责怪服务人员	2.69	1.13	3.29	1.20
29. 小孩于餐厅任意玩耍，大人不愿管教	3.10	1.07	3.35	1.19
30. 小孩吵闹，影响顾客用餐，大人不愿理睬	3.04	1.10	3.38	1.21
31. 不当要求服务人员陪酒	1.81	0.99	2.94	1.40
32. 对服务人员言语性骚扰	1.93	0.96	3.03	1.36

续表

题项	出现频率		影响程度	
	平均数	标准偏差	平均数	标准偏差
33. 对服务人员毛手毛脚	1.85	0.97	3.21	1.37
34. 在禁烟区抽烟，屡劝不听	2.19	1.04	2.89	1.23
35. 服装仪容不符规定，却要强行硬闯	1.79	0.97	2.52	1.17
36. 不听从带位，坚持自行选择座位	2.73	1.15	2.85	1.16
37. 说谎冒充，招摇撞骗	1.77	1.00	2.77	1.29
38. 偷窃现场器皿	1.90	0.99	2.89	1.30
39. 蓄意破坏设备	1.77	0.96	2.91	1.37
40. 假借认识主管，要求折扣或赠品	2.77	1.20	3.03	1.13

（二）难缠顾客的背景特质

经由次数分配分析发现，在难缠顾客的性别上，有13.5%的服务人员认为男性较多，41.2%认为女性较多，45.2%认为无性别差异；在难缠顾客的年龄上，20岁以下占0.3%，21～30岁占10.5%，31～40岁占53.8%，41～50岁占32.5%，51～60岁占2.5%，61岁以上占0.3%；在惠顾频率上，初次惠顾占9.9%，偶尔惠顾占55.3%，经常惠顾占32.9%，天天惠顾占1.9%；在餐饮经验上，完全外行占18.3%，稍有经验占48.4%，颇有经验占31.1%，非常专业占2.2%；在消费形态上，单独一人占2.5%，二人同行占14.9%，3～5人同行占48.4%，6～10人同行占17.7%，11人以上团体占16.5%；在消费时间上，非节假日占4.0%，节假日占22.4%，特定节日占9.6%，无日期差异占64.0%；在消费时段上，早餐占3.2%，午餐占10.7%，下午茶占7.3%，晚餐占36.9%，宵夜占1.6%，无时段差异占40.4%；在服务人员的性别上，8.1%认为男性服务人员较多，43.8%认为女性服务人员较多，48.1%认为无性别差异。由此可见，在台湾地区的国际观光旅馆餐厅中，难缠顾客在性别上以女性稍多，但是无明显的差异，年龄约在31～50岁，偶尔惠顾，稍有餐饮经验，通常3～5人同行，出现日期与消费时段并无明显的差异，但是晚餐时段稍多，在服务人员的性别上以女性稍多，但是并无明显的差异，此结果与Knutson等人（1999）的研究结论相近。

（三）难缠顾客行为的类型分析

将40个餐饮业常见的难缠顾客行为题项，依据前述影响程度平均数分析的结果，删除“坚持拒绝特定人员服务；恐吓威胁，暴力相向；结账时发票已印出，拒不付尾数；不当要求服务人员陪酒；对服务人员言语性骚扰；对服务人员毛手毛脚；服装仪容不符规定，却要强行硬闯；说谎冒充，招摇撞骗；偷窃现场器皿；蓄意破坏设备”10个平均值低于2（很少遇到）的题项之后，使用最大变异法进行因素分析，选取在主要构面因素负荷量大于0.5以上的题项，删除“态度恶劣，无理要求；心情不佳，却迁怒服务人员；大声喧哗，影响现场安宁；已开始上菜，却又要求服务人员改菜单”4个不易辨识题项后，得到7个特征值大于1的因素维度，包含26个题项。然后，依据各个因素维度的题项内容，分别命名为：永不满足、傲慢自大、父母纵容、言行粗暴、违反规定、自以为是、拖延时间7种主要的难缠顾客行为类型，其Cronbach's α 值介于0.71～0.89，累积变异解释量为74.69%（表13-3）。此一结果与研究架构略有差异，其中醉酒闹事、贪小便宜、捉摸不定三种类型难缠顾客行为，由违反规定、自以为是、拖延时间所取代。

表13-3 难缠顾客类型分析表

维度	评估项目	因素负荷量	Cronbach's α	特征值	百分比	累积百分比
永不满足	18. 处处都嫌，凡事皆不满意 19. 餐食吃完一大半，才东嫌西嫌 17. 刻意点菜单上没有的菜 20. 借故找理由，贪小便宜 21. 借故抱怨，根本不想付钱 24. 没有主见，根本不知到底要什么 12. 不停抱怨，却无具体内容	0.75 0.73 0.70 0.64 0.54 0.53 0.53	0.89	3.84	14.78	14.78
傲慢自大	5. 自己有错，却怪罪服务人员 4. 自以为了不起，想要怎样就怎样 6. 自视甚高，瞧不起服务人员 7. 事事都要快，以为只服务他一人	0.76 0.76 0.72 0.70	0.89	3.57	13.72	28.50
父母纵容	29. 小孩于餐厅任意玩耍，大人不愿管教 30. 小孩吵闹，影响顾客，大人不愿理睬 28. 放任小孩不管，出事责怪服务人员	0.82 0.80 0.68	0.89	2.97	11.42	39.92
言行粗暴	8. 言语粗鲁，满嘴脏话 14. 假借酒意，无理取闹 10. 无理要求遭拒，反而辱骂服务人员 15. 酒后乱吐，制造脏乱	0.70 0.69 0.64 0.63	0.85	2.88	11.08	51.00
违反规定	34. 在禁烟区抽烟，屡劝不听 23. 儿童已超过收费标准，却不愿付费 36. 不听从带位，坚持自行选择座位 40. 假借认识主管，要求折扣或赠品	0.74 0.61 0.58 0.54	0.81	2.62	10.08	61.08
自以为是	2. 坚持指定特定人员服务 1. 什么事情都要找主管	0.87 0.75	0.71	1.77	6.82	67.90
拖延时间	26. 快到打烊时间，才要进来用餐 27. 用餐时间已过，却不愿离开	0.79 0.65	0.79	1.77	6.79	74.69

（四）难缠顾客行为类型对服务人员的影响效果

由难缠顾客行为类型对服务人员影响效果分析的结果可知，难缠顾客给服务人员带来工作压力的平均值为3.51（2：影响小，3：影响中等，4：影响大），影响工作情绪的平均值为3.70，降低服务质量的平均值为3.28，想要转换工作的平均值为2.74。由此可见，难缠顾客会给服务人员带来相当程度的工作压力，而且会影响服务人员的工作情绪，降低服务人员的服务质量，但是对想要转换工作的影响程度较小。此外，为了了解各种类型难缠顾客对服务人员的影响效果，分别以带来工作压力、影响工作情绪、降低服务质量、想要转换工作为因变量，以七种难缠顾客行为类型的因素分数为自变量进行回归分析，由难缠顾客行为类型对服务人员影响效果回归分析的结果可知，永不满足型难缠顾客对带来工作压力、降低服务质量、想要转换工作有显著的正向影响效果，可见永不满足型的难缠顾客，会给服务人员带来工作压力、降低服务质量，并且想要转换工作。傲慢自大型难缠顾客对带来工作压力、影响工作情绪、降低服务质量、想要转换工作均有显著的正向影响效果，可见傲慢自大型的难缠顾客，会给服务人员带来工作压力、影响工作情绪、降低服务质量，并且想要转换工作。父母纵容型难缠顾客对带来工作压力、影响工作情绪有显著的正向影响效果，可见父母纵容型的难缠顾客，会给服务人员带来工作压力，而且影响工作情绪。违反规定与带来工作压力、影响工作情绪、降低服务品质、想要转换工作均无显著的影响效果，可见违反规定型的难缠顾客对于服务人员并无重大的影响。自以为是型难缠顾客对影响工作情绪有显著的负向影响效果，可见自以为是型的难缠顾客，并不会负面影响服务人员的工作情绪，反而会因为顾客直接找主管而乐得清闲。拖延时间型难缠顾客对降低服务质量有显著的正向影响效果，可见拖延时间型的难缠顾客，会降低服务人员的服务质量（表13-4）。综合上述所述，研究假设H1～H4，只有部分获得支持。

表13-4　难缠顾客行为类型对服务人员影响效果回归分析表

类型	永不满足	傲慢自大	父母纵容	言行粗暴	违反规定	自以为是	拖延时间
带来工作压力	0.14*	0.16*	0.23**	0.06	0.10	0.03	0.04
影响工作情绪	0.10	0.28**	0.16*	0.06	0.04	-0.13*	0.09
降低服务质量	0.14*	0.22**	0.02	0.08	0.00	0.02	0.15*
想要转换工作	0.13*	0.20**	0.03	0.16*	-0.01	0.04	-0.02

**$p<0.01$；*$p<0.05$

（五）不同背景特质服务人员面对难缠顾客的差异分析

为了比较不同背景特质的服务人员在面对难缠顾客时，在带来工作压力、影响工作情绪、降低服务质量、想要转换工作上是否有显著差异，以带来工作压力、影响工作情绪、降低服务质量、想要转换工作为因变量，以餐厅所在的地区，以及服务人员的性别、年龄、职位与资历为因子，进行单因子变异数分析，由不同背景服务人员面对难缠顾客差异分析的结果可知，除了服务人员的性别在带来工作压力、影响工作情绪与降低服务质量上有显著差异之外，其余均无显著差异（表13-5）。由此可见，在台湾地区国际观光旅馆餐厅中，女性服务人员在面对难缠顾客时，要比男性服务人员感受到较大的工作压力，而且在工作情绪与服务质量上受到比较大的影响。所以，研究假设五，只有在服务人员的性别上获得部分支持，其余均未能获支持。

表13-5 不同背景服务人员面对难缠顾客差异分析表

项目		带来工作压力	影响工作情绪	降低服务质量	想转换工作
地区	北　部	3.72	3.53	3.17	2.71
	中　部	3.70	3.60	3.55	2.60
	南　部	3.67	3.49	3.38	2.79
	P　值	0.90	0.89	0.19	0.69
性别	男　性	3.58	3.38	3.12	2.62
	女　性	3.80	3.62	3.38	2.82
	P　值	0.08*	0.07*	0.07*	0.12
年龄	20岁以下	3.66	3.38	3.29	2.72
	21至30岁	3.77	3.60	3.28	2.76
	31至40岁	3.62	3.49	3.33	2.54
	41至50岁	3.18	3.18	2.73	3.18
	51岁以上	2.67	3.00	3.33	2.67
	P　值	0.18	0.42	0.66	0.50
职位	兼职人员	3.82	3.44	3.47	2.80
	实习生	3.88	3.71	3.56	2.73
	服务员	3.75	3.55	3.26	2.78
	组　长	3.13	3.13	2.93	2.73
	领　班	3.65	3.58	3.34	2.76
	主　任	3.53	2.87	2.53	2.27
	副　理	3.53	3.60	3.13	2.80
	经理以上	3.75	4.00	3.25	2.50
	P　值	0.43	0.17	0.13	0.82
工作年限	六个月以下	3.69	3.51	3.38	2.83
	七个月至一年	3.89	3.51	3.40	2.60
	满一年至二年	3.75	3.56	3.27	2.92
	满二年至三年	3.58	3.33	3.27	2.50
	满三年以上	3.60	3.58	3.13	2.73
	P　值	0.54	0.87	0.68	0.30

*p<0.10

（六）服务人员对难缠顾客的应对策略

问题思考

当服务人员遇到奥客时，应该如何处理？

问题提示

在台湾地区的国际观光旅馆餐厅中，约有40%的服务人员受过难缠顾客的教育训练，而且获得充分的授权去应对难缠顾客，但是约有20%的服务人员未曾受过难缠顾客的教育训练，也未能获得充分的授权。

问题解答

当服务人员在面对难缠顾客时，只有33.8%会独立应对，有2.6%不予理会，有28.5%请求同事协助，却有35.1%交给上司处理。由此可见，台湾地区国际观光旅馆餐厅，对于服务人员如何面对难缠顾客的教育训练并不够完善。

当服务人员在面对难缠顾客时，有2.6%的服务人员不予理会，33.8%独立应对，28.5%请求同事协助，35.1%交给上司处理。其次，有43.8%的服务人员受过如何应对难缠顾客的教育训练，20%未曾受过教育训练，36.3%没有意见。此外，有41.5%服务人员获得充分授权去应对难缠顾客，20.1%未获得充分授权，38.4%没有意见。由此可见，在台湾地区的国际观光旅馆餐厅中，当服务人员在面对难缠顾客时，约有1/3的服务人员独立应对，约有1/3请求同事协助，约有1/3强交给上司处理。此外，虽然有40%左右的服务人员受过如何应对难缠顾客的教育训练，而且获得充分的授权去应对难缠顾客，但是还有约20%的服务人员未曾受过难缠顾客的教育训练，也未获得充分的授权去应对难缠顾客。

五、管理实务内涵

在现代企业顾客至上的典范下，顾客永远是对的，成为员工必须遵守的唯一法则，但是顾客真的永远是对的吗？由高阶主管人员访谈的结果可知，在餐饮业高阶主管的眼中，只有选错目标市场的饭店，以及比较不容易服务的顾客，并没有所谓的难缠顾客。然而，目标市场的选择是否正确，属于高阶管理的策略判断，对于第一线的服务人员而言，他们别无选择，只能默默地接受每一位走进餐厅的顾客，并且想尽办法去讨好他们。但是，以往在服务接触顾客满意的相关研究上，大多只从顾客的角度来进行分析，很少从员工的角度来深入发掘问题，以致难缠顾客的议题一直被忽视。因此，高阶管理者应正视难缠顾客对一线服务人员所可能带来的问题，了解不同类型难缠顾客的行为对服务人员的影响效果，并且加强服务人员的教育训练以应对难缠顾客。

（一）难缠顾客行为对服务人员的影响效果

由难缠顾客行为出现频率与影响程度分析的结果可知，营业时间已过，却不愿离开；小孩于餐厅任意玩耍，大人不愿管教；小孩吵闹，影响顾客用餐，大人不愿理睬3项平均值大于3（偶尔遇到），但是坚持拒绝特定人员服务；恐吓威胁，暴力相向；结账时发票已打印，拒不付尾数；不当要求服务人员陪酒；对服务人员言语性骚扰；对服务人员毛手毛脚；服装仪容不符规定，却要强行硬闯；说谎冒充，招摇撞骗；偷窃现场器皿；蓄意破坏设备10项平均值小于2（很少遇到），其余27项平均值均介于2.13～2.93。此外，在影响程度题项中，17项平均值大于3（影响中等），其余23项平均值均介于2.43～2.94。由此可见，在台湾地区的国际观光旅馆餐厅中，确实存在某些类型的难缠顾客行为，但是除了营业时间已过，却不愿离开；小孩于餐厅任意玩耍，大人不愿管教；小孩吵闹，影响顾客用餐，大人不愿理睬3项较为常见之外，其余类型出现的频率并不高，对服务人员的影响效果也不大。然而，由于是以国际观光旅馆餐厅进行实证研究，可能因为消费金额较高，以致顾客的水平也较高，所以难缠顾客行为发生的机会也相对较少。

（二）难缠顾客的背景特质并无明显的差异

由难缠顾客背景特质分析的结果可知，在台湾地区的国际观光旅馆餐厅中，难缠顾客的背景特质并无明显的差异，但是可以大略描绘出较常见的难缠顾客图像，以女性，年龄在31～50岁，偶尔惠顾，稍有餐饮经验，通常3～5 人同行，在晚餐时段出现，而且当服务人员为女性时较常发生，此与Knutson等人（1999）对美国餐饮业的研究结果相近。

（三）难缠顾客的主要行为类型

台湾地区国际观光旅馆餐厅的难缠顾客，可以归纳为七种主要行为类型：

由难缠顾客类型分析的结果可知，在台湾地区的国际观光旅馆餐厅中，难缠顾客可以归纳为永不满足、傲慢自大、父母纵容、言行粗暴、违反规定、自以为是、拖延时间七种主要的行为类型。其中，永不满足、傲慢自大、父母纵容、言行粗暴四种类型，与学者对美国餐厅的研究结果相同，但是醉酒闹事、贪小便宜、捉摸不定三种类型，则由违反规定、自以为是、拖延时间所取代，推论其主要原因可能在于研究对象与文化背景的差异。由于以国际观光旅馆餐厅为对象进行研究，而美国学者是以一般餐厅为对象，在消费金额与顾客层次上有明显的差异，以致醉酒闹事、贪小便宜、捉摸不定三种类型难缠顾客较少出现，但是由于台湾地区人们对于守法守时的观念相对于美国人较为薄弱，而且能在国际观光旅馆餐厅消费者，均有相当的经济能力与身份地位，自我观念也相对较重，以致违反规定、自以为是、拖延时间三种类型难缠顾客较常出现。

（四）不同类型难缠顾客对服务人员会有不同的影响效果

由难缠顾客行为类型对服务人员影响效果回归分析的结果可知，在七种类型的难缠顾客中，以傲慢自大型对服务人员的影响效果最大，不论对服务人员带来工作压力、影响工作情绪、降低服务质量或想要转换工作均有显著的正向影响，永不满足型对带来工作压力、降低服务质量与想要转换工作有显著的正向影响，父母纵容型对带来工作压力与影响工作情绪有显著的正向影响，而言行粗暴型只对想要转换工作有显著的正向影响，拖延时间只对降低服务质量有显著的正向影响。但是，违反规定型对带来工作压力、影响工作情绪、降低服务质量与想要转换工作均无显著影响。然而，有趣的是自以为是型却对影响工作情绪有显著的负向影响。由此可见，在台湾地区国际观光旅馆附设餐厅中，由于顾客的层次较高，傲慢自大与永不满足型的难缠顾客较为常见，餐厅又得罪不起此类顾客，服务人员也就只有忍气吞声默默承受，以致工作压力特别大。父母纵容型会使儿童在餐厅中胡作非为，导致设备或人员受损，造成服务人员的工作压力，并且影响工作情绪。言行粗暴型会对服务人员直接造成伤害，导致服务人员想要转换工作。拖延时间型只影响服务人员准备餐食与清理设备的时间，所以只会影响服务质量。违反规定型在服务人员看来可能只是无伤大雅，反正交给上司处理，以致影响效果并不显著。自以为是型喜欢指定特定人员服务或直接找主管，在服务人员看来反正又没我的事，反而乐得清闲，以致与工作情绪呈显著的负相关。

（五）不同性别的服务人员在面对难缠顾客时有显著差异

由不同背景特质服务人员面对难缠顾客差异分析的结果可知，在台湾地区的国际观光旅馆餐厅中，女性服务人员在面对难缠顾客时，要比男性服务人员面临较大的工作压力，而且在工作情绪与服务质量上，也受到比较大的影响。此现象，除了女性比较容易紧张的特质之外，也可能与难缠顾客比较容易发生在服务人员为女性时有关。但是，除了性别之外，不同背景特质的服务人员在面对难缠顾客时并无显著差异。由此可见，难缠顾客是否会给服务人员带来困扰，除了性别因素之外，并无显著的差异性存在。

（六）服务人员如何应对难缠顾客的教育训练并不够完善

由服务人员对难缠顾客应对策略分析的结果可知，虽然在台湾地区的国际观光旅馆餐厅中，约有40%的服务人员受过难缠顾客的教育训练，而且获得充分的授权去应对难缠顾客。但是，还有约20%的服务人员未曾受过难缠顾客的教育训练，也未能获得充分的授权。此外，当服务人员在面对难缠顾客时，只有33.8% 会独立应对，有2.6%不予理会，有28.5%请求同事协助，却有35.1%交给上司处理。由此可见，目前在台湾地区国际观光旅馆餐厅中，对于服务人员如何面对难缠顾客的教育训练并不够完善，还有相当大的改善空间。

（七）顾客满意服务策略

企业在评估不同细分市场之后，必须从中找出一个或数个值得进入以及其所要服务的市场。因此，饭店餐饮业若想建立成功的顾客关系，那么选择适合的目标细分顾客便势在必行，顾客和企业的能力相符合是非常重要的。Woo与Fock（2004）建议将顾客分成正确的顾客（right customers）：公司有能力并且可以让顾客满意从而带来利润的顾客；错误的顾客（wrong customers）：公司无法服务或不能带来利润，或根本不想获得服务满意的顾客；风险顾客（at risk right customers）：其一为整体满意度高但特殊需求（服务或产品）不满，有待加强服务，其二为整体满意度不高但特殊需求（服务或产品）满意度高，每次都必须增额外的成本与经费给予赠送或优待。

对于正确的顾客来说，正是我们理想中所要服务的顾客，而错误的顾客，却是我们不得不放弃的顾客，因为既无利可图又在服务场景中给其他顾客和服务人员带来困扰，不得不忍痛放弃。针对第一种风险顾客，由于其对整体利润和满意度还是正向发展，我们必须加强服务，在服务上做提升，否则他们会转向其他的竞争对手。针对第二种风险顾客，便是我们的难缠顾客，难缠顾客处理得当还是有可能转为正确的顾客，在评估所需付出的额外成本若高到无法负荷或问题还是无法处理时（难缠顾客中的本质恶劣顾客），这种无法处理的第二种风险顾客在归类上，便是必须要放弃的错误的顾客（图13-2）。

解决难缠顾客最好的策略，是在问题发生之前便已解决，意即在服务蓝图设定之初便已将问题列入考虑予以防范。在人员招募时，便挑选性格特质适合服务业需求的人员，例如：喜欢和人接触、性格开朗、积极热心、阳光型的人。在训练过程中，特别强调马斯洛需求层次理论的内涵与技巧。当难缠顾客的问题有产生倾向或已发生时，即使不能解决，也可转移给第三者或更高位阶的人来处理，在这个时间点，有一些风险顾客经确认后，将转为正确的顾客或错误的顾客。顾客并非永远是对的，是我们让顾客觉得他是对的！公司必须能够长期使自己的员工和顾客都满意，才能创造获利的机会，没有满意的员工便没有满意的顾客，没有满意的顾客便没有获利的企业。

有条件的满意度 ＼ 整体的满意度	低	高
高	风险顾客	正确顾客
	难缠顾客 （服务补救，耗用额外成本与经费）	（必须保留的顾客，随时会投向竞争者）
	错误顾客	风险顾客
低	（难以服务，必须考虑放弃）	正确顾客 （改善与加强服务）

图13-2 Woo与Fock（2004）顾客满意服务策略

第四篇

个案讨论篇

如何整合理论与实务，并且将所学实际应用于日常生活中，是学习的最高境界。所以，第四篇个案讨论篇，是通过实际的案例分析，将前三篇所学的理论与实务加以整合应用，内容包含：第十四章顾客满意个案讨论、第十五章员工自发行为个案讨论、第十六章服务失误个案讨论、第十七章服务补救个案讨论，学会本篇的顾客满意、服务失误与服务补救个案讨论，可以让你对于如何将书上所学的顾客满意理论，实际应用于服务业的经营管理更加得心应手。

第十四章

顾客满意个案讨论

问题思考

到底是什么事情让顾客感到满意？是有形产品，还是无形服务？

问题提示

顾客满意是由顾客比较购买前的期望与购买后的绩效所产生，只要超越顾客的期望，顾客就会感到满意。

问题解答

能让顾客感到满意的事情很多，有时候只是一个贴心的服务，甚至一个浅浅的微笑，都能让顾客感动。

一、个案描述

高雄市文化中心附近巷子里，有许多餐厅售卖各式异国料理，当我吃完晚餐之后，服务人员 A 走过来问我："什么时候上随餐饮料？"我反问："你们随餐有什么饮料？"服务人员回答说："随餐饮料是红茶。"我说："我喝红茶会睡不着，可不可以换别的？"服务人员回答说："可以换绿茶。"我说："绿茶也一样会睡不着，可不可以换别的，例如果汁？"服务人员回答说："果汁要另外点。"我说："那我不要了，可不可以退钱？"服务人员回答说："不要也不可以退钱。"买完单之后，我带着不舒服的心情，默默离开餐厅，很久不再到那家餐厅吃饭。

在一个下着毛毛雨的夜里，因为不想淋雨走太远去吃饭，不得已再走入那家餐厅，这次换了另外一位服务人员 B。当我吃完晚餐之后，服务人员走过来问我："什么时候上随餐饮料？"我反问："你们随餐有什么饮料？"服务人员回答说："随餐饮料是红茶。"我说："我喝红茶会睡不着，可不可以换别的？"服务人员回答说："可以换绿茶。"我说："绿茶也一样会睡不着，可不可以换别的，例如果汁？"服务人员回答说："果汁要另外点，我帮你换豆浆好不好？"这个回答超出我预料之外，虽然送来的豆浆稀如水，但是至少服务人员尽力了，我带着满意的心情离开餐厅，心里想下次如果有机会再来试试。

在一个寒冷的夜里，我再度走入那家餐厅，这次又换了另外一位服务人员C。当我吃完晚餐之后，服务人员走过来问我："什么时候上随餐饮料?"我反问："你们随餐有什么饮料?"服务人员回答说："随餐饮料是红茶。"我说："我喝红茶会睡不着，可不可以换别的?"服务人员回答说："我看您一直在咳嗽，我帮您换一杯热姜茶好不好?"这个回答让我整个人愣住了，真的可以吗？没多久，服务人员满脸笑容，端来一杯热姜茶，喝完之后，整个心都温暖起来了。于是，我带着愉快的心情离开餐厅，心里想下次一定要再来光顾。

过了三个月之后，我再度来到那家餐厅，迎接我的是另一位服务人员 D，她笑着对我说："陈小姐您好久没来了。"听她这么一叫，我心里吓了一跳，心想你怎么还记得我姓陈！坐下来点菜之后，她看我菜单看了好久，就对我说："我记得您上次点的是德国猪脚，您觉得比较油腻，现在我们餐厅有推出新的菜单，我推荐您试试清蒸鲈鱼，吃起来比较清淡，会比较合您的口味。"听她这么一说，我再也憋不住了，笑着问她说："你怎么会记得我姓陈？怎么会记得我上次点的是德国猪脚?"她笑着对我说："餐厅里客人那么多，每天来来去去，大部分的客人我们都记不得。""那你为什么会记得我呢?"我迫不及待地想知道答案。她笑着回答说："像您这么温文儒雅，气质出众，我当然会记得您。"听她这么一说，我的整个心都融化了，整个晚餐心情都很愉快，结账时还史无前例地给了小费。于是，我带着感动的心情离开餐厅，心想这家餐厅虽然很小，却是我心目中最棒的餐厅。

二、个案讨论

问题1：当顾客提出标准服务以外的要求时，服务人员要不要接受，这样的顾客算不算"奥客"?

Bitner、Booms 与Tetreault（1990）将导致服务接触顾客满意的主要因素分为：员工对服务传递系统失误的响应、员工对顾客需要与要求的响应与员工自发行为三大类。在餐饮业服务接触的实证研究中发现，导致顾客满意的主要因素，以员工自发行为所占比例最高，服务传递系统良好次之，员工对顾客需要与要求的响应最低。由此可知，虽然服务人员完全依照餐厅的标准服务流程来做并没有错，但是每一位顾客的需求不尽相同，标准服务流程只能满足顾客的一般需求，无法满足顾客的特殊需求。所以，当顾客提出特殊需求时，并不一定是"奥客"，如果服务人员能够自发性地满足顾客的特殊需求，顾客将会感到特别满意。

问题2：为什么同样的餐厅，同样的餐点，却因为服务人员的不同，让顾客的感受完全不同?

顾客满意是由消费者比较购买前的期望，与购买后的实际感受是否一致所产生。第一位服务人员 A 完全依照餐厅的标准作业流程来做，基本上并没有错，但是却不符合顾客的期望，所以顾客带着不舒服的心情，默默离开餐厅，很久不再到那家餐厅吃饭。第二位服务人员 B，虽然也是依照餐厅的标准作业流程来做，却做了小小的变通，对餐厅而言，成本并没有增加，可是符合顾客的期望，所以顾客带着满意的心情离开餐厅，心里想下次如果有机会愿意再来试试。第三位服务人员 C，并没有依照餐厅的标准作业流程来做，而是自发性地站在顾客立场为顾客设想，对餐厅而言，虽然成本略有增加，但是却超越顾客的期望，所以顾客带着愉快的心情离开餐厅，心里想下次一定要再来光顾。第四位服务人员D，虽然也是依照餐厅的标准作业流程来做，但是她自发地记住了顾客的姓名以及过去的消费经验与偏好，并且非常有技巧地回答顾客的问题，对餐厅而言，成本一点也没有增加，却远远超越顾客的期望，所以顾客整个心都融化了，结账时还史无前例地给了小费，带着感动的心情离开餐厅，这才是服务的最高境界。

问题3：如果你是这家餐厅的老板，当你发现服务人员并没有完全依照餐厅的标准作业流程来做时，你会采取什么样的措施？

当服务人员没有依照餐厅的标准作业流程来做时，老板可能会有三种反应：1.当成没看到，2.责备员工，3.奖励员工。采取第一种做法，是比较具有弹性的做法，好处是由员工自行裁量，坏处是员工不知道标准在哪里。采取第二种做法，是比较制式的做法，好处是一切按规定来，成本比较低，坏处是制度僵化，不知变通，流失顾客。采取第三种做法，是比较正向的做法，好处是鼓励员工主动服务顾客，提升顾客满意度，坏处是员工可能不知道标准在哪里，无形中增加很多成本。

第十五章

员工自发行为个案讨论

问题思考

服务业都会有所谓的标准作业流程（SOP），如果员工并没有依照标准作业流程来做时，到底是好还是坏？

问题提示

当员工并没有依照企业所制定的标准作业流程来做，而以自己的方式来提供服务时，称之为员工自发行为。员工自发行为对顾客满意度的影响，有可能是正向的，也有可能是负向的。

问题解答

顾客满意是由顾客比较购买前的期望与购买后的绩效所产生，只是依照企业所制定的标准作业流程来做，最多只能符合顾客的期望，让顾客感到满意。但是，如果服务人员能够提供标准作业流程以外的服务，将会超越顾客的期望，给顾客带来惊喜，大大提高顾客满意度，再通过顾客的口碑宣传，有效提高企业知名度，强化顾客忠诚度。

一、个案描述

有一位美国知名大学的教授，受邀到芝加哥参加世界旅馆年会并发表演讲，前一天晚上住在加拿大一家小旅馆，隔天一大早到机场搭机时，才发现手提电脑放在旅馆内忘记带走，里面有今天要演讲的简报数据，如果没有手提电脑，他今天的演讲就讲不成了。

着急的教授赶快打电话回旅馆，告诉服务人员他今天上午10点，要到芝加哥参加世界旅馆年会发表演讲，所有的演讲数据都放在手提电脑里面，如果没有手提电脑，他今天的演讲就讲不成了，请服务人员赶快去查看，手提电脑是不是放在房里忘记带出来。

服务人员请教授稍候，马上检查房间确认，手提电脑的确是放在房里忘了带走。于是，教授告诉服务人员，那部手提电脑对他非常重要，请服务人员马上送到机场给他，服务人员答应了教授的要求，立刻带着手提电脑赶到机场。但是，当服务人员赶到机场时，教授的班机时间已经到了，教授不得已只好搭着飞机离开。

当天上午10点，在芝加哥世界旅馆年会会场，教授正要发表演讲，他首先向全场的来宾道歉，因为他的个人疏忽，前一天晚上住在加拿大的一家小旅馆，隔天一大早到机场搭机时，才发现手提电脑放在旅馆内忘记带，而他所有的演讲数据都放在手提电脑中。虽然，服务人员立刻带着手提电脑赶到机场，但是由于班机的时间已到，他也只能搭着飞机离开。所以，今天的演讲他只能口述内容，而无法提供简报数据给大家参考，实在感到非常抱歉。

就在这个时候，会场的大门打开了，有人急急忙忙地冲进来，嘴里喊着：“教授，你的手提电脑在这里。”原来是加拿大那家小旅馆的服务人员，带着手提电脑坐飞机赶到会场，这时候会场里响起了掌声，所有与会人员都被这位服务人员的服务精神所深深感动。于是，这段故事被写在世界旅馆年会的会议记录中，并刊载为年刊的封面故事，而这家加拿大的小旅馆，从此被誉为“全球服务最佳旅馆”。

二、个案讨论

问题1：看完这个服务人员自发行为个案，你对于这位服务人员的行为，有什么看法？同样的事件如果发生在台湾地区，旅馆服务人员会采取什么样的措施？

同样的事件如果发生在台湾地区，大部分的旅馆服务人员会告诉顾客，我们有发现您的手提电脑，我们会帮您妥善保管，等您有空时再来拿。只有小部分的旅馆，会用邮寄的方式，将手提电脑寄还给顾客。如果顾客要求服务人员将手提电脑送到机场给他，大概只有少数服务极佳的旅馆能够做到。所以，加拿大这家小旅馆服务人员的服务精神，是非常令人感动的，堪称服务人员的最佳典范。

问题2：如果你是这家旅馆的服务人员，当顾客要求你将遗忘的手提电脑送到机场时，你会采取什么样的措施？当你到达机场时，发现顾客的班机已经起飞了，你会采取什么样的反应？如果你搭飞机帮顾客送手提电脑，当你回到旅馆时，会有什么样的结果？

一般而言，当顾客要求服务人员送遗忘的手提电脑到机场时，服务人员会依照旅馆的标准作业流程来做，即使旅馆的标准作业流程，容许服务人员送顾客遗忘的手提电脑到机场，服务人员也必须考虑，如果他走了，他的工作有没有人可以代理。即使，服务人员的工作有人可以代理，服务人员也必须征得主管的同意，才能够离开工作岗位。如果服务人员到达机场时，发现顾客的班机已经起飞了，这个时候牵涉的问题就更多了，通常服务人员会告知顾客，东西已经尽快送到机场了，但是班机已经起飞，暂时帮顾客保管物品，请顾客有空时再来拿，或是使用邮寄方式，将手提电脑寄还给顾客。如果服务人员想要搭飞机帮顾客送东西，因为涉及工作时间与差旅费用的问题，必须征得最高阶主管的同意才行，不可以擅作主张。

问题3：如果你是这家旅馆的老板，当你发现服务人员搭飞机帮顾客送遗忘的手提电脑时，你会采取什么样的措施？

如果你是这家旅馆的老板，可能会有三种反应：（1）当成没看到，所有的费用由员工自行承担，谁叫你自作主张，没骂你已经不错了。（2）责备员工，把服务人员臭骂一顿，擅离职守，记过外加扣薪水，警告不得再犯。（3）奖励员工，所有的费用由旅馆支付，并且给予隆重的表扬，让他成为旅馆员工的服务典范。至于这三种方法中，哪一种方法最好，取决于老板的经营理念，及其所塑造的企业文化。

问题4：为什么加拿大的这家小旅馆，做得到这样的服务，台湾地区的旅馆却做不到？

因为想要做到这么好的服务，并不是那么容易。首先，旅馆必须要有良好的标准作业流程，明确地告诉服务人员，在什么情况之下，他被授权可以做哪些事情。其次，旅馆要有良好的企业文化，鼓励员工主动为顾客提供标准作业流程以外的服务。最后，旅馆要对做出良好自发行为的员工，给予正式隆重的表扬，让他成为旅馆的英雄人物，建立员工的服务典范。

第十六章
服务失误个案讨论

问题思考

当发生服务失误时，是否要进行服务补救？如果不进行服务补救，对商家有何影响？

问题提示

我们常说，预防胜于治疗。服务补救是必须耗费成本的，但是当发生服务失误时，如果不进行服务补救，将来处理善后的成本，可能是服务补救的好几倍，有时候甚至花钱都解决不了问题。以往的企业重视交易营销，以一次交易企业可以赚多少钱的观点，来评估顾客对企业的贡献。因此，主张银货两讫，货物出门，概不退换。所以，当交易结束时，企业与顾客之间的关系也跟着结束。但是，现代的企业重视关系营销，从顾客终生价值的观点，以顾客终其一生对企业的总贡献，来评估顾客对企业的价值。所以，当交易结束后，企业与顾客之间的关系才刚开始，强调与顾客建立良好的长期关系。

问题解答

满意的顾客除了会再度光临之外，还会通过正面的口碑宣传介绍新顾客。同理可知，不满意的顾客除了不会再度惠顾之外，还会通过负面的口碑宣传，让其他顾客不再上门。从实证研究中发现，发生服务失误在所难免，只要顾客愿意提出抱怨，就是希望给商家机会进行服务补救，只要服务补救做得好，大部分的顾客都可以挽留回来，即使挽留不回来，对商家的损失也会降低许多。如果商家不进行服务补救，顾客将会逐渐流失，最后只有走上倒闭之路。

一、个案描述

在夜市中有两家自助式火锅店隔街相望，由于价格合理且物美价廉，我几乎每个月都会去个几次。由于这两家火锅店比邻而居，价格和菜色一模一样，火锅料和汤头也大同小异，二者可谓不分伯仲。甲店设在户外，只使用简陋的遮阳棚遮风避雨，每逢刮风下雨就得停止营业，而乙店设在屋内，环境较为整洁明亮，而且不受天气影响。然而，令人好奇的是，甲店的生意总是比乙店好许多，经过长期的观察发现，甲店的服务人员比较热情，比较会招呼逛夜市的人进来吃火锅，一旦吃习惯了，就会常常来光顾；反观乙店，生意就冷清许多，只有在甲店休息或下雨天时，生意才会特别好。

第一次到此夜市吃火锅时，对两家店都没有特殊的偏好，而是被比较热情的甲店服务人员拉进去的，久而久之就成为甲店的常客，只有在台风天或甲店不开时，才会到隔壁的乙店去。有一次学生要到家里聚餐，由于人数众多怕家里容纳不下，心想何不请学生去夜市吃火锅，不必忙得不可开交。于是我找甲店老板商量，希望能给我们一点优惠，经过讨价还价之后，他答应打九折，结账之后才花了5000多元，既经济又实惠，从此我成了这家火锅店的忠实顾客。

有一天，我一如往常的带着家人到夜市吃火锅，甲店的服务人员也如往常一般招呼我们入座，由于天气突然转凉，所以店中座无虚席。然而，就在我们坐定之后，服务人员已经起锅热油，又有一位服务人员突然跑来，希望我们能够换位置，因为有一群人数较多的客人要坐在一起，我们答应了服务人员的要求起身让座，并且等他帮我们清理新的桌面。在我们等待的过程中，原来的服务人员送菜来问我们要坐哪里，我们回答说刚才有人要我们换到隔壁桌去，此时要我们换桌的服务人员在远处高喊，不必换桌了他已经帮新客人找到位置了。正当我们要回到原来的座位时，四个叼着香烟的年轻人，大大咧咧地走进来坐在我们的座位上，服务人员却自顾忙着去招呼其他的客人，无视我们的存在，虽然我曾招手高喊："小姐！小姐！"试图引起他们的注意，但是似乎每个人都在忙，没有人注意到我们已经在这里站很久了，眼看比我们晚来的客人，都已经在吃着热腾腾的火锅，而我们却像弃婴一般无人理睬，此时再也无法按耐心中的怒火，挥手示意家人："我们不吃了！"

正要离去时刚好遇到老板，提着一锅高汤要为客人加汤，我怒气冲冲地向他抱怨，老板嘴上说着："好，马上给你弄！"又马不停蹄地忙着他的事去了。于是，我告诉自己再也不要到这家店来吃火锅了，并且带着家人走到对面的乙店，叫了同样的火锅。在等待火锅煮熟的过程中，我数度起身走到甲店，想要告诉老板我愤而离席的原因，因为我实在不想放弃已经吃习惯了的甲店，只要他很诚恳地向我道歉，我可以体谅他高峰时间人手不足的疏忽，以后还是会经常来光顾。但是，老板似乎依然忙得不可开交，我想他大概会比较重视已经坐在店里的客人，而没有时间听我啰嗦吧！于是涌到心口的话又吞了回去。

吃完了乙店的火锅，感觉也还不错，问问家人也是同样的看法，仔细想想甲店似乎没有想象中那么好，而乙店也没有想象中那么差。因此，大伙一致同意以后都改到乙店吃火锅，再也不要到甲店受气了。

二、个案讨论

问题1：火锅店的忠实顾客为何会掉头而去，问题出在哪里？

在此个案中，火锅店的忠诚顾客会掉头而去的主要原因，在于火锅店的生意太好，服务人员忙不过来，以致疏忽了客人，而且当服务失误时，又未能妥善处理顾客的抱怨，才会导致顾客掉头而去。

问题2：当消费者向火锅店老板抱怨时，火锅店老板有几种可行方案可以选择？每个方案的损益得失为何？选择哪个方案对火锅店比较有利？

当消费者向火锅店老板抱怨时，火锅店老板有两种可行方案可以选择。甲方案：随便应付一下，反正生意太好忙不过来，赶快招呼其他的客人要紧；乙方案：先把手头的事情停下来，仔细聆听顾客的抱怨后，并且妥善加以处理。两个方案的损益分析如下。

	甲方案	乙方案
收益	俗语云："一鸟在手，胜过十鸟在林"。赶快招呼已经在座的客人，并且招揽新的客人，反正生意很好，你不吃，有别人要吃，不差你这个难以伺候的客人	1. 消费者将继续光临，以一家四口，每周光临一次计算，每次消费250元，每月收入1000元，每年收入12000元，十年收入12万元； 2. 以每学期请学生聚餐一次计算，每次消费5000元，每年收入10000元，十年收入10万元； 3. 消费者将不会转到隔壁的火锅店，使得本火锅店生意兴隆，进而扩大营运，收益无法估计
损失	1. 消费者将永远不再光临，以一家四口，每周光临一次计算，每次消费250元，每月损失1000元，每年损失12000元，十年损失12万元； 2. 以每学期请学生聚餐一次计算，每次消费5000元，每年损失10000元，十年损失10万元； 3. 消费者将会转到隔壁火锅店，使得隔壁火锅店生意兴隆，形成潜在的竞争威胁，损失无法估计	必须停下来处理顾客的抱怨，无法招呼其他的客人，损失招揽新客人的机会

问题3：在此个案中，如果你是这家火锅店的老板，你会采取何种做法来处理此事？为什么？

在此个案中，当消费者向火锅店老板抱怨时，虽然老板嘴上说着："好，马上给你弄！"但是又去忙其他的事情，并没有停下来仔细聆听顾客的抱怨，并且采取必要的补救措施。这样的做法，不但无法抚平消费者心中的不满，反而使问题更加恶化。因此，如果能够采取下列做法，可能更能挽回消费者的心。

（1）先把手上的事情停下来，仔细聆听顾客的抱怨，并且妥善加以处理；

（2）向消费者说明造成服务不周的原因，请求消费者的谅解，并且以打折优惠的方式，表达诚挚的歉意；

（3）重新评估服务人员的配置是否足够，考虑在营业高峰期增加人手，以免因为生意太好，服务人员太忙，以致疏忽了顾客；

（4）加强服务人员的教育训练，以及服务失误时的补救技巧，以避免再度发生类似的情况。

第十七章

服务补救个案讨论

问题思考

什么是服务补救？服务补救一定要花钱吗？

问题提示

当发生服务失误，服务补救能不能让顾客满意，往往是商家处理服务失误时的态度问题，有时候并非一定要花钱。

问题解答

所谓服务补救，指商家在发生服务失误之后，所采取的任何改善措施。有时候顾客提出抱怨，只是想表达心中的不满，只要商家能够好好响应，就能够让顾客的愤怒平息，并不见得一定要花钱。例如，在进行服务补救时，如果商家能够站在顾客立场设想，以谦卑的心情、感恩的态度，来处理顾客的抱怨，或许只要深深的一鞠躬，诚恳地口头道歉，顾客也能接受，此时如果能够以实际行动，展现体贴顾客的心意，将更能化解顾客的不满。

一、个案描述

在高雄市九如路上，有一家四星级大饭店，二楼是自助式的中餐厅，由于菜色颇多而且价格合理，去了几次之后，感觉非常经济实惠，就成了我们全家外出聚餐的好地方。有一次女儿生日，太太提议到外面聚餐，于是全家兴冲冲地到此家餐厅用餐。

由于附近停车不易，所以我们一如往常将车停在这家饭店的停车场，然后走进餐厅用餐。然而，当我们走到楼梯口时，却发现二楼立着整修中暂停营业的告示牌，经询问一楼西餐部柜台的服务人员，才知道二楼正在重新装潢，要下个月才重新开幕。但是，时间都已经是晚上七点多了，而且周末假日交通拥挤，我们实在不想再大费周章地开车到别家餐厅，更何况大伙早已饥肠辘辘，只想早点填饱肚子，不如改在一楼吃西餐也一样。西餐部的服务人员看到有意用餐，很客气地回答我们的询问，并且说我们可以先进去看看没关系，但是当我们走进餐厅时，发现偌大的餐厅只有七、八个人在用餐，不但菜色很少而且所剩不多，无法满足我们饱餐一顿的渴望，于是我们决定换到另外一家餐厅用餐。

走出饭店到停车场开车，管理员开口向我要停车券，我说："我们并没有用餐，哪来的停车券？"管理员说："没有停车券的话要缴停车费。"我说："我们来二楼用餐，可是你们中餐部整修暂停营业，我们只好换到别家餐厅，我们是为了要来吃饭，才会把车停在这里，餐厅没有开门营业是你们的错，又不是我的错，凭什么向我收停车费？"管理员却说："这是公司规定，除非有餐厅盖章，否则一定要收停车费。"为了不想再浪费时间和管理员理论，只好息事宁人，准备乖乖地交钱缴费，一问之下却吓了一跳，停车费一小时50元。我们从走进去到走出来，也不过短短的三分钟，竟然要跟我收50元，更何况错在饭店，又不是错在我，饭店餐厅暂停营业又没有在停车场公告周知，实在令人咽不下这口气。

但是，人在屋檐下，不得不低头，只好客气地与管理员商量，是否可以把停车单保留给下一个客人，就可以解决此一问题。管理员却说，停车单上都有打时间，下一个客人不知道什么时候才会来，没法帮我这个忙。此时，刚好有一部车要开进停车场，我跟管理员说，那你把停车单给他不就得了，不过只差了三分钟，管理员却说，他们的停车单都是连号的，没有办法这样做。我实在想不通，管理员给我的这些理由逻辑何在，无非只是想敷衍我而已。管理员看我已经有点火大，赶忙解释一切都是公司规定，只要去餐厅部给他们盖个章就可以了。此时，我已经对这家餐厅感到非常的不耐烦，而且逐渐失去了耐心，为了不想把事情闹得更僵，我请比较温柔有耐性的太太出马，去餐厅部请他们在停车单上盖个章，我则带着小孩在车上等。

然而，随着时间一分一秒的过去，太太并没有回来，我再也按捺不住性子，决定下车一看究竟，一进了餐厅就看见向来温柔婉约的太太正在跟西餐部的服务人员理论，我说："你跟服务人员讲有什么用，为什么不直接找他们的经理？"太太说："我有请他们找经理，可是他们说经理不在现场，那为什么不打个电话联络，他们说经理联络不到。"听到这里，我再也按捺不住心里的怒火，"这是一间什么样的饭店？你们是怎样教育员工的？这就是你们对待顾客的态度？叫你们经理出来！"我不知不觉拉高了嗓门，"已经告诉过你，我们经理不在！"服务人员不甘示弱地回答，"那你们饭店总有其他人在吧？"

随着争执声的增大，饭店内所有的客人都暂时停止用餐，而把焦点移转到这场争执。这时旅馆部的经理走过来，对着西餐部的女服务生说："给他盖章吧！"女服务生依然义正词严地说："可是他们并没有用餐啊？"旅馆部经理挥挥手说："我知道，你给他盖章吧！"女服务生只好用很无奈的表情，在停车单上盖了章。拿了停车单走出饭店，心中并没有战胜对手的喜悦，只有满肚子的怨气，好好的一个晚上，高高兴兴出来吃饭，结果被折腾成这个样子，再也没有心情到别家餐厅吃饭了，只好带着抱歉的眼神向太太和小孩说："我们回家吃泡面吧！"此时，心中只有一个念头，我们再也不会到这家饭店吃饭了！

二、个案讨论

问题1：在此个案中，消费者有没有错？餐厅服务人员有没有错？停车场管理员有没有错？如果大家都没有错，那么问题究竟出在哪里？

此个案的当事人包含：消费者、餐厅服务人员、停车场管理员，因此必须分别从三个不同的角度来探讨问题。首先，在此个案中，消费者会认为自己并没有错，因为他是要来吃饭，才会把车停在饭店的停车场，餐厅暂停营业，饭店应在停车场公告，不然他怎么会知道，所以，错在饭店，他才会大发雷霆。其次，餐厅服务人员也会认为自己并没有错，因为饭店规定有用餐才能免费使用停车场，消费者并没有在餐厅用餐，所以她才会坚持不在停车单上盖章，她只是遵照公司的规定，为公司节省停车费的支出，怎么会有错。第三，停车场管理员也会认为自己并没有错，因为饭店规定停车单上有盖章，才能免费使用停车场，消费者并没有在停车单上盖章，所以他才会坚持要收停车费，他只是遵照公司的规定，为公司增加停车费的收入，怎么会有错。既然，大家都没有错，那么问题究竟出在哪？原因是公司的规定僵化，员工只会墨守成规，而不知如何变通。

问题2：在此个案中，餐厅服务人员有几种可行方案可以选择？每个方案的损益得失为何？选择哪个方案对饭店比较有利？

在此个案中，餐厅服务人员有两种可行方案可以选择。甲方案：依照公司规定，向消费者收取50元停车费；乙方案：给消费者在停车单上盖章，由餐厅支付50元停车费。两个方案的损益分析如下。

	甲方案	乙方案
收益	停车费50元	1. 正在餐厅用餐的客人不会受影响，以致对餐厅有所不满； 2. 消费者将会再度光临，以一家四口，每个月光临一次计算，每次每人平均消费500元，每月收入2000元，每年收入24000元，十年收入24万元； 3. 消费者会向亲朋好友称赞此家餐厅的优点，介绍亲朋好友要到此家餐厅，获益无法估计
损失	1. 正在餐厅用餐的客人情绪受到影响，可能会对餐厅有所不满； 2. 消费者将永远不再光临，以一家四口，每个月光临一次计算，每次每人平均消费500元，每月损失2000元，每年损失24000元，十年损失24万元； 3. 消费者会向亲朋好友抱怨此家餐厅的缺失，希望亲朋好友不要到此家餐厅，以免受气，损失无法估计	停车费50元

问题3：在此个案中，如果你是这家餐厅的经理，你会采取何种做法来处理此事？为什么？

在此个案中，虽然有旅馆部经理出面，要餐厅服务人员在停车单上盖章。但是这样的做法，只是避免问题的恶化而已，并没有真正化解消费者心中的不满。因此，如果能够采取下列做法，可能更能挽回消费者的心。

（1）由餐厅经理出面了解整个事件的始末，向消费者说明引起误会的原因，并诚挚地表达歉意；

（2）除了在停车单上盖章之外，由餐厅经理陪同消费者一起走到停车场，告知公司将会重新检讨整个的作业流程，并且加强服务人员的教育训练，绝对不会再有类似的情况发生。奉上自己的名片，希望消费者能不吝指教，并且致赠餐厅的折价券，邀请消费者再度光临，以便有幸能够继续为其服务；

（3）建议公司重新讨论公司的标准作业流程，并且加强员工的教育训练，以避免同样的事情再度发生。

主要参考文献

[1] 郭德宾．餐饮业服务质量属性与顾客满意度关系之探讨：完全服务西餐厅之实证研究［J］．顾客满意学刊，2013，9（1），23-50.

[2] 郭德宾．便利商店顾客满意与竞争策略——南台技术学院周边商圈之实证研究［J］．商管科技季刊，2000，1（2），165-183.

[3] 郭德宾．医疗服务业顾客满意与竞争策略之研究［J］．产业管理学报，2000，1（2），231-256.

[4] 苏云华．服务质量衡量方法之比较［J］．台湾中山大学企业管理研究所，1996.

[5] 周泰华，黄俊英，郭德宾．服务质量与顾客满意评估模式之比较研究［J］．辅仁管理评论，1999，6（1），37-68.

[6] 郭德宾，周泰华，黄俊英．服务业顾客满意评估之重新检测与验证［J］．中山管理评论，2000，8（1），153-200.

[7] 朱永华．医院服务知觉质量与顾客满意度之关系研究［J］．台湾成功大学企业管理研究所，1995.

[8] 曾淑贞．北市某医院中医门诊初诊病人满意度与相关因素之研究［J］．台湾师范大学卫生教育研究所，1986.

[9] 曾伦崇，陈正男．台南地区医院门诊服务质量之评估［J］．辅仁管理评论，1998，5（1），117-136.

[10] 赖其勋．消费者抱怨行为、抱怨后行为及其影响因素之研究［J］．台湾大学商学研究所，1997.

[11] 郭德宾，陈秀玉，洪丽珠．服务业顾客满意研究的回顾与展望［A］．高雄餐旅学院．第二届观光休闲暨餐旅产业永续经营学术研讨会论文集［C］．2002，207-215.

[12] 郭德宾．认知脚本在西餐厅服务接触应用之研究［J］．观光研究学报，2006，11（4），333-354.

[13] 郭德宾．使用认知脚本来评估专业服务的传递过程：正式西餐厅之实证研究［J］．产业管理学报，2004，5（2），411-430.

[14] 郭德宾．餐饮业顾客满意、服务失误与服务补救类型分析：台湾地区餐厅之研究［J］．观光研究学报，2004，10（2），69-94.

[15] 林玥秀，黄文翰，黄毓伶．服务失误与服务补救之类型研究——以台湾地区之餐厅为例［J］．观光研究学报，2003，9（1），39-58.

[16] 刘宗其，李奇勋，黄吉村，渥顿．服务失误类型、补偿措施与再惠顾率之探索性研究——以CIT法应用于餐饮业为例［J］．管理评论，200120（1），65-97.

[17] 郭德宾．餐饮业难缠顾客之研究：以台湾地区国际观光旅馆餐厅为例［J］．顾客满意学刊，2006，2（2），1-26.

[18] Kotler, P. (1980). *Principles of Marketing*. London, England: Prentice-Hall.

[19] Lovelock, C. H. & Young, R. F. (1979). Look to consumer to increase productivity. *Harvard Business Review*, May-June, 19-31.

[20] Lovelock, C. H. (1983). Classifying services to gain strategic marketing insights. *Journal of Marketing*, 47 (Summer), 9-20.

[21] Cardozo, R. N. (1965). An experimental study of customer effort, expectation, and satisfaction. *Journal of Marketing Research*, 24 (8), 244-249.

[22] Miller, J.A. (1977). Studying satisfaction, modifying models, eliciting expectations, posing problems and making meaningful measurements. In H. K. Hunt (Ed.). *Conceptualization and Measurement of Consumer Satisfaction and Dissatisfaction* (pp. 72–91). Cambridge, MA: Marketing Science Institute.

[23] Olson, J. C. & Dover, P. (1976). Effects of expectations, product performance, and disconfirmation on belief elements of cognitive structures. In B. B. Anderson (Ed.). *Advances in Consumer Research*, 3, (pp.168-175). Provo, Utah: Association for Consumer Research.

[24] Oliver, R. L. (1977). A theoretical reinterpretation of expectation and disconfirmation effects on posterior product evaluation: Experiences in the field. In R. Day (Ed.). *Consumer Satisfaction, Dissatisfaction and Complaining Behavior* (pp.2-9). Bloomington: Indiana University.

[25] Oliver, R. L. (1980). A cognitive model of the antecedents and consequences of satisfaction decisions. *Journal of Marketing Research*, 17 (November), 460-469.

[26] Aiello, C., &Rosenberg, L. J. (1976). Consumer satisfaction: Toward an integrative framework. *Proceedings of the Southern Marketing Association*, 12(3), 169-171.

[27] Day, R. L. (1977). Alternative definitions and designs for measuring consumer satisfaction. In H. K. Kieth (Ed.). *The Conceptualization for Consumer Satisfaction and Dissatisfaction*. Cambridge , MA: Marketing Science Institute.

[28] Flanagan, J. C. (1954). The critical incident technique. *Psychological Bulletin*, 51(4), 327-358.

[29] Handy, C. R., & Pfaff, M. (1975). *Consumer satisfaction with food products and marketing services* (Agricultural Report No. 281). Washington, DC: United States Department of Agriculture, Economic Research Service.

[30] Parasuraman, A., Zeithamal, V. A., & Berry, L. L. (1985). A conceptual model of service quality and its implications for future research. *Journal of Marketing*, 49(Fall), 41- 50.

[31] Parasuraman, A., Zeithamal, V. A., & Berry, L. L. (1988). SERVQUAL: A multiple- item scale for measuring consumer perceptions of service. *Journal of Retailing*, 64(Spring), 12-40.

[32] Stauss, B., & Weinlich, B. (1997). Process-oriented measurement of service quality. Applying the sequential incident method. *European Journal of Marketing*, 31(1), 33- 55.

[33] Swan, J. E., &Bowers, M. R. (1998). Service quality and satisfaction: The process of people doing things together. *Journal of Service Marketing*, 12(1), 59-72.